本书得到福建理工大学资助

经管文库·管理类

前沿·学术·经典

顾客会员服务升级与降级研究

Customer Membership Service Upgrades and Downgrades

林黎明 著

经济管理出版社

ECONOMY & MANAGEMENT PUBLISHING HOUSE

图书在版编目（CIP）数据

顾客会员服务升级与降级研究 / 林黎明著. -- 北京：
经济管理出版社，2024.6（2025.3重印）. -- ISBN 978-7-5096-9733-7

Ⅰ. F274

中国国家版本馆 CIP 数据核字第 2024S22F73 号

组稿编辑：杨国强
责任编辑：白　毅
责任印制：许　艳
责任校对：王淑卿

出版发行：经济管理出版社
　　　　　（北京市海淀区北蜂窝 8 号中雅大厦 A 座 11 层　100038）
网　　址：www.E-mp.com.cn
电　　话：（010）51915602
印　　刷：北京厚诚则铭印刷科技有限公司
经　　销：新华书店
开　　本：720mm×1000mm/16
印　　张：16.75
字　　数：338 千字
版　　次：2024 年 6 月第 1 版　　2025 年 3 月第 2 次印刷
书　　号：ISBN 978-7-5096-9733-7
定　　价：98.00 元

前　言

许多提供连续型服务的企业经常采用会员制来经营其与顾客的关系，会员服务升级与降级直接影响企业的绩效。但现有研究较多地关注会员服务续订，对会员服务升级与降级决策的关注较少，对会员服务升级与降级决策的驱动机制及作用后果，在理论和实证方面缺乏深入的研究。

本书在回顾与总结会员服务续订、会员服务变更、顾客保留研究的基础上，结合关系营销理论、前景理论、自我决定理论与期望绩效反馈理论，分析了交易因素、关系因素对会员服务升级与降级的影响差异，探讨了外部竞争冲击对会员服务升级与降级的影响；将会员服务升级（降级）区分为结构不变与结构变动的会员服务升级（降级），比较了交易因素与关系因素对两种不同结构的会员服务升级与降级的作用差异，以及对顾客终生价值（Customer Lifetime Value，CLV）与顾客流失的影响。

来自电信行业的大样本数据实证结果表明：交易因素对会员服务升级的影响更大，关系因素对会员服务降级的影响更大；外部竞争冲击负向影响会员服务升级、正向影响会员服务降级，关系因素抑制了外部竞争冲击对会员服务降级的影响。在会员服务升级方面，交易因素对结构变动的会员服务升级的影响更大，关系因素对结构不变的会员服务升级的影响更大，结构变动的会员服务升级对顾客终生价值影响更大。在会员降级方面，交易因素对结构变动的会员服务降级的影响更大，关系因素对结构不变的会员服务降级影响更为负面，结构变动的会员服务降级的顾客的流失概率更高。

本书结论拓展了关系营销领域的研究，为连续型服务提供商的关系营销执行者深入理解顾客会员服务选择决策行为提供了重要的理论启示。同时，基于研究结论，本书为连续型服务供应企业设计会员服务套餐产品、会员服务套餐定价、顾客关系管理方面提出了针对性的政策与建议。

目　录

第一章　绪论

第一节　研究背景与问题

一、研究背景

改革开放 40 多年来，随着中国经济的蓬勃发展，作为第三产业的服务业成长迅速，在国民经济中的比重得到稳步提升。2023 年，第三产业增加值占 GDP 增加值的比重为 54.6%，比 1978 年的 23.9% 高出 30.7%，也比 2022 年的 52.8% 高出 1.8%，并且增长率达到 5.8%，显著高于第一产业的 4.1% 和第二产业的 4.7%，也高于当年 5.2% 的 GDP 增长率[①]。

一方面，过去几十年间，中国居民的消费结构持续优化升级，从主要的生活必需品消费逐步转向了服务性消费和非生活必需品消费。消费结构的优化表现在两个方面：一是恩格尔系数下降；二是服务性消费支出占居民全部消费支出的比重上升（倪红福和冀承，2020）。根据国家统计局数据，2023 年居民人均食品消费支出占全部消费支出的比重为 29.8%，比 1978 年的 63.9% 低 34.1%；2023 年全国居民人均服务性消费支出为 12114 元，比 2022 年增长 14.4%，占居民人均消费支出的比重为 45.2%。石明明等（2019）对 1998~2017 年中国城乡居民消费结构的研究表明，中国城乡居民的第 Ⅰ 类消费升级（食品等生存性消费占比下降）和第 Ⅱ 类消费升级（服务性消费占比上升）均在不断地进行。

另一方面，从 2020 年开始，全球经济增长放缓，居民消费结构有所变动，非生活必需品特别是服务性消费出现了局部的降级。例如，中国居民的恩格尔系数从 2019 年的 28.2% 上升到 2023 年的 29.8%。Chen 等（2021）通过高频交易数据研究发现，2020 年，中国城市居民的商品和服务支出分别下降了 44% 和

[①]　中国国家统计局 2024 年 2 月 29 日发布的《2023 年国民经济和社会发展统计公报》。

43%，其中餐饮娱乐和旅游的降幅分别达到了 72% 和 64%。长期来看，消费者的消费观念和行为变得更加理性与谨慎。

根据上述分析可知，居民消费结构的升级与降级大多体现在服务性消费支出的变化上，因此，本书将聚焦服务消费领域。服务作为一个产业来说，其内涵相当丰富，服务产品的提供者覆盖了第三产业的各个部门。著名的服务营销学者 Zeithaml 等（2023）认为，相比实物产品，服务产品具有以下特点：①无形性。服务产品是无形的，一般不能申请专利、不易展示与沟通，且定价困难。②异质性。服务产品的异质性高，服务质量取决于许多不可控因素。③不可分割性。大多数服务产品的生产与消费不可分离，顾客参与程度高，公司员工的素质影响服务质量。④易逝性。服务产品的供应和需求不易同步，不能退回和重新销售。

服务产品的营销与管理是一项极具挑战性的工作，服务提供商不仅要在快速变化的市场中找到自己的位置，还要持续地提供高标准的服务以满足客户的需求。与实物产品不同，服务产品无法触摸或提前试用，因此它的质量往往在交付过程中才被感知和评价。Zeithaml 等（2023）提到，服务提供商需要克服服务质量传递过程中的不确定性和不一致性，这包括服务的设计、交付及其在消费者心中的感知。

在服务营销方面，服务提供商必须采取更加精细化和个性化的策略。这意味着企业需要深入了解消费者的需求和期望，通过与消费者建立起长期的、互惠的关系来提供价值。服务营销的核心在于关系营销，它强调建立和维护与顾客的长期关系，而不仅仅是一次性交易。关系营销思想认识到了忠诚客户的价值，以及通过口碑传播和重复购买以增加销售量的重要性。在实施服务营销策略时，服务提供商需要时刻留意市场环境的变化，以及这些变化如何影响消费者行为。服务提供商需要灵活地调整营销策略，确保服务产品与消费者需求和市场趋势保持一致。这需要关注顾客保留策略、提高顾客满意度、优化客户体验，以及增加交叉销售和升级销售的机会。为了更好地保留顾客，服务提供商应该监控服务质量，及时响应客户反馈，并采用顾客关系管理工具以更好地理解客户需求。此外，顾客忠诚计划和定制化服务也是促进重复购买和增加客户终生价值的有效手段（Karunaratna 和 Kumara，2018）。总之，服务营销的成功要求服务提供商不仅能提供高质量的服务，还能通过建立稳固的顾客关系和对市场变化的敏锐洞察，在动态多变的市场环境中获得竞争优势。

服务产品根据其时间延续性可以分为连续型服务和交易型服务。Bolton 和 Lemon（1999）认为连续型服务具有以下特点：顾客通常会与服务提供商建立正式的合同关系，在随后一段时期内使用服务。这种合同关系确立了服务提供商和顾客之间的权利和义务，为双方提供了明确的合作框架。同时这种合同关系有助于服务提供商更好地了解顾客的需求与偏好，从而提供更为个性化的服务。正式的合同关系会包括一个支付计划，这个支付计划通常包含固定费用（如月服务费）、可变费用（如使用量超出固定供给的费用）。这种支付结构的设计既可以保证服务提供商有稳定的收入流，也可以给予顾客一定的使用灵活性。固定费用为顾客提供了一定量的服务使用权，超额使用部分则另外计费，这使顾客能够根据自己的实际使用情况控制开支。连续型服务提供商通常会设计多个不同价位、不同功能的服务套餐供顾客选择。这种多样化套餐可以满足不同顾客群体的需求，无论是对成本敏感的顾客还是对服务质量有更高要求的顾客，都能在服务提供商的产品线中找到适合自己的选项。

对于提供连续型服务的企业来说，由于顾客的购买行为具有连续性和长期性，因此通过提高顾客的满意度与忠诚度，实现顾客保留和顾客推荐，进而提升顾客终生价值，是企业营销工作的重点。忠诚的顾客不仅本人能为企业带来长期收益，更能通过口碑传播引来新顾客。会员制是实现这一目的的重要手段之一。会员制能够为顾客提供额外的价值，如积分奖励、特殊折扣、会员专属服务等，这些都是增强顾客忠诚度的有效方法。此外，会员数据的收集与分析也为企业提供了深入了解顾客行为的途径，从而实现更精准的市场定位和产品开发。

因此，许多提供连续型服务的企业经常采用各种形式的会员制来发展与巩固同顾客的关系以提升企业绩效。例如，电信运营商通常提供不同等级的会员服务，通过优质的顾客服务和个性化的服务套餐来吸引和保留用户。健身俱乐部通过提供会员积分计划，激励顾客持续消费并享受更多的服务。软件即服务（SaaS）平台则可能通过会员制度提供定制化的功能和支持，以满足不同企业用户的特定需求。在这些模式中，企业需要不断地优化会员体验，确保会员制度能够真正为顾客带来价值，从而打造稳固的顾客基础并推动长期的业务增长。

一般的会员制具有以下特征：①固定期限（如一个月）。②会员服务内容通常是多个项目打包的"套餐"，其价格比单独购买每个项目的总费用要低，而且套餐价格越高，则相应的单价越低。③会员支付的费用包括套餐的固定费用和实际使用量超出套餐固定供给的可变费用，会员服务套餐的固定供给在会员期内没有全部使用也不予退款，但超出套餐规定的使用量则需要额外付费，且超出部分的单价通常比会员服务套餐固定供给的单价要高（Bolton 和 Lemon，1999；Lambrecht 和 Skiera，2006；Ascarza 和 Hardie，2013）。④当会员服务到期时，顾客可选择续订或者终止服务。⑤在续订会员服务的情况下，顾客有三种选择：一是维持现有的会员服务等级；二是提升现有的会员服务等级，即会员服务升级；三是降低现有的会员服务等级，即会员服务降级（Marinova 和 Singh，2014）。

会员服务升级指会员在续订服务时，以更高的价格购买企业提供的更高等级的服务，它代表着顾客与公司关系的拓展（Marinova 和 Singh，2014）。通常，这种升级意味着顾客对企业提供的服务或产品更加满意，并且愿意为获得更多的特权或更高品质的服务支付额外费用。会员服务升级不仅提高了顾客的满意度和忠诚度，同时也给企业带来了更高的收入和利润空间。相应地，会员服务降级指会员在续订服务时，以更低的价格购买企业提供的更低等级的服务，它代表着顾客与公司关系的收缩（Marinova 和 Singh，2014；Lin 等，2023）。这可能是因为顾客对服务的价值感知有所下降，或是他们的预算有所减少，或是服务使用习惯发生变化，导致他们不再需要高等级的服务。降级可能会对企业的收入造成负面影响，但如果通过这种方式能够保留顾客，长期来看，仍然有利于企业维持客户基础。

会员服务升级决策的经济驱动因素是顾客通过提高会员服务等级、增加固定费用支出，以更多地减少超出会员套餐外的可变费用支出。也就是说，顾客通过升级到一个包含更多服务或产品套餐，通过增加固定费用支出，更多地抵消较高的可变费用支出，从而减少总开支。例如，一个流媒体服务平台的用户，如果经常购买额外的点播内容，可能会发现直接升级到一个包含更多点播选项的高级套餐更为经济。会员服务降级决策是由于现有会员服务套餐的固定供给使用不足，而降低会员服务等级以节约固定费用的支出（Bolton 和 Lemon，1999；Lambrecht 和 Skiera，2006；Ascarza 和 Hardie，2013）。在这种情况下，顾客可能认为自己并没有完全利用到当前套餐中的所有服务，因此选择降级到更符合自己实际使用情况的套餐，以减少不必要的开支。这种行为反映了顾客在预算管理和资源优化方面的理性考虑。企业在设计会员服务时，应注意灵活性和个性化的重要性，以适应不同顾客的需求变化。同时，企业可以通过顾客满意度调查和行为数据分析，来预测和理解顾客会员升级或降级的动机，从而优化服务供给，提升顾客满意度和忠诚度，提高顾客终生价值。

需要特别指出的是，本书所研究的会员服务升级与降级与顾客的交叉购买行为具有本质的区别。交叉购买行为指顾客在维持原有服务的基础上，选择购买额外的、独立于核心服务之外的不同产品和服务（Kumar 等，2008）。这种行为使顾客能够丰富自己的消费体验，通过企业提供的其他产品或服务来满足他们的额外需求。有时，交叉购买可能涉及对核心服务的调整，顾客可能选择增加、减少甚至去掉全部或部分核心服务，以便更好地匹配购买的其他产品或服务。相较之下，会员服务升级与降级决策更加专注于现有服务套餐内的变化。升级通常意味着会员在续订时选择更高等级的服务套餐，而降级是选择一个更低等级的服务套餐。这两种行为直接关系到顾客对原有服务的满意度、需求变化及成本效益的评估。两种行为具有不同的特征和驱动机制。会员服务升级通常基于顾客对服务的正面评价和更高价值的追求，而降级可能由于顾客的需求减少或对服务价值的重新评估。另外，交叉购买的驱动因素可能更加多样，包括对新产品的好奇、对不同服务的需求、对营销活动的影响或是企业推荐的效果等（Ngobo，2004；Kim等，2022）。本书聚焦于会员服务升级与降级决策，探讨两种行为背后的经济逻辑、顾客行为模式，以及竞争策略如何影响顾客的选择，并探讨企业如何设计策略以促进升级或合理管理降级。至于交叉购买行为，尽管它也是顾客购买模式中的一个重要方面，但与本书研究的重点、目标和背景不同，故不在本书的研究范畴。

在实践中，会员制是服务业（如通信、保险、航空、健身、美容美发、软件服务、汽车服务等）常用的捆绑和锁定顾客的方法，它可使企业获取稳定、可持续的收入。因此，许多提供连续型服务的企业经常会采用各种形式的会员制来发展与巩固同顾客的关系。比如，微软公司的 Office 365 在 2018 年提供了三种不同的会员服务等级：Office 365 A1、Office 365 A3、Office 365 A5，用户每月的固定使用费用从免费到 50 美元；中国移动通信福建分公司 2018 年的 4G 飞享套餐包括 38 元、58 元、88 元、138 元、188 元、238 元、288 元、388 元和 588 元 9 个档次。

在会员制模式中，顾客的支出通常包括会员套餐的固定费用及使用量超出会员套餐后的可变费用。如果顾客服务使用量未达到会员套餐规定的固定供给量，则顾客仍需支付会员套餐的固定费用。通俗地说，就是"多用要加钱，少用不退钱"。将会员套餐制度运用到极致的是电信服务提供商，例如，中国移动、中国电信，以及美国的 AT&T、Verizon，英国的 Vodafone、日本的 SoftBank 等通信服务巨头无不深谙此道。这些电信服务提供商往往设计很多种以一个月为固定期限的消费套餐供顾客选择，当顾客选取某一消费套餐后，若该月的消费未超出套餐规定的内容，则以套餐价格计价，超出部分则另行收费。比如，2018 年中国移动公司福建分公司的 4G 飞享 88 元套餐，提供 2G 的国内流量和 220 分钟的国内语音主叫服务，若用户在当月流量或语音使用未超过上述标准，则收取 88 元费用；超出部分每 1MB 流量加收 0.29 元，每分钟语音加收 0.19 元。在汽车服务行业，许多品牌汽车服务企业也采用会员制形式发展顾客，它们常常设计几个不同级别的会员制度，每个会员等级对应相应的价格和服务内容（如规定特定次数和等级的洗车、救援、日常保养与维修、汽车美容、违章处理与保险理赔、代驾接送等），按固定期限（通常为一年）收费，消费超出部分另行收费，消费不足则按会员等级收费。除此之外，许多美容美发、健身等服务提供企业也常常采用这种固定期限的会员制来锁定和发展顾客。

二、问题的提出

实行会员制的服务企业可以在合同期初预收套餐固定费用，从而给企业带来稳定、持续的现金收入，因此受到许多提供连续型服务的企业的青睐。这种预收费用的模式不仅有助于企业改善现金流状况，还可以提前锁定顾客，为企业的资源规划和服务优化提供可预测性。然而，这种模式也使企业必须面临一定的风险和挑战，尤其是在会员服务合同到期或即将到期时。在合同到期前，企业不得不面临会员的两种选择：一是离开，顾客可能因不满意或找到了更好的服务而终止与公司的会员关系；二是续订，顾客决定基于对服务的满意度、对服务的需求及个人的预算继续与公司保持会员服务关系。在选择续订的情况下，会员又面临三种可能的决策：保持原有的会员服务等级、升级到更高的服务等级和降级到较低的服务等级。

对于会员离开的情形，属于顾客流失，企业一般会非常重视。企业通常会投入大量的营销资源用于顾客关系管理，以更好地留住现有顾客、减少流失。这包括提供优惠、改善服务质量、定制化服务等策略。目前，关于顾客流失的研究已相当成熟，企业可以借助顾客关系管理系统、大数据分析和机器学习算法等工具和技术，评估和预测顾客流失的可能性，并制定有效的对策。企业对顾客选择续订的关注度往往不如对顾客流失的关注度，这可能是缺乏对该现象后果的充分认识或缺少有效的管理策略。无论是保持现有等级、升级还是降级，每种决策都会对服务提供商的现金流和利润率造成不同程度的影响。例如，升级可能带来更多的收入，但也可能需要企业提供更多或更高质量的服务。降级可能减少收入，但有助于维持顾客基础并可能降低服务成本。维持现有等级则意味着现金流和服务水平保持稳定。

尽管顾客的上述决策行为对企业的长期发展和顾客生命周期价值至关重要，但目前关于会员服务升级与降级的研究和实践指导相对较少。因此，有必要对此领域进行更深入的研究，企业需要开发出综合的策略和工具，以更好地理解和影响顾客在续订时的选择。企业可以通过分析顾客使用数据来识别会员服务升级与降级的潜在动机，设计个性化的沟通策略以满足不同顾客群体的需求。通过这些努力，企业可以更有效地管理和优化会员服务体系，从而提升顾客满意度，增加收入并减少顾客流失。

顾客在服务续订的情况下，如何决定会员服务升级、会员服务降级、服务等级维持不变？企业如何采取相应的对策措施，以最大限度地增加会员服务升级、减少会员服务降级的概率？

会员服务升级意味着会员花更大的价钱购买更多的服务，其背后的直接驱动因素是顾客预期未来服务使用量的增加；会员服务降级意味着会员降低支出、减少服务购买，其背后的直接驱动因素是顾客预期未来服务使用量的减少。过去对会员服务升级与降级的研究，通常只考虑顾客服务使用量的变化，并未考虑会员服务升级与降级中可能出现的会员套餐供给结构的变化。会员套餐供给结构的改变预示着顾客使用偏好的变化（Kamakura 等，1996；Coupey 等，1998；Cutright 和 Samper，2014），其决策动机、决策涉入度、信息搜寻方式都有所不同，所以套餐供给结构变化的会员服务升级与降级决策，与单纯价格变化的会员服务升级与降级决策可能具有本质的差异。因此，本书将会员服务升级（降级）区分为结构不变（会员套餐供给结构不变）和结构变动（会员套餐供给结构改变）的会员服务升级（降级）。上述对会员服务升级（降级）的细致区分，对进一步理解会员服务的续订与变更行为，更好地为会员顾客市场细分提供实践指导，都具有重要的价值。

同时，会员服务升级与降级也是顾客流失和顾客终生价值扩展的重要信号。会员服务升级，通常意味着顾客终生价值的提高，表明公司的顾客资产得到提升；会员服务降级，往往是顾客流失的信号。公司对此应有充分的认识，做好预案，防患于未然，对会员服务降级行为做好细分，因人施策，采取一些必要的激励措施，尽最大努力留住顾客。

那么，会员服务升级与降级对顾客终生价值与顾客流失具有怎样的影响？不同类型的会员升级与降级对顾客终生价值与顾客流失的影响是否存在差异？

这些问题的提出与解答，在实践中和理论上都具有重要的价值。

第二节 研究内容

连续型服务提供商，如电信公司、网络服务商或健身中心等，普遍运用会员制这一模式来构建和加强与顾客之间的长期关系。这种关系的强化不仅有助于提升顾客忠诚度，而且会员服务的升级与降级决策直接关联到顾客价值的变化，从而对企业的短期绩效和长期绩效产生重要影响。例如，顾客的会员服务升级决策可能会带来更多的收入，而顾客的会员服务降级会使企业的收入减少，两者都会对企业的财务状况造成直接影响。尽管会员服务升级或降级的重要性日益被企业认识到，但现有文献对此方面的关注不足。相比之下，现有研究更多地关注顾客获取（Lix 等，1995；Aan 和 Buttle，2006；Wangenheim 和 Bayón，2007；Villanueva 等，2008；郑浩等，2010；Nam 和 Manchanda，2010；Choi 等，2012；李辉和吴晓云，2015；King 等，2016；De Vries 等，2017；Schwartz 等，2017；Majid，2020；You 和 Joshi，2020；Zheng 等，2022）、顾客保留或顾客流失（Rust 和 Zahorik，1993；Hennig-Thurau 和 Klee，1997；Bolton 等，2000；Lemon 等，2002；Burnham 等，2003；Capraro 等，2003；Verhoef，2003；Lewis，2004；Gustafsson 等，2005；Bolton 等，2006；Neslin 等，2006；Walsh 等，2006；Fader 和 Hardie，2007；金立印，2009；Nitzan 和 Libai，2011；Ascarza 和 Hardie，2013；Haenlein，2013；Becker 等，2014；Li，2015；Piha 和 Avlonitis，2015；Mahajan 等，2017；De Caigny 等，2018；Jaiswal 等，2018；Amin 等，2019；Dechant 等，2019；常明哲和李爱华，2020；Somosi 等，2021；Quach，2022；Fam 等，2023）、顾客重复购买或重新赢回（Mittal 和 Kamakura，2001；Thomas 等，2004；Mende 等，2013；Kumar 等，2015；Pick 等，2016；刘苇等，2020；Antwi，2021；Miao 等，2022；Zhe 等，2023），以及顾客获取与顾客保留的关系（Thomas，2001；Voss G B 和 Voss Z G，2008；Becker 等，2009；Stahl 等，2012；Min 等，2016；Rhouma 和 Zaccour，2018；Furman 等，2021）。

在顾客关系管理领域，会员制作为一种常见的营销策略，对企业维系顾客忠诚度、稳定现金收入具有重要作用。因此，许多研究聚焦探讨顾客为何选择续订会员服务，以及在这个过程中哪些因素起到了决定性作用。从 Keaveney（1995）的早期工作开始，研究者不断深化这一领域的理论探索与实证分析，探讨了多种影响会员续订行为的变量，如品牌信任、顾客满意度、服务质量、感知价值等。例如，Bhattacharya（1998）和 Bolton（1998）分别从不同角度审视了会员续订的动因。Paswan 和 Troy（2004）、Ranganathan 等（2006）、Polo 和 Sese（2013）、Wirtz 等（2014）、Byun 和 Jang（2015）、Chuang 和 Tai（2016）、Wangenheim 等（2017）、陈卫平等（2018）、George 和 Wakefield（2018）、Chen 等（2019）、Kim 等（2021）、Zdziebko 等（2024）等则进一步拓宽了研究的维度，包括文化差异、社会影响、经济条件等因素。尽管关于会员服务续订决策的研究相对丰富，但关于会员服务升级与降级的研究相对较少，这是顾客关系管理研究的一个重要缺口。顾客的会员升级与降级决策对企业具有重要意义，因为它直接关系到企业的收入和顾客的生命周期价值。在会员服务升级方面，Bolton 等（2008）、Visentin 和 Scarpi（2012）主要考察了交易因素如价格优惠、服务特权等对顾客升级决策的影响。在会员服务降级方面，Lin 等（2023）探讨了交易因素和关系因素对顾客服务降级的影响，以及顾客服务降级对顾客流失的作用。与此同时，Marinova 和 Singh（2014）的研究是少数同时关注会员服务续订、升级与降级决策行为的文献之一。他们从关系营销的角度出发，特别关注了信任等关系因素对顾客在续订会员服务时升级或降级决策的影响。总之，会员制的顾客关系管理是一个多层次、多维度的研究领域，涉及顾客心理、行为经济学、服务管理等学科。在理论上，探讨会员服务升级与降级的决策过程，特别是在不同行业背景、不同市场环境及不同顾客群体中的具体表现，通过对这些领域的深入研究，有助于企业更好地理解并满足顾客的需求，优化会员服务策略，提升顾客满意度和忠诚度。

在事实上，尽管会员服务升级与降级对连续型服务提供商的长远发展至关重要，但目前关于顾客在会员服务升级与降级的驱动因素的研究缺乏系统化的理论框架。传统的服务营销和关系营销理论提供了一些视角，指出顾客的个体交易（Anderson 和 Narus，1991；Lambrecht 和 Skiera，2006）、顾客与企业之间的关系（Palmatier 等，2006；Verma 等，2016；Zhang 等，2016）、企业的营销活动（Gruen 等，2000）及外部群体和环境（Nitzan 和 Libai，2011；Haenlein，2013）都是影响顾客服务消费行为的重要因素。会员服务升级与降级行为在某种程度上与顾客的获取、保留、流失、重复购买、重新赢回行为相似，因为它们都涉及顾客对服务价值的评估和关系因素的影响。然而，服务升级与降级决策也有其独特性，它们涉及顾客对会员服务水平变化的反应，这点与简单的购买行为变化或关系忠诚不完全相同。在理论上，探讨这些因素如何及在何种程度上影响会员服务升级与降级决策是一个重要的研究议题。例如，交易因素可能包括价格敏感性、感知价值、服务质量和顾客满意度，而关系因素可能涉及信任、承诺、社会纽带和客户参与。企业的营销活动，如促销、个性化沟通和忠诚度奖励，以及外部环境因素，如社会经济状况、市场竞争状况和群体影响，都可能在不同程度上影响顾客的升级与降级决策。重要的是，相关研究应该探讨交易因素和关系因素在影响会员服务升级与降级决策中的作用差异。例如，某些顾客可能会因为与公司建立了强大的关系而倾向于服务升级，其他顾客可能更多地基于交易因素，如价格折扣或增值服务而做出升级决策。同样地，降级决策可能受到经济压力或满意度下降的影响，这些都是需要详细研究的领域。在实际操作层面，了解这些驱动因素对于企业定制有效的顾客关系管理策略至关重要。企业可以基于这些研究发现，制定更有针对性的会员服务升级与降级对策，以提升顾客的生命周期价值和企业利润。

外部竞争冲击是商业环境中的一种常见现象，指外部竞争对手推出了更具吸引力的产品或服务，对公司现有顾客产生的冲击。这种情况可能导致公司的顾客考虑转换到竞争对手提供的服务，从而促成了顾客流失现象（Jones 等，2000；Roos 等，2004）。顾客流失会对公司的收入和市场份额造成负面影响。就会员服务升级与降级而言，外部竞争冲击可能导致现有会员重新评估他们的会员状态，判断是否需要改变当前的服务层级以适应外在的市场变化。然而，综观现有文献，尚未有实证研究探讨外部竞争冲击及在何种程度上影响会员服务的升级与降级决策。过去的相关研究，如 Oliver（1999）和 Palmatier（2008）认为，顾客对品牌的信任与承诺，可以作为一道防线，减缓外部竞争冲击对顾客忠诚度的侵蚀。这种关系的力量可能同样会影响顾客会员服务升级与降级的决策过程。在理论上，关系因素在缓解外部竞争冲击对会员服务升级与降级影响方面的具体作用仍不明确，这可能是由于顾客的决策过程受到多种因素的影响，包括个人的经验、期望、感知的风险和成本，以及外部市场的动态变化。为了更深入地理解这一现象，实证研究需要考虑多种可能影响会员服务升级与降级决策的变量，并将其纳入实证框架。例如，探讨在不同类型的市场和行业中，外部竞争冲击如何影响顾客的会员服务升级与降级决策，以及企业如何通过增强顾客关系来预防和减少由此造成的负面影响。此外，相关研究应考虑到不同顾客群体可能对外部竞争冲击的反应不同，从而为企业提供更加精细化的顾客细分和定位策略。

在之前的研究中，对会员服务升级与降级的分析多集中于会员服务套餐价格的变动和供给数量的增减，忽视了会员服务套餐供给结构变动的重要性（Marinova 和 Singh，2014）。会员服务套餐供给结构的变动不仅是服务选项数量的增减，还包括服务内容结构、定制化程度，以及与会员服务套餐相关的其他价值增值服务的变化。这些变化可能反映了顾客偏好结构的演变，他们可能寻求更加个性化、高质量或者更具创新性的服务。顾客偏好的变化可能对他们的服务续订、升级与降级决策产生重大影响。然而，现有文献在探讨会员服务升级与降级时未能细致区分不同类型的服务升级与降级，忽略了会员服务供给结构变动的影响。因此，有必要对不同类型的会员服务升级与降级进行区分。同时，应该探讨关系因素和交易因素如何影响这些不同类型的升级与降级决策。通过区分会员服务升级与降级的类型，并分析不同因素对这些类型的影响，可以更精细地揭示影响顾客决策的复杂的内在驱动机制。会员服务升级与降级类型的细分，有助于企业更好地理解顾客的需求和动机，从而设计更具吸引力的会员服务套餐，提升顾客满意度，降低流失率，并提升顾客忠诚度。

从会员服务升级与降级的影响后果来看，目前的实证研究非常缺乏。一方面，Kumar 和 Reinartz（2016）认为，顾客增加和减少购买、顾客关系持续时间是影响顾客终生价值的关键因素。会员服务升级与降级，对应的是顾客在关系持续期间每一期购买量的变化，同时影响了顾客后期的会员服务续订、服务变更行为，以及与公司关系的持续时间，因此，会员服务升级与降级对顾客终生价值具有重要的影响。另一方面，会员服务升级与降级行为影响顾客与公司关系的未来持续时间。会员服务升级可能意味着顾客与公司的关系会持续更长的时间，会员服务升级后的顾客，由于实际使用与会员服务套餐之间的偏差减小，总支出减少，顾客满意度会有所提高，因此会员服务升级的顾客未来流失的可能性降低。而会员服务降级往往是顾客流失前的一个行为状态，由于转换成本的存在而没有立即流失。随着时间推移，这些会员服务降级的顾客流失的概率加大。因此，会员服务降级通常是顾客流失的一个强烈信号。基于上述分析，本书认为顾客的会员服务升级与降级对顾客终生价值与顾客流失都具有重要的影响。

由于目前理论上对会员服务续订情况下的会员服务升级与降级的决策研究匮乏，实践中服务企业需要理解顾客在会员服务续订的情况下如何决定会员服务的变更（升级或降级），以便采取相应的顾客忠诚回报计划及相应的措施，更好地开展顾客关系管理工作。根据前文的分析可知，过去的研究仅关注了交易因素或关系因素对会员服务升级与降级的影响，并没有比较交易因素与关系因素对会员服务升级与降级的作用差异。此外，现有文献认为外部竞争冲击影响会员服务续订，而尚未评估其对会员服务升级与降级的影响，关系因素（如关系持续时间、关系利益）对外部竞争冲击影响会员服务降级是否具有抑制作用，也未有明确答案。会员服务升级与降级区分为两种不同的类型，即结构不变的会员服务升级（或降级）和结构变动的会员服务升级（或降级）。交易因素与关系因素对上述不同类型的会员服务升级与降级的作用是否存在差异，在理论上和实践上都是值得研究的重要问题。此外，不同类型的会员服务升级与降级的作用后果（如顾客流失、顾客终生价值）是否存在差异也有待进一步厘清。

基于上述研究空白点分析，结合前文提出的提供连续型服务的企业在实践中面临的具体问题，本书提出四个研究问题：

（1）交易因素、关系因素对会员服务升级与降级的影响是否存在差异？

（2）外部竞争冲击对会员服务升级与降级具有怎样的影响？关系因素对外部竞争冲击的影响是否具有抑制作用？

（3）交易因素、关系因素对两种不同类型（结构不变 vs. 结构变动）的会员服务升级的作用是否存在差异？两种不同类型的会员服务升级对顾客终生价值的影响是否存在差异？

（4）交易因素、关系因素对两种不同类型（结构不变 vs. 结构变动）的会员服务降级的作用是否存在差异？两种不同类型的会员服务降级对顾客流失的影响是否存在不同？

根据上述四个研究问题，本书将具体的研究内容分成以下三个部分。

（一）会员服务升级与降级驱动因素的研究

首先，分析和比较交易因素在促成会员服务升级与降级中所起的作用，并探究这些因素如何影响消费者决策过程。根据前景理论（Kahneman 和 Tversky，1979），个体在面临决策时，往往会对潜在的获得和损失进行评估，并基于这种评估做出选择。这种评估并非总是基于绝对的财富水平，而是基于对改变或相对差异的感知。会员顾客在考虑是否升级或降级会员服务时，会评估这一行为可能带来的额外利益或成本。例如，如果顾客认为通过升级会员服务能获得更多的折扣、更优质的服务或额外的奖励，而这些好处的预期价值超出了升级的成本，他们可能会选择升级会员服务。这是因为升级带来的潜在正面效果在顾客心中产生了一种吸引力，使顾客愿意采取行动以获得这些优势。相反，如果顾客预期未来的需求会减少，他们可能会认为现有的会员等级提供的服务或好处超出了自己的需求。在这种情况下，顾客可能会选择降级会员服务，因为这样做可以避免支付不必要的费用，从而减少经济损失。因此，交易因素对会员服务的升级与降级会产生重要影响。

其次，分析与比较关系因素对会员服务升级与降级的影响。根据关系营销理论（Palmatier，2008），顾客与服务提供商之间的关系质量是影响顾客忠诚度和购买行为的关键因素。当顾客感受到与服务提供商之间的关系带来了积极的回报，如信任、承诺及个性化的服务时，他们便更倾向于加强这种关系，通过升级会员等级来进一步投资这种联系。关系营销的目的在于通过建立和维护长期的顾客关系来增进业务。这种方法可以有效降低顾客的不满意度，减少因服务失败或与期望不匹配导致的负面口碑传播（Szymanski 和 Henard，2001）。此外，当顾客与品牌建立起强烈的情感联系时，他们更可能进行重复购买，并成为品牌的忠实拥趸（Cronin 等，2000）。因此，当关系因素得到正向加强时，其对会员服务升级可能会有显著的推动作用。顾客可能会由于对服务提供商的信任，感觉到升级会员服务可以获得更多的认可和奖励，从而愿意为更高等级的服务支付费用。比如，如果会员能享受到更快的客服响应、个性化体验或特别活动的邀请，顾客可能因为这些增值服务而选择升级。另外，如果顾客感觉到与服务提供商之间的关系没有达到预期水平，或者认为没有获得相应的关系回报，他们可能会选择降级或取消会员服务。例如，如果顾客认为会员服务中的个性化体验不足，或者品牌对他们的忠诚度不够重视，则可能导致他们对现有的会员水平的满意度下降，进而选择降低会员等级。因此，关系因素在会员服务升级与降级决策中扮演着至关重要的角色。

最后，研究外部竞争冲击对顾客会员服务升级与降级决策的影响。公司可能遇到的外部冲击主要包括：技术冲击，即由于新技术的出现或现有技术的重大改进导致的市场变化；政策冲击，即由于法律法规或政府政策的变动带来的经营环境改变；竞争冲击，通常发生在竞争对手推出创新产品或服务，或者采取激进的市场策略时，对公司现有的市场份额构成威胁。这些外部冲击可能导致顾客重新评估其与当前服务提供商的关系，进而决定是否继续维持或改变会员级别。一些顾客可能会被竞争对手的新产品或服务吸引，选择转投竞争对手，这将直接导致会员服务的取消。一些顾客可能因为转换成本（如时间、金钱和努力等）的存在而选择留在原服务提供商那里，但他们可能会减少购买频次，或者选择更低级别的会员服务，从而造成降级行为。然而，良好的顾客关系可以在一定程度上减轻外部竞争冲击所带来的负面影响。根据关系营销理论，建立在信任、承诺和相互依赖基础上的顾客关系能够提升顾客忠诚度（Oliver，1999），防止其转向竞争对手。此外，顾客与品牌之间的紧密关系还可以促进积极的口碑传播，从而帮助品牌在竞争中脱颖而出，吸引新顾客，并激励现有顾客升级会员服务以获得更多好处。在竞争激烈的市场环境中，公司必须不断创新和改进其顾客关系管理策略，以应对外部竞争冲击，并通过提升顾客忠诚度来保持市场竞争力。因此，本书研究的重点在于探讨外部竞争冲击对会员服务的升级与降级行为的影响，以及关系因素如何帮助公司缓解这些冲击的负面效应。

（二）会员服务升级决策研究

本书根据会员服务升级前后的会员套餐供给结构是否发生变化，将会员服务升级区分为结构不变的会员服务升级与结构变动的会员服务升级，并比较交易因素与关系因素对两种不同类型的会员服务升级的作用差异，以进一步充实关系营销领域的研究。

从前文简要的文献回顾可以看出，会员服务升级与降级的研究主要集中在对其驱动因素的探讨，并没有考虑到会员服务升级与降级的影响后果。顾客终生价值的相关研究文献（Jain 和 Singh，2002；Reinartz 和 Kumar，2003；Venkatesan 和 Kumar，2004；Kumar 和 Reinartz，2016；Ascarza 等，2018；Kumar，2018；Zeithaml 等，2020；Sun 等，2023）认为，顾客购买量、购买频率、顾客关系持续时间是构成影响顾客终生价值的三个关键要素。那么，在两种不同类型的会员服务升级对顾客终生价值的影响上，不仅影响顾客在关系持续期间每一期的购买量，也影响顾客与公司关系持续时间。因此，本书将探讨这两种不同类型的会员服务升级对顾客终生价值的影响差异。顾客终生价值的提高不仅是企业营销活动的最终目标，也是衡量企业长期盈利能力的关键指标。因而，本部分的研究将提供全面的视角，不仅从驱动因素和服务升级类型划分上深化了对会员服务升级的理解，还从影响后果的角度，拓展了对会员服务升级与顾客终生价值关系的认识。

（三）会员服务降级决策研究

这部分的研究将比较关系因素与交易因素对两种不同类型的会员服务降级的作用差异，以及两种不同类型的会员服务降级对顾客流失的影响差异。

会员服务降级作为会员服务变动的一个关键因素，常常被企业忽视，然而其对顾客行为和心理的影响可能是复杂的（Lin 等，2023）。

从会员服务降级的后果来看，会员服务降级通常是顾客与公司的关系出现危机的信号，是顾客流失的先兆。本书将考察会员服务降级如何作为一个不利信号，导致顾客对企业的认知和态度产生负面影响，从而增加顾客流失的风险。相比会员服务升级和会员服务等级不变的顾客，会员服务降级的顾客流失的概率更高。比较结构不变与结构变动的会员服务降级，前者只有服务使用量的变化，后者更增加了消费结构的变化，其决策过程可能具有本质的不同，二者对顾客的后续流失行为影响可能存在差异。因此，这部分研究将通过比较两种不同类型的会员服务降级对顾客流失的影响差异，进一步深化对顾客服务降级的理解。

第三节　研究意义

一、研究贡献

本书拟在过去研究的基础上，结合关系营销理论、前景理论、自我决定理论与期望绩效反馈理论，将会员服务升级与降级的驱动因素聚焦在交易因素、关系因素与外部竞争冲击，比较了交易因素、关系因素对会员服务升级与降级的作用差异，探讨了外部竞争冲击对会员服务升级与降级的影响，以及关系因素对会员服务升级与降级的调节作用。本书创造性地提出，根据会员服务套餐供给结构是否发生变化，区分两种不同类型的会员服务升级与降级，并比较了交易因素与关系因素对不同类型的会员服务升级与降级的影响差异，以及不同类型的会员服务升级与降级对顾客终生价值与顾客流失的作用差异。

（1）系统性地研究了顾客会员服务升级与降级的决策机制。传统的会员服务顾客关系管理研究主要集中在如何吸引新客户、确保客户忠诚度，以及防止客户流失和鼓励他们重复购买产品或服务。这些研究提供了基本的框架和策略用于理解和优化客户生命周期的初期阶段和中期阶段。然而，当涉及服务续订阶段，特别是在客户面临是否升级或降级其会员服务时，相关的研究相对较少。然而这些决策不仅关系到客户个人的满意度和期望值，也直接影响了公司的收入和客户留存策略。本书深入探讨了会员服务的升级与降级决策过程，通过对驱动因素的细致研究，不仅丰富了对连续型服务行业顾客关系管理的认识，也进一步拓展了服务营销和关系营销的理论边界。本书的研究结果不仅对学术界有重要的理论价值，对连续型服务企业制定会员服务策略也具有实际的指导意义。

（2）比较了交易因素与关系因素在影响会员服务升级与降级决策中的差异。过去文献在会员服务升级与降级的相关研究中，学者只是孤立地分析了交易因素（如价格、产品功能、促销活动等）或关系因素（如顾客满意度、服务人员的关系维护等）对顾客服务续订、升级与降级的影响。这种分离的研究视角忽略了交易因素和关系因素在实际决策过程中可能存在的相互影响。实际上，顾客在考虑是否升级或降级会员服务时，往往会同时权衡交易因素和关系因素。本书通过系统地比较交易因素与关系因素在影响会员服务升级与降级决策中的差异，弥补了以往研究中基于交易因素或关系因素单一视角的不足，构建了一个更全面和更深入的理解框架。通过将交易因素和关系因素相结合，本书更全面地阐释了会员服务升级与降级决策背后的内在驱动力。这不仅有助于理解各种因素如何共同影响顾客会员服务变更行为，也为企业制定和优化会员服务政策提供了参考。

（3）探讨了外部竞争冲击对顾客会员服务升级与降级的影响。在以前的研究文献中可以发现，对于新竞争者进入市场和推出竞争性产品如何撼动现有产品的市场地位已经有过研究和讨论（Roos 等，2004；Bansal 等，2005；Kamolsook 等，2019）。这些研究强调了外部竞争的引入对消费者转换服务提供商的重大影响。然而，具体到会员服务升级与降级的领域，关于外部竞争冲击在何种程度上、如何影响顾客会员服务变更的实证研究却相对缺乏。这个不确定性留下了有待探索的重要问题：竞争性产品和服务的出现是否会导致现有顾客转变其会员等级选择，以及这种转变是如何发生的。本书着眼于填补这一研究空白，深入分析了在引入外部竞争性产品时，会员服务升级与降级决策受到的影响。此外，本书进一步探讨了在外部竞争冲击的背景下，建立良好的顾客关系以降低会员服务降级的可能性。这意味着，即使在面临激烈的市场竞争时，良好的顾客关系仍可能作为一种缓冲力量，降低顾客降级服务的倾向。这一发现为关系营销理论提供了新的视角，表明深化顾客关系不仅对维持客户忠诚度至关重要，也可以作为企业抵御外部竞争冲击的有效工具。

（4）区分了不同类型的会员服务升级与降级，并比较了其驱动因素的差异。在以往的研究中，会员服务升级与降级通常被视为一个统一的概念，即顾客选择更高或更低级别的服务套餐。但这种概念化忽略了服务套餐供给结构变化对顾客会员服务升级（降级）决策可能产生的影响。针对这一点，本书提出了新的分类方法，将会员服务升级（降级）细分为两种类型：结构不变和结构变动的会员服务升级（降级）。结构不变的会员服务升级或降级指顾客在相同的服务套餐结构内选择了不同级别的套餐，结构变动的会员服务升级或降级指顾客在不同的服务套餐结构内选择不同级别的套餐。本书通过揭示交易因素与关系因素对顾客会员服务升级与降级决策的不同影响来进一步深化对顾客会员服务升级与降级的理解，为服务供给商在设计和调整套餐时提供策略上的指导。

（5）深入探讨了会员服务升级与降级的作用后果。现有文献对会员服务升级与降级的研究往往集中于分析其发生的前因，如顾客满意度、服务质量感知、价格敏感度等因素，却较少关注这些行为所带来的影响后果。本书在分析会员服务升级与降级驱动因素的基础上，采取更全面的视角，探讨会员服务升级与降级如何影响顾客在企业中的持续价值，即顾客终生价值，以及它们如何影响顾客流失率，这是度量顾客保留能力的一个关键指标。通过对这些后果的深入分析，本书揭示了会员服务升级与降级的作用后果。这不仅在理论上阐明了会员服务升级与降级在顾客资产管理中的关键作用，也拓展了对顾客终生价值和顾客保留领域的研究边界。

二、理论意义

目前，关于服务行业的顾客关系管理的研究较多地关注现有顾客的获取与保留、顾客的流失，以及顾客的重复购买行为。针对会员制服务模式下的顾客关系管理，现有研究主要集中在如何促使顾客进行服务的续订，却很少关注会员在续订服务时做出的更深层次的决策。而这些决策包括顾客对其会员服务进行升级或降级，这些选择背后的动因及随之而来的影响都是理解顾客行为的关键因素。目前，对于会员服务升级与降级决策的研究相对匮乏，且现有的研究通常是孤立地考虑交易因素和关系因素（Bhattacharya，1998；Bolton 等，2008；Visentin 和 Scarpi，2012；Marinova 和 Singh，2014），缺乏将两者结合起来的系统性分析。针对这一研究空白，本书采用了一种综合性的研究方法。首先，通过比较交易因素和关系因素对会员服务升级与降级的影响，揭示了这两个方面的差异性和互动性。其次，考虑了外部环境，尤其是市场竞争冲击，以及它们如何影响会员服务升级与降级。进一步地，本书根据会员服务套餐供给结构的变化，细分了不同类型的服务升级或降级，并深入探讨了这些决策背后的心理和经济机制。最后，分析了升级与降级决策对顾客流失和顾客终生价值的潜在的长期影响。通过深入分析这些决策如何影响顾客的长期忠诚度和对企业的价值贡献，本书为顾客关系管理领域提供了更加全面的洞见，不仅填补了会员制下顾客关系管理研究的空白，而且为服务行业提供了实用的指导，可以帮助企业更好地设计和实施其会员服务策略。

三、实践意义

在服务行业中，会员制度是一种普遍且有效的顾客关系管理工具，它通过提供连续性的服务来建立和维系顾客关系。对于提供这类服务的企业而言，会员的消费等级成为衡量顾客价值和企业绩效的关键指标。会员消费等级的变动不仅反映了顾客的忠诚度，还直接关联到企业的收入稳定性和增长潜力。会员制的一个显著优势在于能够通过预售服务套餐的方式为企业带来稳定的现金流量，这对于企业的财务管理和预算规划都至关重要。然而，这种模式也意味着企业必须持续地吸引顾客选择续订服务，以及在可能的情况下促进服务升级，以保持和提升顾客价值水平。会员合同到期后可能导致三种情形：顾客流失、服务续订并保持原有等级、服务续订时的升级与降级。第一种情形，即顾客流失，是企业非常希望能避免的。尽管防止顾客流失的研究已较为成熟，并且有多种应对选择策略可供企业，但避免顾客流失的挑战依然存在，并且需要企业持续地采取有效措施。第二种及第三种情形，顾客的续订决策，即顾客是选择原有服务等级还是选择升级或降级服务，相对来说，企业在这方面的关注往往不足或缺乏有效的管理策略。然而，深入理解顾客在续订时的决策过程，以及他们选择保持原有服务等级、升级或降级的动因，对于企业来说至关重要。这不仅有助于企业设计更有吸引力的会员服务方案，促进顾客进行更高等级的服务续订，还可以通过预防服务等级的降低来保护企业收入。为了最大化会员服务升级的可能性和降低降级的风险，企业可以提供定制化的服务升级选项，奖励忠诚的顾客，以及通过有效的沟通策略强化顾客感知到的价值。企业还可以运用数据分析来预测和识别哪些顾客更有可能升级或降级，并针对不同的顾客群体制定差异化的营销策略。

　　总之，对于采用会员制的服务企业来说，全面理解并有效管理顾客的续订和等级变动决策，不仅能够提升顾客的终生价值和企业的现金流状况，还能够加强企业的持续发展能力和市场竞争力。这要求企业不断创新和完善其顾客关系管理策略，以适应顾客需求的不断变化。

第四节　研究方法与技术路线

一、研究方法

　　本书首先进行文献资料收集、鉴别和分析，形成对研究问题的初步认识。然后通过文献回顾，找到过往有关会员服务续订、升级与降级研究的空白和争议，整合与连接现有的理论研究成果，结合访谈中发现的典型问题，寻求可行、稳健的理论解释，同时根据研究的可行性和价值性，寻找合适的研究切入点，提出初步的研究问题理论框架。具体到本书中，将结合过往顾客获取、顾客保留、顾客流失、顾客重复购买、会员服务续订、会员服务变更的相关文献，利用关系营销理论、前景理论、自我决定理论等，将研究问题聚焦在会员服务升级与降级的驱动因素及其作用后果上。

　　本书的研究方法将综合采用深度访谈法、实证研究法等。

（一）深度访谈法

深度访谈法是一种质性研究的重要手段，它不同于传统的问卷调查或结构化访谈。深度访谈法通常采用开放式的问题，以便更灵活地探索被访谈者的深层感受和见解。这种方法特别适合于那些研究主题初期不太明确、需要深入了解人们内在心理和情感的研究。在研究问题较为模糊或者需要探索性研究的初始阶段，深度访谈可以提供丰富的定性数据，帮助研究者构建或完善理论假设。在进行深度访谈时，经验丰富、受过专业训练的调查员会通过一系列开放性问题引导被调查者自由地表达他们对于特定问题的看法和经历。调查员的任务是通过有效的沟通技巧，挖掘被访谈者对某一问题的深层次看法，包括他们的潜在动机、态度、信念及情感等。

在本书中，考虑到会员服务升级与降级是一个多维度的复杂现象，故采用深度访谈法来探究这一现象。在提供连续型服务的企业方面，选择将市场部工作人员作为深度访谈的对象，因为他们对企业的市场策略和顾客关系管理有着深刻的理解和丰富的实践经验。在消费者方面，特别挑选了不同会员服务等级的用户，以能够从多个视角和不同的消费层次上理解会员服务升级与降级的动因和心理过程。通过深度访谈，本书旨在初步揭示推动会员服务升级与降级的关键因素，理解这些因素如何在消费者的决策过程中起作用，以及它们将如何影响企业的顾客关系和经营绩效。深度访谈不仅能够帮助理解顾客个体行为背后的复杂机制，还能够为企业更有效地设计和实施会员制度提供参考。具体的访谈过程、在访谈中得到的初步发现和研究结论都将在本书的第三章详细介绍。

（二）实证研究法

市场营销学的实证研究应用较多的方法包括实验法、准实验法、问卷研究法、二手数据研究法等。本书的实证研究主要采用二手数据研究法。二手数据是指那些通常并非专门为某个具体研究而存在的、已经收集整理好的统计资料。与一手数据相比，二手数据一般具有获取相对容易、成本较低、数据较客观等一系列优点。二手数据的缺点：首先，二次数据不是为具体的研究问题而存在，有较多的噪声干扰，在绝大部分情形下并不能直接符合研究需要；其次，二手数据通常是自然观察生成的数据，不是实验数据，干扰因素较多，难以做因果关系推断（不可避免地存在内生性问题）。因此，二手数据研究往往需要较高的数据整理与分析水平，研究者既需要掌握统计学、计量经济学与数据挖掘等相关学科的知识技能，还需要掌握 SPSS、Stata 与 R 等统计软件的使用，门槛比较高。

本书的研究聚焦于会员服务的升级与降级，特别是在中国市场中大型电信公司的用户行为。主要数据源自一家中国大型电信公司提供的用户消费月度面板数据。该数据集详细记录了用户每个月的电信资费套餐选择，这些选择的变化直接映射了会员服务等级的升级与降级——用户升级到更高价格的套餐或降级到更低价格的套餐。通过使用二手数据研究法，能够充分利用现有的大量数据资源，不仅节省了时间和成本，而且能够在大规模用户群体中得到可靠和具有代表性的研究发现。二手数据研究法的应用，使本书的实证研究更加精确和有说服力，因为它依托真实的用户行为数据，而不是仅仅基于假设或模拟的场景。为了确保研究的严谨性和结论的有效性，本书在分析过程中采用了多种统计方法和模型，以确保对数据的准确解读。本书将详细介绍这些方法和模型，以及如何应用它们揭示会员服务升级与降级的驱动因素与作用后果。

（三）统计计量方法与工具

本书根据研究目的的需要，将综合运用多种统计方法与计量经济学模型，使用的方法包括普通最小二乘法、二值 Logit/Probit 回归、多值 Logit/Probit 回归、线性面板数据分析法、面板二值回归、倾向得分匹配法、生存分析法等。

因为本书的实证研究方法主要采用二手数据分析，因而不可避免地会存在内生性问题。为了解决内生性问题，本书的三个研究分别采用了三种不同的处理内生性问题的方法。第一个研究，采用纠正样本选择偏差的多元逻辑回归的两阶段联合极大似然估计法；第二个研究，采用倾向得分匹配法来解决处理效应问题；第三个研究，在内生自变量的生存分析模型中采用两阶段估计法（把第一阶段内生自变量估计值的误差代入第二阶段生存分析模型）。

本书主要使用的统计软件包括 Stata、SPSS、R、Excel 等。其中，绝大部分的回归分析、生成结果表格、绘图等采用 Stata 软件。

二、技术路线

本书深入探讨了会员服务升级与降级的驱动因素及其作用后果。在研究的实施过程中，采取了一个多方法学的研究策略，将理论研究、文献探讨、深度访谈和二手数据分析等多种方法有机地结合起来，以确保研究的全面性和深度。在研究的前期阶段，通过深度访谈获取直观的洞察，这些访谈有助于理解会员服务升级与降级的现象，并揭示了可能的原因和结果。同时，通过广泛的理论研究和文献综述，找到了适合研究对象的理论关系作用机制，并以此为基础形成了初步的理论模型。在这个过程中，理论研究与深度访谈的结果相互验证、相互启发，循环往复，最终形成了一个较为完整的理论概念框架。在建立了初步的理论概念框架后，采用逻辑演绎和理论推演的方法，进一步细化框架，并结合已有文献的支持证据，逐步建立起具体的研究假设。

本书的实证研究分为三个部分进行：①利用随机抽样方法获取电信行业的大规模样本，并从中提取二手数据。在处理这些数据时，本书特别注意使用适当的计量经济学模型和方法解决潜在的内生性问题，确保研究假设的检验结果是可信的。②得到实证研究结果后，本书对这些结果进行了整理和分析，并详细说明和解释了这些发现。同时将研究结论与现有的文献和理论相结合，探讨了本书研究的理论贡献，以及这些发现对企业管理实践的启示。③本书指出了研究的局限性或可能存在的不足，并在这个基础上，提出了关于会员服务升级与降级决策的未来研究方向。

本书的技术路线如图 1-1 所示。

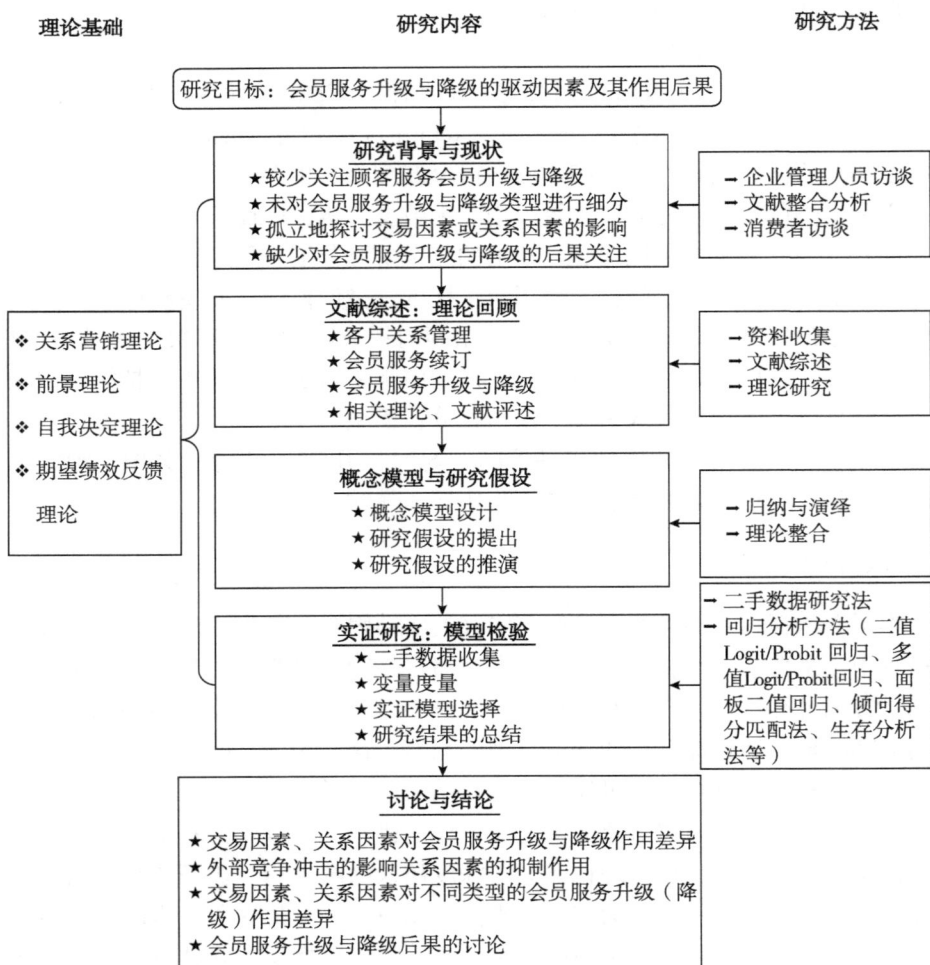

理论基础	研究内容	研究方法

研究目标：会员服务升级与降级的驱动因素及其作用后果

研究背景与现状
★ 较少关注顾客服务会员升级与降级
★ 未对会员服务升级与降级类型进行细分
★ 孤立地探讨交易因素或关系因素的影响
★ 缺少对会员服务升级与降级的后果关注

- 企业管理人员访谈
- 文献整合分析
- 消费者访谈

文献综述：理论回顾
★ 客户关系管理
★ 会员服务续订
★ 会员服务升级与降级
★ 相关理论、文献评述

- 资料收集
- 文献综述
- 理论研究

❖ 关系营销理论
❖ 前景理论
❖ 自我决定理论
❖ 期望绩效反馈理论

概念模型与研究假设
★ 概念模型设计
★ 研究假设的提出
★ 研究假设的推演

- 归纳与演绎
- 理论整合

实证研究：模型检验
★ 二手数据收集
★ 变量度量
★ 实证模型选择
★ 研究结果的总结

- 二手数据研究法
- 回归分析方法（二值 Logit/Probit 回归、多值 Logit/Probit 回归、面板二值回归、倾向得分匹配法、生存分析法等）

讨论与结论
★ 交易因素、关系因素对会员服务升级与降级作用差异
★ 外部竞争冲击的影响关系因素的抑制作用
★ 交易因素、关系因素对不同类型的会员服务升级（降级）作用差异
★ 会员服务升级与降级后果的讨论

图 1-1　本书的技术路线

资料来源：笔者整理。

三、本书章节安排

第一章，提出会员服务研究的背景，在简要文献评述的基础上提出研究问题，根据研究问题提炼研究内容，并说明本书的理论贡献、研究意义等，提出本书的研究方法、技术路线和文章结构安排。

第二章，深入地回顾现有文献中关于会员服务续订、升级与降级的研究，对现有文献进行比较、评价、总结。介绍本书用到的几个主要理论——关系营销理论、前景理论、自我决定理论与期望绩效反馈理论。提出会员服务升级与降级与上述理论的关系，并区分了两种不同类型的会员服务升级（降级），从理论上比较两种不同类型的会员服务升级（降级）的差异，为第三章的假设发展做准备。

第三章，介绍总结两场访谈结果，结合第二章的文献回顾，以关系营销理论、前景理论、自我决定理论与期望绩效反馈理论为基础，提出本书有关会员服务升级与降级的研究理论框架与具体的研究假设，并进行详细的研究假设推导。

第四章，介绍了本书的研究情境、研究样本、变量测量等。利用二手数据，对会员服务升级与降级的驱动因素进行实证研究。本章的实证研究，首先比较交易因素、关系因素对会员服务升级与降级的影响差异，其次探讨外部竞争冲击对会员服务升级与降级的影响，最后分析关系因素对外部竞争冲击影响会员服务降级的抑制作用。

第五章，在区分会员服务升级为结构不变和结构变动的会员服务升级的基础上，利用二手数据，实证研究交易因素和关系因素对结构不变和结构变动的会员服务升级的作用差异，研究两种不同类型的会员服务升级对顾客终生价值的影响。

第六章，在区分会员服务降级为结构不变和结构变动的会员服务降级的基础上，利用二手数据，实证研究交易因素和关系因素对结构不变和结构变动的会员服务降级的作用差异，研究两种不同类型的会员服务降级对顾客流失的影响。

第七章，结论与讨论。本章对第四、第五、第六章的实证结果进行总结，并对主要研究结论进行说明与理论解释，在此基础上提出本书的理论启示和管理启示，指出本书的研究局限，提出未来进一步的研究方向。

第二章　文献回顾

会员服务的升级与降级通常建立在会员已经续订服务的基础之上。为了更好地理解会员服务升级与降级的决策过程，本章首先回顾和梳理会员服务续订相关的文献。通过总结已有研究识别影响会员续订决策的关键因素。这些因素对于理解会员升级和降级决策具有重要的参考价值。

在此基础上，本章进一步回顾和总结直接指向会员服务升级与降级的研究成果。现有文献探讨了交易因素、关系因素、顾客感知等因素对升级和降级决策的影响。通过系统梳理这些研究，可以更全面地把握会员在做出升级或降级选择时所考虑的因素。

在回顾文献的基础上，本书引入了四个主要的理论解释会员服务升级与降级的决策过程。首先，关系营销理论，该理论强调企业与顾客之间的长期互动关系对顾客决策的影响。其次，前景理论关注决策者在面临不确定结果时的风险偏好。再次，自我决定理论强调个体在做出决策时对自主性、胜任感和归属感的追求。最后，期望绩效反馈理论通过比较实际绩效与期望水平来简化绩效评估，并根据评估结果决定采取何种行动。这四个理论为分析会员升级与降级决策提供了重要的框架。

本章通过系统地回顾相关文献和引入多个理论视角，对会员的升级与降级决策进行了多角度、多维度的深入剖析。这个全面而深入的研究奠定了对会员升级与降级决策的理解和认知基础，将为后续章节的展开提供重要的理论支持和思考角度。

第一节　会员服务续订研究回顾

对过去有关会员服务续订相关研究的文献如表 2-1 所示。根据理论聚焦、会员服务决策类型、自变量、中介变量、调节变量与因变量的选择、研究分析方法、研究主要发现等做了比较。

表2-1 会员服务续订相关研究总结

作者(年份)	理论聚焦	决策类型	因变量	自变量	中介变量	调节变量	分析方法	结果
Keaveney (1995)	关键事件技术	服务业顾客转换行为	服务转换	价格、不便利、核心服务失败、服务遇到故障、服务失败反应、伦理问题、竞争、非自愿转换			定性分析	顾客转换服务的原因分为八大类，包括价格、不便利、核心服务失败、服务遇到故障、服务失败反应、竞争、伦理问题、非自愿转换
Bhattacharya (1998)	社会认同理论	服务续订	失去会员资格的危险	加入特征：会员作为礼物赠送、入会特征：专业协会、会员级别、会员级别变更、会员间长短、两次续订间隔时间、帮助行为：捐赠、志愿活动			久期风险模型	使用时间长短、降级、两次续订间隔时间、赠送礼品频率和参与特殊利益群体影响了会员续订和终止的可能性
Bolton (1998)	主观效用理论、信念更新、锚定和调整	服务续订	服务关系持续时间	累积满意、感知损失、感知获得		经验感知损失、感知获得	久期风险模型	过往经验调节满意对关系持续时间的影响；基于服务交易和失败经验的感知损失和获得也影响关系持续时间
Bolton 等 (2000)	期望不一致理论、后悔理论	服务续订	项目续订或终止、服务使用（交易数量）	顾客重新光顾意向、感知不一致、经验、总体服务质量、计费和支付过程质量、价格评级	忠诚回报项目会员	忠诚项目成员	逻辑回归和Tobit模型	忠诚项目会员有助于降低服务体验的负面评价，服务体验的负面评价会影响服务使用的续订或终止

续表

作者（年份）	理论聚焦	决策类型	因变量	自变量	中介变量	调节变量	分析方法	结果
Gruen 等 (2000)	关系营销理论	续订会员的比例	保留 参与共同生产	外部会员需求的依赖 组织知识传播 成员相互依赖的提升 核心服务绩效 识别	规范承诺 持续性承诺 情感性承诺		结构方程模型	核心服务绩效影响保留和参与。外部会员需求的依赖对保留率没有影响。组织知识传播对情感承诺只有很小的影响只有组织知识的传播和识别影响会员行为，这种影响被一个或多个自变量的中介。上述两个自变量的影响都被情感性承诺中介。规范承诺部分中介了会员相互依赖对共同生产的影响
Thomas (2001)	关系营销理论	服务续订	在服务组织的会员时间长短	会员购买法律服务的年数 会员保留信用卡的年数 会员在整个关系持续时间内获得的保险金总额			样本选择的归并模型	会员购买法律服务的年数、会员保留信用卡的年数、会员在整个关系持续时间内获得的保险金总额均影响会员顾客保留
Lemon 等 (2002)	后悔理论	服务续订	合约续订或终止	顾客先前预期的未来使用量 预期后悔	当前预期 未来使用		二值逻辑回归	预期未来使用和预期后悔影响顾客服务关系续订
Ranaweera 和 Prabhu (2003)	关系营销理论	服务续订	顾客保留	顾客满意、信任、转换障碍		信任、转换障碍	线性回归分析	顾客满意度和信任都对顾客保留有强烈的正面影响；信任对保留的影响弱于满意度；信任与满意度的交互作用也对保留得正面效应。转换障碍对顾客保留有显著影响，也有调节满意度与保留关系的作用

续表

作者（年份）	理论聚焦	决策类型	因变量	自变量	中介变量	调节变量	分析方法	结果
Verhoef (2003)	关系营销 顾客资产	服务续订	续订或终止 顾客份额	情感性承诺 满意 支付公平 直邮 忠诚项目会员			二值逻辑回归和最小二乘回归	情感性承诺和忠诚项目提供经济激励对顾客续订决策有正向影响。而直邮只影响顾客份额发展
Paswan 和 Troy (2004)	非营利组织营销 动机理论	会员等级决策	会员等级	慈善事业、艺术保护、社会认可、儿童利益、有形利益			有序逻辑回归	社会认可、慈善事业显著影响会员等级选择；儿童利益和有形利益对低等级会员选择的影响更为显著
Thomas 等 (2004)	关系营销 动态定价	离开后的重新开始决策	重新获得概率 随后的保有期	第一次关系期的长度 最后一次购买经过的时间 期满后经过的时间 价格 重新获取的价格与上次期满前价格的差异 现有价格与上次支付价格的差异 最后一次价格的差异			分割风险久期模型	定价、期满后经过时间 先前的流失对顾客保有先前有负向作用；先前的流失程度影响顾客离开后重新开始决策
Gustafsson 等 (2005)	态度理论 关系营销	顾客保留	非保有顾客流失后经过的月数	满意 情感性承诺 计算性承诺		之前的流失 条件触发 反应触发	回归	满意和计算性承诺对顾客保留有正向影响；先前的流失对顾客保留有负向作用；先前的流失调节满意与保留之间的关系

续表

作者（年份）	理论聚焦	决策类型	因变量	自变量	中介变量	调节变量	分析方法	结果
Bolton 等（2006）	服务质量 损失规避	服务续订	合约续订或终止 体验质量	过去愉快（不愉快）的极端结果体验 平均服务水平 设计质量 价格规范			二值选择模型	少量的极端愉快服务体验对续订有正向的作用 最近（而不是远期）的体验对续订决策影响权重更大
Ranganathan 等（2006）	关系营销理论	顾客转换行为	转换服务供应商	服务使用、关系持续时间、服务捆绑、年龄、性别			二元逻辑回归	服务使用、服务捆绑、年龄 负向影响顾客转换服务提供商；男性比女性更容易转换服务提供商
Seo 等（2008）	产品转换成本理论	顾客转换行为	顾客保留、顾客满意度	合作时长、服务计划的复杂性、手机的先进性以及连接质量			逻辑回归和分层线性模型	服务使用、服务捆绑、年龄 负向影响顾客转换服务提供商；男性比女性更容易转换服务提供商
金立印（2009）	转换成本理论	顾客转换行为	顾客保留	现供应商服务使用程度、竞争者服务使用程度	顾客转换成本	交易关系类型	结构方程模型	转换成本正向影响顾客保留。交易关系类型调节了现供应商服务使用程度和竞争者服务使用程度对转换成本和顾客保留的影响
Aurier 和 N'Goala（2010）	关系营销 服务质量	关系保留 关系拓展	关系维持（时间长短和排他性）和关系发展（服务使用和交叉购买）	服务质量（功能质量和技术质量）	服务评价（价值、总体满意）关系质量（信任、关系承诺）		结构方程模型	关系承诺影响保留和排他性，然而信任是关系发展的关键。信任和承诺中介了满意对关系维持和关系发展的影响
Ascarza 和 Hardie（2013）	关系营销	服务续订	顾客流失	服务使用量			隐藏马尔可夫模型	服务使用量是顾客流失的重要预测变量

续表

作者（年份）	理论聚焦	决策类型	因变量	自变量	中介变量	调节变量	分析方法	结果
Malhotra 和 Malhotra (2013)	捆绑制营销	合约终止	合约终止意向	服务供应商的创新性是否不合理的合约长度		服务供应商的创新性	结构方程模型 回归	不合理的合约长度增加了顾客转换供应商的意向对供应商的创新性感知降低了顾客转换服务供应商的意向
Polo 和 Sese (2013)	期望效用理论	合同续订	非合约关系转换与顾客实际转换合成合约关系行为	实际期望服务使用、非合约服务价格、关系年限		非合约关系年限	离散久期风险模型	实际期望服务使用、非合约服务价格、关系年限均正向影响；非合约关系年限正向调节实际期望服务使用和非合约服务价格对合约关系转换的影响
Wirtz 等 (2014)	解释水平理论	顾客转换行为	顾客转换意向与顾客转换实际转换行为	结果相关的变量过程相关的变量与竞争者相关的营销组合			结构方程模型 回归	结果相关的变量——满意、感知服务绩效、转换意向成本对转换意向大于实际转换过程相关成本相关的影响非经济成本对转换意向的影响大于实际转换行为
Byun 和 Jang (2015)	前景理论	服务续订	会员续订、新会员订阅	奖金促销、折扣促销		景点类型（实用型 vs. 享乐型）	结构方程模型	奖金促销比折扣促销更有效地产生新订阅。奖金与折扣促销对会员续订影响无显著差异。景点类型调节了促销对会员续订的影响

续表

作者（年份）	理论聚焦	决策类型	因变量	自变量	中介变量	调节变量	分析方法	结果
Chuang 和 Tai (2016)	社会交换理论	转换服务供应商	转换供应商意向	功能利益社会利益心理利益		社会利益心理利益	结构方程模型	功能利益与社会利益都负向影响顾客转换服务供应商意向 心理利益正向调节功能服务转换对顾客转换服务供应商的影响
Wangenheim 等 (2017)	技术接受模型	服务合同续订	合同续订	感知有用性感知易用性		使用宽度使用深度关系长度	二元逻辑回归	感知有用性、关系长度正向影响顾客服务合同续订
George 和 Wakefield (2018)	效用理论	会员服务购买	下一季曲棍球单联盟会员续订	顾客独有联结（是否购买单场球票、购买单场球票的次数、购买团体票的次数、捆绑计划、价格）服务独有联结（联系次数、联系的新近性、语音联系、文字联系）			二元逻辑回归	顾客独有联结的相关变量与服务独有联结相关的变量都正向影响顾客下一季曲棍球联盟会员续订
陈卫平等 (2018)	服务利润链理论	会员服务续订	会员制农场会员续约	员工管理制度中理念传递、赋能授权、薪酬管理和奖惩机制			案例研究法	能有效促进会员制农场会员续约的员工管理制度包括理念传递、赋能授权、薪酬管理和奖惩机制。员工认同和员工积极能够促使员工为会员提供服务，进而使员工工作满意，进而使会员满意，员工为会员服务的过程及效果及会员认同和会员满意通过提高会员认同和会员满意而促进会员续约

续表

作者（年份）	理论聚焦	决策类型	因变量	自变量	中介变量	调节变量	分析方法	结果
Chen 等 (2019)	会员续订	会员续订	农业社区会员续订意向	年龄、收入、支持可持续农业			多元逻辑回归	年轻世代、高收入家庭、支持可持续农业的个体会员更容易续订农业社区会员
Kim 等 (2021)	非营利组织营销	捐赠续订	捐赠续订、捐赠意向	生命周期、新近度、季节性捐赠诉求、会员选项			基于效用的多重离散连续模型	生命周期、新近度、季节性以及对捐赠利选项引力的影响随着时间的推移以独特的方式发生非单调变化
Banik 和 Rabbanee (2023)	社会交换理论 DART 模型	服务保留	服务保留	对话、访问、风险评估和透明度	顾客参与度	顾客类型	偏最小二乘法结构方程模型	DART 模型元素（对话、访问、风险评估和透明度）影响顾客类型保留；顾客类型调节了 DART 模型各元素对顾客保留的影响；顾客参与度中介了 DART 模型各元素与顾客保留之间的关系
Zdziebko 等 (2024)		服务保留	顾客流失	发票总金额的变化、变动前一期间的发票总额、流失前两个月的订阅情况、与运营商的合作时间、离开前最后一个季度的通话次数			模糊建模	影响顾客流失的因素包括变动前最后一期间的发票总金额变动、变动前一期的发票总金额、流失前两个月的订阅情况、与运营商的合作时间、离开前最后一个季度的通话次数

资料来源：本书整理。

根据文献回顾的总结可以发现，关于会员制的顾客关系研究，现有文献大多聚焦在会员服务续订决策方面（Keaveney，1995；Bhattacharya，1998；Bolton，1998；Bolton 等，2000；Gruen 等，2000；Thomas，2001；Lemon 等，2002；Verhoef，2003；Paswan 和 Troy，2004；Thomas 等，2004；Gustafsson 等，2005；Bolton 等，2006；Ranganathan 等，2006；Seo 等，2008；金立印，2009；Aurier 和 N'Goala，2010；Ascarza 和 Hardie，2013；Malhotra 和 Malhotra，2013；Polo 和 Sese，2013；Wirtz 等，2014；Byun 和 Jang，2015；Chuang 和 Tai，2016；Wangenheim 等，2017；George 和 Wakefield，2018；陈卫平等，2018；Chen 等，2019；Kim 等，2021；Banik 和 Rabbanee，2023；Zdziebko 等，2024），其中，关于会员服务续订或终止的前置因素研究比较多，本书将这些前置因素归为三大类。

一、交易因素

交易因素包括定价与折扣（Keaveney，1995；Thomas 等，2004；Bolton 等，2006；Polo 和 Sese，2013；Byun 和 Jang，2015；George 和 Wakefield，2018；Chen 等，2019；Zdziebko 等，2024）、产品或服务的使用量（Lemon 等，2002；Ranganathan 等，2006；金立印，2009；Ascarza 和 Hardie，2013；Polo 和 Sese，2013）、是否升级或降级过的会员（Bhattacharya，1998）、便利性（Keaveney，1995）、核心服务（Keaveney，1995；Bolton 等，2000；Gruen 等，2000）；会员作为赠品（Bhattacharya，1998）、服务质量（Bolton 等，2006；Seo 等，2008；Blery 等，2009；Alshurideh 2010；Aurier 和 N'Goala，2010）等。

当前的研究文献在探讨如何影响会员服务的续订方面，主要依据的理论基础来自经济学中的消费效用理论和理性预期假说。这是因为在顾客进行各种购买决策时，无论是对于商品还是服务的消费，其决策过程都会以追求效用最大化为主导，并以理性预期假说来决定自己的购买行为。

首先，根据消费效用理论，消费者购买物品不仅仅是为了追求效用的最大化。换言之，消费者希望通过购买各种商品或服务来获取尽可能高的满意度或者价值。消费效用理论把效用理解为满意度，把消费者剩余视为消费者的真正得益。消费者在进行会员服务续订或终止的过程中，他们会对续订和终止（或者转换服务供应商）对自己的总效用影响进行深入鉴别和评估。例如，可能一位消费者从一家电信公司购买流量套餐时，其获取的效用表现在满足自己的通信需求、影视娱乐需求和购物需求等。如果在续订服务时，这位消费者发现套餐的价格上涨，可能会引起其效用的下降。而另一家电信公司提供的同样的套餐价格较低，消费者可能会转向该公司，因为消费者从那里购买套餐所得到的效用更大，其消费者剩余也更高。进一步地，消费者会根据对商品或服务的评价来调整自愿支付的价格，因为消费者愿意为能带来更高满意度的商品或服务支付更高的价格。这也是为何许多企业在希望提高商品或服务价格时，需要确保其提供的价值能符合或超过消费者的预期，否则可能导致消费者转向竞争对手。

其次，经济学中的理性预期假说认为，当消费者预期某个经济现象（比如市场价格）的时候，他们会以自身的最大利益作为出发点，作出理性的决策。换言之，消费者在决定是否购买物品或服务时，会根据自身的目标和有限的资源，在众多可选的物品或服务中做出最优的选择。他们会综合考虑商品或服务的价值、价格、自身的需求和支付能力等各种因素，以达到自身利益的最大化。例如，一个消费者购买一款手机时，可能会考虑手机的功能、设计、品牌、价格和自身的经济状况等因素，然后在多款手机中选择对自身最有价值的手机。如果消费者预期未来市场上会有更好或更便宜的手机出现，他可能就会决定暂时不购买手机，以等待更好的机会。

总的来说，消费效用理论和理性预期假说为理解消费者如何做出会员服务续订决策提供了极其重要的理论框架。这为企业在设计会员计划、定价和促销战略时提供了重要的参考指标——如何让消费者感知到更高的价值，并以最合适的价格满足消费者的预期，这才可能实现会员服务的长期续订和成功运营。

二、关系因素

关系因素包括顾客满意（Bolton，1998；Ranaweera 和 Prabhu，2003；Verhoef，2003；Gustafsson 等，2005；Seo 等，2008；Aurier 和 N'Goala，2010；Wirtz 等，2014；陈卫平等，2018）、服务传递时机（Bolton 等，2006；Kim 等，2021）、忠诚回报（Bolton 等，2000）、关系持续时间（Bhattacharya，1998；Thomas，2001；Thomas 等，2004；Ranganathan 等，2006；Seo 等，2008；Malhotra 和 Malhotra，2013；Polo 和 Sese，2013；Wangenheim 等，2017；Kim 等，2021；Zdziebko 等，2024）、会员级别（Bhattacharya，1998）、服务经验（Bolton 等，2000；Bolton 等，2006）、关系利益（Paswan 和 Troy，2004；Ranganathan 等，2006；Chuang 和 Tai，2016；Wangenheim 等，2017）、关系承诺（Verhoef，2003；Gustafsson 等，2005；Alshurideh，2010；Aurier 和 N'Goala，2010）、信任（Ranaweera 和 Prabhu，2003；Aurier 和 N'Goala，2010）、转换成本（金立印，2009；Wirtz 等，2014）等。

关系因素对会员服务续订影响的研究主要以关系营销理论和社会交换理论为理论基础。这两大理论从不同的视角对企业与顾客之间的关系进行了深入探讨，为理解关系因素对会员服务续订的影响提供了重要的理论视角。关系营销理论从多个不同的视角探讨企业的顾客关系（Palmatier，2008）。其中，关系准则的观点认为，良好的关系营销有助于提升企业的经营绩效，促进合作行为（Doney 和

Cannon，1997），同时能降低双方之间的冲突水平（Jap 和 Ganesan，2000）。这一观点表明，企业通过与顾客建立良好的关系，能够更好地满足顾客需求，提高顾客满意度和忠诚度，从而促进会员服务的续订。

交易成本的观点认为，关系营销能够有效降低交易双方的机会主义行为，从而降低交易成本（Rindfleisch 和 Heide，1997）。在会员服务的情境下，企业与顾客之间建立了稳定的关系，双方的信任度较高，能够减少由于信息不对称而产生的机会主义行为，降低交易成本，提高交易效率，这有助于顾客续订会员服务。

依赖的视角强调权力和依赖是理解交易关系与绩效的决定性因素（Palmatier 等，2007）。在会员服务中，当顾客与企业建立了较长时间的关系，投入了大量的时间和精力后，就会形成一种依赖关系。这种依赖使顾客更倾向于与原有的服务提供商保持合作，而不愿意转向新的服务商，因为与新的服务商合作需要重新建立关系，投入额外的成本。因此，关系持续时间越长，顾客与企业的依赖关系就越强，顾客续订会员服务的可能性也就越大。

信任—承诺视角是目前关系营销理论的主流观点，该视角认为顾客对企业的信任和承诺是关系营销效果的关键因素（Moorman 和 Hunt，1994）。在会员服务情境下，当顾客对企业产生了较高的信任和承诺时，就会形成一种长期合作的意愿，更倾向于续订会员服务。相反，如果顾客对企业缺乏信任和承诺，可能会选择终止合作关系，转而向其他的服务提供商。

社会交换理论从交换的视角解释关系因素对会员服务续订的影响。该理论主张，人们的一切社会活动都可以归结为一种交换，人们在社会交换中所结成的社会关系本质上也是一种交换关系（Cropanzano 和 Mitchell，2005）。在会员服务中，顾客之所以愿意与企业建立合作关系并续订服务，是因为他们能够从这种关系中获得某种回报，如优质的服务体验、个性化的服务方案等。当顾客从关系中获得的回报超过其付出的成本时，就会产生续订服务的动机。反之，如果顾客感觉自己的付出大于回报，就可能选择终止关系，不再续订服务。顾客满意被认为是关系营销的重要目标，它对会员服务续订决策具有直接的影响。关系营销中，信任—承诺的观点认为承诺是持久维持一个有价值关系的愿望（Moorman 等，1992），信任是对合作伙伴可靠和正直的信心（Moorman 和 Hunt，1994），两者都直接或间接影响顾客的会员服务续订的意愿。关系持续时间、服务经验等变量的影响可以用关系营销中依赖的观点解释，当客户投入时间和精力而建立了与卖方的交易关系结构后，他们会更加依赖这一伙伴，因为与新的卖方合作，要重新建立关系，需要增加额外的投资。因此，关系持续时间越久，顾客同公司的依赖关系通常越强，越容易做出会员服务续订决策。

三、顾客感知因素

顾客感知因素包括感知服务质量（Rust 等，1995）、期望不一致（Rust 等，1995；Bolton 等，2000）、感知损失（Bolton，1998）、感知获得（Bolton，1998）、预期后悔（Lemon 等，2002）、支付公平性（Bolton 和 Lemon，1999；Verhoef，2003）、转换成本（Seo 等，2008；金立印，2009）等。

顾客感知因素对会员服务续订影响的研究主要以前景理论和期望不一致理论为理论基础。这两个理论从不同的视角阐释了顾客感知对其决策行为的影响机制，为深入理解顾客续订或终止会员服务的心理过程提供了重要的理论视角。

前景理论是行为经济学的重要理论之一，该理论认为，大多数人对损失和获得的敏感程度是不对称的，人们面对损失时的痛苦感要大大超过面对获得时的快乐感（Kahneman 和 Tversky，1979）。在会员服务情境下，顾客在做出续订或终止决策时，往往会权衡由此带来的损失和获得。根据前景理论，顾客对可能的损失更加敏感，因此感知损失、预期后悔等因素可能对顾客的续订决策产生重要影响。当顾客预期终止会员服务可能带来较大损失或后悔时，更倾向于选择续订；而当顾客预期继续订阅服务可能带来更多获得时，也会提高续订的意愿。

期望不一致理论从顾客满意的视角来解释感知因素的作用。该理论包括期望、不一致和满意三个基本变量（Anderson，1973）。其中，期望是顾客对产品或服务绩效的预期，不一致是绩效与期望之差，满意是顾客的最终评价。根据期望不一致理论，当实际绩效低于期望时，会产生负向不一致，导致顾客不满意；当实际绩效高于期望时，会产生正向不一致，导致顾客满意（Oliver，1980）。在会员服务中，顾客的期望主要来自过去的消费经验、企业的承诺以及同类服务的比较等。企业提供的服务质量、顾客感知的支付公平性等因素都会影响顾客的满意度，进而影响其会员续订决策。具体而言，当企业提供的服务绩效与顾客的期望相符时，即没有"不一致"时，顾客会产生"适度的满意"，此时顾客较容易选择续订会员服务；当服务绩效超过顾客期望时，即"不一致"为正时，顾客会产生更高的满意度，不仅倾向于续订服务，还可能加大服务购买量；当服务绩效达不到顾客期望时，即"不一致"为负时，顾客会产生不满意，从而可能选择终止会员服务（Anderson 和 Sullivan，1993）。因此，企业提供高质量的服务，致力于满足甚至超越顾客期望，对提高顾客满意度和续订率至关重要。

相比之下，感知损失、感知获得、预期后悔等变量对会员服务续订或终止的影响则主要通过前景理论中的损失规避实现。在会员服务情境下，顾客不仅会评估服务本身的效用，还会考虑由于续订或终止服务可能带来的损失和获得。例如，终止服务可能意味着失去原有的会员权益和积累的信任关系，这就是一种损失；续订服务可能获得更多的优惠、积分等，这就是一种获得。由于顾客对损失更加敏感，因此感知损失往往比感知获得对顾客决策的影响更大。企业可以通过强化会员权益、提高转换成本等方式，让顾客意识到终止服务的损失，从而提高续订率。

综上所述，前景理论和期望不一致理论分别从损失规避和顾客满意的视角，揭示了感知损失、感知获得、预期后悔、感知服务质量、期望不一致、支付公平性等感知因素对会员服务续订或终止的影响机制。这两个理论相互补充，共同构成了感知因素影响顾客会员续订行为的理论基础。在实践中，企业应重视塑造顾客感知，一方面，要提供高质量的服务，力求超越顾客期望，提高顾客满意度；另一方面，要强化会员权益，提高转换成本，让顾客意识到终止服务的损失。唯有综合运用这两方面的策略，才能最终赢得顾客的长期忠诚和续订。

第二节　会员服务升级与降级研究回顾

会员服务升级与降级相关研究文献的理论聚焦、会员服务变更决策类型、自变量、中介变量、调节变量与因变量的选择、研究分析方法、研究主要发现等如表 2-2 所示。

从表文献归纳可知，目前对于会员服务续订情况下的会员服务升级和降级的研究文献不是特别多，这方面的文献大体可以分为驱动前因研究与影响后果研究两个部分。会员服务升级与降级的驱动前因方面，与会员服务续订类似，可以归结为交易因素、关系因素与顾客感知因素三类。

一、交易因素方面

顾客服务升级与降级最直接影响的交易因素是产品或服务的使用量（Lemon 等，2002；Ascarza 和 Hardie，2013；Lin 等，2023；Zhou 等，2024）。此外，还包括价格（Ngobo，2005；Jin 等，2012）、服务质量（Ngobo，2005；Bolton 等，2008）、服务关键性（Bolton 等，2008）、价格（Bolton 等，2008；Jin 等，2012）、意外之财（Miller 等，2019）、产品相似性（Okada，2006）、产品升级可用性（Bellezza 等，2017）、比较忽视（Sela 和 LeBoeuf，2017）。

表2-2 会员服务升级与降级相关研究总结

作者（年份）	理论聚焦	决策类型	因变量	自变量	中介变量	调节变量	分析方法	结果
Ngobo (2005)	公平理论	升级与降级	顾客等级向上和向下迁移	服务体验（服务质量、满意度）、价格政策			嵌套逻辑回归模型	服务体验（即服务质量、满意度）主要影响消费者重复购买决定，但并不能阻止客户向下迁移。服务经历对向上迁移的影响为受个人特定因素（例如消费者年龄）的影响
Okada (2006)	相似性和产品可比性理论、沉没成本理论	产品升级	产品升级选择	现有产品与升级产品相似性			T检验、方差分析、协方差分析	拥有现有产品的消费者在改进的产品与现有产品大不相同时，更有可能进行升级。相比首次购买者，升级者更倾向于选择具有新功能的改进，而不是对现有功能的改进，他们更喜欢专注于几个关键功能的增强，而不是所有功能的普通增强
Wangenheim 和 Bayon (2007)	公平理论	公司发起的降级	收入 顾客花费	超额预订引发的服务失败 公司发起的服务降级		顾客身份地位	条件双重差分分析	经历收入管理的负面结果的顾客显著减少他们同航空公司的交易量，然而升级的顾客只表现微弱的正向反应 负面事件（在低价值顾客）的作用强度大于高价值顾客群体，然而正面事件的显著作用只在低价值顾客群体出现
Bolton 等 (2008)	市场匹配和一致 服务质量和满意	升级	企业顾客的升级决策	服务质量 服务关键性感知 总体满意		服务关键性感知	随机参数二值逻辑回归	满意、服务质量和价格影响升级决策。价格和满意调节服务质量对升级决策的影响

续表

作者（年份）	理论聚焦	决策类型	因变量	自变量	中介变量	调节变量	分析方法	结果
Wagner等（2009）	前景理论 情绪理论	公司发起的升级或降级	忠诚意向	顾客降级	顾客利益 负面情感		方差分析 偏最小二乘法	公司发起的顾客降级通过引起负面情感和减少感知利益，对顾客的忠诚意向起负向作用
Jin等（2012）	选择框架 调节聚焦理论	升级与降级	旅游套餐升级与降级	自我选择框架选项（Self-selected framing option）聚焦促进或聚焦预防 价格敏感性 自信心 自我控制 损失规避			逻辑回归	1. 当升级降级都可行时，顾客更偏好升级；2. 顾客在降级的条件下以更高的总价选择他们的旅游产品包；3. 选择框架效应对周边服务的影响超过核心服务；4. 质量敏感产品包定制在旅游套餐促销时更可能选择降级的方式
Visentin 和 Scarpi（2012）	关系营销	升级意向	合约升级概率	信任 关系认同 满意	认知忠诚 情感忠诚		结构方程模型	满意正向影响认知忠诚和情感忠诚；信任正向影响认知忠诚，但不影响情感忠诚 认知忠诚正向影响情感忠诚 当关系资历较短、认知忠诚、认知（而非信任）满意，当关系资历较长或感知关键性较低时，认知忠诚更多地来源于信任（而非满意）

续表

作者（年份）	理论聚焦	决策类型	因变量	自变量	中介变量	调节变量	分析方法	结果
Marinova 和 Singh (2014)	关系营销 调节聚焦理论	升级和降级	会员服务升级与降级	感知知识 信任		感知知识	纠正样本选择偏差的多元逻辑回归	信任对会员服务升级可能性的正向影响是增强型的非线性关系，而对会员服务降级可能性的负向影响是线性的。感知知识正向调节信任对会员服务升级；感知知识负向调节信任对会员服务降级的影响
van Berlo 等 (2014)	前景理论 情绪理论	降级	信任、情感承诺、购买意愿、口碑	顾客降级		外部因果关联	方差分析	顾客降级会对客户的信任、情感承诺、购买意愿和口碑产生不对称的负面影响。外部因果关联调节了顾客降级对上述变量的不对称影响
翁波和程岩 (2014)	沉浸理论	服务升级	在线内容订阅服务升级意愿	价值体验要素（广告屏蔽、清晰度、点播折扣、海量影片资源、尊贵身份识别）	沉浸体验、服务差异感知、现状偏好、成本感知		偏最小二乘法 结构方程模型	价值体验要素（广告屏蔽、清晰度、点播折扣、海量影片资源、尊贵身份识别）正向影响在线内容订阅服务升级意愿；沉浸体验、服务差异感知及成本感知中介了价值体验要素与在线内容订阅服务升级意愿之间的关系
胡珍苗等 (2016)	心理惯性理论	服务升级	服务升级意愿	功能增值体验 情感增值体验 社会增值体验	心理惯性 感知价值差异	免费心理	结构方程模型	心理惯性和感知价值差异中介了功能增值体验、情感增值体验、社会增值体验对服务升级意愿的影响。心理惯性正向影响感知价值差异。免费心理负向调节价值差异对服务升级意愿和感知价值差异的影响

续表

作者（年份）	理论聚焦	决策类型	因变量	自变量	中介变量	调节变量	分析方法	结果
Bellezza 等（2017）	心理账户理论	产品升级	产品忽视、危险行为、更快的消费速度	产品升级可用性	正当理由	正当理由出需要	T检验、回归分析、协方差分析	当消费者面对诱人的、尚未获得的产品升级时，他们对当前产品的行为更加鲁莽，这展示了产品升级的可用性如何增加对财物的轻率行为。此外，在有吸引力的产品升级存在的情况下，产品疏忽可能会在无意识的情况下发生
Sela 和 LeBoeuf（2017）	禀赋效应	产品升级	产品升级选择	比较忽视			方差分析、回归分析	如果未明确提示消费者反思它或将其与现状进行比较，他们通常不会与升级进行比较，因此显示出更高的升级可能性。这种"比较忽视"通过使人们忽略升级选项与现状之间的相似性，增加了升级的可能性，并且即使在深思熟虑的努力升高时也会持续存在
吴邦刚等（2018）	关系营销理论	会员升级	会员购买行为	会员升级			断点回归分析	顾客会员级别的提升能显著提高顾客购买行为，主要表现在顾客购买次数的显著提升。潜在影响机制排除了高级别会员的经济刺激或更高的身份认同的两种潜在解释。高级别会员具有着更多的全生命周期参与行为
Miller 等（2019）	心理账户	产品升级	产品升级程度	产品拥有时间，意外之财，品牌忠诚		意外之财，广告	最小二乘回归	以旧换新产品拥有时间，品牌忠诚正向影响产品升级程度；意外之财负向影响产品升级程度

续表

作者（年份）	理论聚焦	决策类型	因变量	自变量	中介变量	调节变量	分析方法	结果
Wang 和 John（2019）	自有品牌联系	产品升级	产品升级意愿	自有品牌联系	自我威胁感知、品牌地位渴求		方差分析、线性回归	消费者升级到品牌更高端产品的行为是由面对不同用户同用户时感受到的自我威胁驱动的，这种感觉触发了他们在品牌用户中表得更高地得更高地位以求实现。当高端产品更容易获得，通过升级产品更容易地获得，以及当品牌通过赋予他们更高地位客户地位时，以及当品牌计划已经降子的顾客负负位时，这些消费者对升级的兴趣会减弱
Lin 等（2023）	关系营销理论	服务降级	服务降级、顾客流失	交易因素（服务使用不足的频率、时机），关系持续时间（关系状态）			逻辑回归、生存分析	交易因素（服务使用不足的频率和新近度）与关系持续时间呈正相关。关系因素（关系状态）与降级的顾客和顾客未来呈负相关。降级时间和顾客负相关，降级的顾客有可能流失
Zhou 等（2024）	关系营销理论	服务降级	服务降级	服务使用不匹配（服务使用过量）、服务使用不足，关系因素（关系长度、关系状态）		服务降级类型	两阶段多元逻辑回归	相比单纯降级，服务使用不匹配对混合降级具有更强的正向影响。关系长度对单纯降级有倒U形效应，但几乎不影响混合降级。相比混合降级的顾客，单纯降级的顾客更有可能流失

资料来源：本书整理。

具体研究方面，Okada（2006）研究表明，拥有现有产品的消费者在改进的产品与现有产品大不相同时，更有可能进行升级。Bolton 等（2008）发现，价格和服务质量是影响顾客服务升级的主要驱动因素。Bellezza 等（2017）展示了产品升级的可用性如何增加对财物的轻率行为以及有吸引力的升级产品存在的情况下，产品疏忽可能会在无意识的情况下发生。Sela 和 LeBoeuf（2017）发现，比较"忽视通过使人们忽略升级选项与现状选项之间的相似性"，增加了升级的可能性。Miller 等（2019）发现，以旧换新产品拥有时间正向影响产品升级程度、意外之财负向影响产品升级程度。Lin 等（2023）以及 Zhou 等（2024）探讨了顾客服务使用量与会员套餐的匹配程度对顾客会员服务降级的影响。

二、关系因素方面

文献提及较多的是信任（Visentin 和 Scarpi，2012；Marinova 和 Singh，2014）、关系认同（Visentin 和 Scarpi，2012）、满意度（Bolton 等，2008；Visentin 和 Scarpi，2012）、忠诚（Miller 等，2019）、关系持续时间（Miller 等，2019；Lin 等，2023；Zhou 等，2024）、关系利益（Lin 等，2023；Zhou 等，2024）。

具体研究方面，Bolton 等（2008）认为，满意度是影响顾客服务升级的重要因素。Visentin 和 Scarpi（2012）研究发现，信任、关系认同、满意等关系变量通过影响顾客认知忠诚和情感忠诚来影响顾客合同升级意向。Marinova 和 Singh（2014）从关系营销的视角，探讨了信任与感知知识对会员升级与降级的决策影响，研究结果表明，信任正向影响会员服务升级且这种影响是非线性递增的，信任负向影响会员服务降级；感知知识正向影响会员服务升级，负向影响会员服务降级；感知知识负向调节（增强了）信任对会员服务降级的负向影响。此外，Miller 等（2019）认为，品牌忠诚正向影响产品升级。Lin 等（2023）以及 Zhou 等（2024）均探讨了关系持续时间、关系状态对顾客会员服务降级的影响。

三、顾客感知因素方面

具体包括自信心（Jin 等，2012）、自我控制（Jin 等，2012）、感知知识（Marinova 和 Singh，2014）、自我选择框架选项（Jin 等，2012）、自我威胁感知（Wang 和 John，2019）、聚焦促进或聚焦预防（Jin 等，2012）、服务体验（Ngobo，2005；翁波和程岩，2014；胡珍苗等，2016）。

具体研究方面，Jin 等（2012）研究表明，顾客在降级的条件下以更高的总价定制他们的旅游产品包，选择框架效应对周边服务的影响超过核心服务，质量敏感和聚焦促销的顾客在旅游产品包定制时更可能选择降级的方式。翁波和程岩（2014）发现，价值体验要素（广告屏蔽、清晰度、点播折扣、海量影片资源、尊贵身份识别）正向影响在线内容订阅服务升级意愿；沉浸体验、现状偏好、服务差异感知及成本感知中介了价值体验要素与在线内容订阅服务升级意愿之间的关系。胡珍苗等（2016）则发现，心理惯性和感知价值差异中介了功能增值体验、情感增值体验、社会增值体验对服务升级意愿的影响。心理惯性正向影响感知价值差异。免费心理负向调节惯性心理和感知价值差异对服务升级意愿的影响。

现有文献对会员服务升级与降级影响后果方面的研究比前因的研究更加稀少。例如，Wangenhein 和 Bayon（2007）研究表明，公司主动发起的顾客服务降级降低了顾客与公司的未来交易量。van Berlo 等（2014）研究认为，顾客降级会对客户的信任、情感承诺、购买意愿和口碑产生不对称的负面影响。外部因果关联调节了顾客降级对上述变量的不对称影响。吴邦刚等（2018）研究发现，顾客会员级别的提升能显著提高顾客购买次数，高级别会员有更多的全生命周期参与行为。Wagner 等（2009）发现，顾客降级对顾客忠诚意向具有负面影响。Lin 等（2023）以及 Zhou 等（2024）均发现了顾客会员服务降级对顾客流失的显著影响。

需要说明的是，过去文献一部分关注公司主动性的顾客服务升级与降级，另一部分文献关注顾客主动性的顾客服务升级（Wangenheim 和 Bayon，2007）与降级（Wagner 等，2009；van Berlo 等，2014），本书不考虑顾客被动性地接受公司对其安排的升级与降级，而只研究顾客主动选择的服务升级与降级。

通过以上对现有文献的梳理和总结，本书发现目前对会员服务领域的研究还存在一些不足和局限。

（1）会员服务续订与升级降级研究的不平衡。目前，学术界对会员服务的研究主要集中在会员服务续订方面，而对会员服务升级与降级的关注相对较少。现有关于会员服务升级与降级的研究较为零碎，缺乏系统性和连贯性。这种研究的不平衡导致对会员服务升级与降级的驱动机制认识不足，尤其是其驱动机制是否与会员服务续订一致，目前尚无明确的结论。造成这一问题的原因可能有以下几点：第一，会员服务升级与降级的概念界定尚不清晰，不同研究者对其内涵的理解存在差异，导致研究缺乏可比性；第二，会员服务升级与降级的数据获取相对困难，升级或降级的顾客群体规模较小，样本量受限；第三，会员服务升级与降级往往被视为续订的一种特殊形式，从而忽视了其独特的决策机制和影响因素。因此，未来的研究需要在明确会员服务升级与降级概念的基础上，通过大样本数据的采集，系统地考察会员服务升级与降级的前因后果及其作用机制，并将其与会员服务续订进行比较，以揭示它们之间的异同。

（2）会员服务升级与降级研究的割裂。现有文献大多孤立地研究会员服务升级或降级，缺乏对两者的整合研究。Marinova 和 Singh（2014）的研究是一个例外，他们同时考察了会员服务升级与降级，但仍然将两者割裂开来，分别研究交易因素和关系因素的影响。这种研究范式割裂了会员服务升级与降级之间的联系，忽视了两者之间可能存在的互动效应。事实上，会员服务升级与降级并非简单的对称关系，其决策机制可能存在显著差异。例如，顾客在考虑升级时，可能更加重视服务品质的提升和新增权益的吸引力；而在考虑降级时，可能更加敏感于价格的变化和成本的压力。同时，交易因素和关系因素对会员服务升级与降级的影响也可能存在不平衡。例如，价格优惠可能对降级的影响更大，而情感承诺可能对升级的影响更大。因此，研究需要将会员服务升级与降级置于同一分析框架之下，考察两者的决策机制差异，以及交易因素和关系因素的不平衡影响，以期全面理解会员服务升级与降级行为。

（3）未考虑竞争效应的影响。现有研究主要局限于考察顾客与公司的双边关系，而忽视了外部竞争环境的影响。然而，在现实情境中，顾客的会员服务升级与降级决策也会受到竞争对手的影响。当竞争对手提供更具吸引力的产品或更具竞争力的价格时，顾客可能会选择降级甚至退出，转而选择竞争对手的服务。这种竞争效应可能通过两种机制影响顾客的升级与降级决策：第一，竞争对手的服务品质和价格优势可能直接吸引顾客转换，导致降级或退出；第二，竞争对手的策略可能改变顾客对焦点企业服务的期望和参照标准，进而影响其升级或降级决策。例如，当竞争对手大幅度提升服务品质时，顾客可能会相应提高对当前企业的期望，如果焦点企业的服务品质提升不及预期，顾客可能选择降级或退出。因此，未来进一步的研究需要突破双边关系的局限，将竞争效应纳入分析框架，考察竞争对手策略对顾客会员服务升级与降级的影响，以及这种影响的边界条件和作用机制。同时，研究需要关注企业如何应对竞争冲击，例如通过服务创新、差异化定位等策略，维系顾客的升级意愿和忠诚度。

（4）服务套餐供给结构变化的忽视。现有研究在考察会员服务升级与降级时，主要聚焦于服务套餐价格的变化（Marinova 和 Singh，2014），而忽视了服务套餐供给结构的变化。然而，在实际营销中，企业往往通过调整服务套餐的内容和权益结构，来引导顾客的升级或降级行为。例如，通过增加高端套餐的专享权益，吸引顾客升级；或者通过简化低端套餐的服务内容，引导顾客降级。服务套餐供给结构的变化对会员服务升级与降级的影响可能有以下几点：第一，服务内容和权益结构的变化意味着顾客偏好结构的变化，这可能会对顾客的升级与降级决策产生本质影响；第二，不同的服务套餐供给结构可能吸引不同的顾客群体，升级或降级的顾客特征可能存在显著差异；第三，服务套餐供给结构的变化可能影响顾客对服务价值的感知，进而影响升级或降级意愿。因此，未来的研究需要对会员服务升级与降级做进一步的细分，区分单纯价格变化驱动的升级与降级，以及服务套餐供给结构变化驱动的升级与降级。在此基础上，分别考察交易因素、关系因素等前置变量对不同类型升级与降级的影响差异，探讨不同驱动机制下升级与降级的决策规律。同时，研究需要比较不同类型升级与降级的后果差异，如对顾客终生价值、顾客流失等的影响，以期为企业制定差异化的会员服务策略提供依据。

（5）会员服务升级与降级后果研究不足：通过梳理现有文献，可以发现目前的研究主要聚焦于会员服务升级与降级的前因，而对其后果的关注相对不足。会员服务升级与降级作为顾客关系管理的重要手段，其结果如何，对企业的顾客资产和长期利润有何影响，这些问题的答案对企业制定会员服务策略至关重要，但现有研究中尚未得到充分讨论。会员服务升级与降级对顾客关系可能产生多方面影响：第一，升级行为意味着顾客对企业服务的认可和信任，预示着顾客忠诚度的提升，对顾客终生价值有积极影响；相反，降级行为则意味着顾客对服务不满或期望落差，可能导致顾客流失风险增加。第二，会员服务升级与降级行为改变了顾客的服务体验和心理预期，进而可能影响顾客满意度和口碑传播行为。第三，会员服务升级提高了顾客的支付水平，而降级则降低了顾客的支付水平，这种支付水平的变化可能对顾客的服务使用行为和未来购买决策产生影响。因此，未来进一步的研究需要加强对会员服务升级与降级后果的探讨，系统考察升级与降级行为对顾客忠诚度、顾客流失、顾客终生价值等结果变量的影响。

会员服务作为构建和维系顾客关系的重要工具，在理论研究和实践应用中都有广阔的空间。本书通过梳理现有文献发现，目前对会员服务升级与降级的研究还存在一些局限，主要表现在：研究视角的不平衡、研究范式的割裂、未考虑竞争效应的影响、服务供给结构变化的忽视以及对后果研究的不足等方面。未来的研究需要在"广度"和"深度"两个维度上同时发力。在"广度"上，研究应进一步拓宽视野，打破割裂的研究范式，将会员服务升级与降级置于统一的分析框架之下；同时，要将外部的竞争环境因素纳入考虑范畴，以期更全面地理解会员服务升级与降级行为。在"深度"上，研究需要对升级与降级行为进行更细致的划分，比较不同驱动机制下行为的差异；需要深入剖析升级与降级对顾客关系的影响，揭示其作用机制和边界条件。只有在"广度"和"深度"两个维度不断拓展，才能构建起系统完整的理论体系，同时也为企业制定和优化会员服务策略提供坚实的理论支撑和实践指导。

第三节　相关理论

一、关系营销理论

（一）关系营销的定义

Berry 在 1983 年的美国市场营销学会的一份会议报告中最早对关系营销做出了如下的定义："关系营销是服务组织吸引、维持和增强顾客关系"（Berry，1983，2002）。这一定义揭示了关系营销的核心内涵，即企业应该重视与顾客建立和维系长期合作关系，而非仅仅追求短期交易利益。Berry 的定义一经提出，便引起了学界和业界的广泛关注，关系营销理论也随之进入了快速发展的轨道。

在 Berry 之后，许多学者从不同视角对关系营销进行了界定和阐释。Jackson（1985）从产业营销的角度，将关系营销描述为"关系营销倾向于维持与个体强劲、持久的关系"。这一定义突出了关系营销在 B2B 情境中的应用价值，指出企业应该重视与上下游合作伙伴的关系建设，以期实现供应链的协同优化。

Morgan 和 Hunt（1994）从经济交换与社会交换的差异来认识关系营销，其定义关系营销是建立、发展和维持成功的交易关系的营销活动。这一定义将关系营销的内涵进一步拓展，认为关系营销不仅包括与顾客的关系管理，还涵盖了与众多利益相关者的关系治理。

随着服务经济的兴起和价值共创理念的发展，关系营销理论呈现出更加丰富和多元的内涵。Grönroos（1997）从服务营销的视角对关系营销进行了界定，认为关系营销是企业进行识别、建立、维持、提升和在必要时终止顾客与其他利益相关者关系的过程，这个过程各方都能获利，并通过互相给予与承诺实现。这一定义突破了传统的企业主动、顾客被动的二元思维，强调企业与顾客在服务交互中的双向价值创造。

Palmatier（2008）从关系绩效的角度诠释关系营销，认为关系营销指以提升企业绩效为目的而进行识别、发展、维系以及终止交换关系的过程。这一定义强调关系营销应该以绩效改进为导向，而非盲目追求关系的建立和维系。因此，并非所有的关系都值得维系，低绩效的关系在必要时也应该予以终止。

Gummesson 和 Mele（2010）从社会化网络的角度来定义关系营销，认为"关系营销是社会网络中的关系互动"。这一定义突破了关系营销的传统边界，将关系营销置于更广阔的社会网络语境中加以考察。在这一视角下，关系营销不仅包括企业与顾客、供应商等直接利益相关者的互动，还涵盖了在更大社会网络中与间接利益相关者的关系治理。

综合以上不同学者的观点，可以看出关系营销理论在过去几十年中不断发展和演进，呈现出日益丰富和多元的内涵。尽管不同学者对关系营销的界定各有侧重，但几乎所有定义都包含了三个关键要素：一是关系导向，即企业应该重视与顾客等利益相关者的关系建设，而非仅仅追求短期交易利益；二是利益共享，即企业与利益相关者的关系应该建立在互惠互利的基础之上，以实现多方共赢；三是长期视角，即关系营销强调与利益相关者建立和维系长期合作关系，以实现可持续发展。

王秀村和王月辉（2009）曾就关系营销与传统营销的区别进行了比较。他们指出，关系营销在营销核心、营销对象和营销部门三个方面都有别于传统营销：第一，在营销核心上，传统营销关注新顾客的吸引和交易的达成，而关系营销则侧重于与顾客保持长期良好关系，培育顾客忠诚度；第二，在营销对象上，传统营销仅针对顾客个体，而关系营销的对象还包括供应商、分销商、员工、社会公众等多元利益相关者；第三，在营销部门上，传统营销主要由营销部门独立完成，其他部门参与度较低，而在关系营销中，营销任务需要全员参与，营销部门则扮演着统筹协调的角色。

值得一提的是，关系营销理论自诞生之日起就与技术进步紧密相连。20 世纪 90 年代，以客户关系管理（CRM）为代表的信息技术为关系营销的实践应用提供了有力支撑。CRM 系统的应用使企业能够更加精准、高效地管理与顾客的互动，为顾客提供个性化的营销服务。进入 21 世纪，移动互联网、社交媒体、大数据等新兴技术的发展，又为关系营销带来了新的机遇和挑战。企业纷纷利用数字化手段拓展与顾客互动的广度和深度，并从海量数据中挖掘洞见，持续优化营销决策。可以预见，未来随着人工智能、区块链等颠覆性技术的进一步发展，必将催生关系营销理论和实践的新变革。

（二）关系营销理论发展历程

关系营销是营销学科的重要分支，其核心思想是企业应该重视与顾客、供应商等利益相关者建立和维系长期合作关系，以实现共同价值创造。本书按照学术史的发展脉络，对关系营销理论进行梳理和总结，同时探讨其理论渊源及最新发展动向。

（1）关系营销理论的萌芽（20 世纪 70 年代至 80 年代中期）：关系营销理论的萌芽可以追溯到 20 世纪 70 年代。此时，学者们开始注意到传统营销理论的局限性，质疑其过度强调短期交易和单向营销传播的做法。例如，MacNeil（1978）

提出了关系合同理论，指出交易双方的关系往往嵌入在一系列社会规范和惯例之中，而非单纯的一次性交易。Bagozzi（1975）将社会交换理论引入营销研究，提出了关系营销的两个关键问题：个体和组织为什么关注交易关系；交易关系如何被创建、解决或废止。也有学者从制度经济学视角出发，提出交换是通过价值最大化和市场效率实现的，并认为营销观念有必要纳入诸如"权力结构""交易双方的承诺"等社会学因素，以及"沟通""情绪反应"等心理学因素（Alderson，2006）。进入20世纪80年代，学者开始系统地探讨服务营销中的关系互动问题。Berry（1983）首次提出"关系营销"的概念，强调服务企业应该重视与顾客的长期互动，将营销重点从吸引顾客转移到留住顾客。

（2）关系营销理论的形成（20世纪80年代中期至90年代中期）：20世纪80年代中期至90年代中期，关系营销理论日趋成熟，一些重要的概念框架和理论模型相继提出。其中，Berry（1983）从服务营销角度阐述了关系营销的内涵，提出了吸引顾客、维系顾客、强化关系等层次的关系营销策略。Dwyer等（1987）整合了关系契约理论与社会交换理论，提出了买卖双方关系发展的五阶段模型，并引入了一系列关键构念，如依赖、信任、承诺、冲突、合作等。此外，社会交换理论为理解企业间关系提供了重要视角。渠道研究学者引入权力依赖框架，认为交易双方的相互依赖可以提升合作与绩效，而不平衡的依赖关系会产生冲突并损害合作（Bucklin和Sengupta，1993；Kumar等，1995）。交易成本理论为企业间关系治理提供了分析框架。该理论认为，关系投资能够减少机会主义行为、降低交易成本，从而提升绩效（John，1984；Heide和John，1990）。Morgan和Hunt（1994）提出了影响深远的"承诺—信任"理论。他们认为，承诺和信任是关系营销的核心变量，对合作、冲突等关系绩效有决定性影响。承诺是维持有价值关系的持续愿望，信任是对合作者可靠性和诚信的信心。实证研究表明，承诺和信任能够促进合作，提升财务绩效，对关系维系具有关键作用（Kumar等，1994；Morgan和Hunt，1994）。

（3）关系营销理论的深化（20世纪90年代中期至21世纪初）：进入20世纪90年代中期，关系营销理论进一步深化，研究主题日益细化和多元化。一方面，学者开始关注不同情境下关系营销的差异性和适用性问题。Coviello和Brodie（1998）提出了交易营销、数据库营销、互动营销、网络营销四种类型的营销实践，指出不同行业和市场环境下关系营销的侧重点有所不同。另一方面，以客户关系管理（CRM）为代表的信息技术给关系营销理论带来了新的研究视角。CRM强调利用信息技术手段收集、分析、利用客户数据，为顾客提供个性化、差异化的营销服务（Payne和Frow，2005）。CRM与关系营销理念的结合，为企业构建和维系客户关系提供了新的工具和路径。同时，一些新的理论视角也不断涌现，丰富和拓展了关系营销的内涵。例如，Vargo 和 Lusch（2004）提出了服务主导逻辑，强调价值并非由企业单方面创造，而是企业与顾客共同创造的结果。服务主导逻辑突破了传统的"生产者—消费者"二元对立思维，为理解企业与顾客的关系互动提供了新的理论视角。不过，Morgan 和 Hunt（1994）的"承诺—信任"理论框架仍存在一些局限。一是承诺和信任只是部分中介了关系投资与绩效之间的关联，可能还需要挖掘其他中介机制（Garbarino 和 Johnson，1999；Aurier 和 N'Goala，2010）。二是关系质量作为一个多维度构念，比单一维度（如信任）对绩效的解释力更强，需要深入研究其内在机理（De Wulf 等，2001；Palmatier 等，2006）。

（4）关系营销理论的扩展（21 世纪初至今）：进入 21 世纪，关系营销理论在传统研究的基础上不断扩展，呈现出多样化的发展趋势。首先，研究者开始更加关注关系营销的战略意义。Palmatier 等（2006）的元分析发现，关系营销对企业绩效有显著正向影响，但这种影响受到诸多情境因素的调节。这意味着企业需要根据自身特点和市场环境，制定差异化的关系营销策略。其次，新兴技术的发展为关系营销实践带来了新的机遇和挑战。社交媒体、移动互联网等新兴平台的兴起，改变了企业与顾客互动的方式和边界。Sultan 等（2022）指出，数字化时代的关系营销需要重新审视传统的理论框架，探索数字化环境下构建和维系顾客关系的新途径。再次，共享价值创造的理念进一步拓展了关系营销的内涵。Grönroos 和 Voima（2013）提出了价值共创的概念，指出价值并非单方面创造，而是企业与顾客在互动过程中共同塑造的。这一理念突破了传统的"企业主动、顾客被动"的思维定式，强调企业与顾客的平等互动和价值共创。最后，多元利益相关者视角下的关系营销成为新的研究热点。Hillebrand 等（2015）指出，企业面临的不仅是与单个利益相关者的双边关系，更是与多元利益相关者的复杂网络关系。这意味着关系营销的视角需要从"企业—顾客"的二元关系拓展到"企业—利益相关者"的多元网络，考察企业在复杂利益网络中的角色定位和互动策略。

总体而言，关系营销理论经历了从萌芽到形成，再到深化和扩展的发展历程。在这一过程中，关系营销理论不断吸收和整合社会学、心理学、经济学等学科的研究成果，理论内涵日益丰富，研究主题更加多元，在营销理论和实践中的地位日益凸显。新兴技术、共享价值理念等因素的影响，又为未来关系营销理论的发展带来了新的机遇和挑战。可以预见，未来的关系营销研究将进一步拓展理论视野和应用边界，并且随着理论视角的不断拓展、研究方法的日益精进，以及跨学科交叉融合的深入推进，关系营销理论必将迎来更加广阔的发展空间和更加璀璨的学术成就，并为营销实践提供更加有力的指导和启示。

（三）关系营销的类型

关系营销是企业与顾客建立、维系和强化长期合作关系的过程，其核心理念是通过为顾客提供超越核心产品或服务的附加价值，提高顾客满意度和忠诚度，从而实现企业的可持续发展。根据实践中关系联结的层次和手段的不同，关系营销可以分为财务性关系营销、社会性关系营销和结构性关系营销三种类型（Berry，1995；Palmatier，2008）。

1. 财务性关系营销

财务性关系营销指企业主要通过提供价格优惠或其他经济利益来吸引和留住顾客。其常见形式包括直接降价、返现、折扣、赠品、免费物流等。这种关系营销策略的核心是利用价格杠杆，通过经济刺激换取顾客的重复购买和短期忠诚。

财务性关系营销在某些情形下能够为企业带来一定的收益。例如，Bolton等（2000）研究发现，在竞争激烈、顾客价格敏感度高的市场中，财务性关系营销可以有效吸引顾客，带来销售收入的提升。Verhoef（2003）指出，基于经济奖励的忠诚计划能够在一定程度上提高顾客保留率和市场份额。

但财务性关系营销也存在明显局限。首先，价格优惠往往只能刺激顾客的短期购买行为，而无法培养顾客的长期忠诚和情感依恋。一旦企业取消优惠或竞争对手提供更低价格，顾客就可能流失。其次，过度依赖价格手段可能损害企业利润。为了维持低价策略，企业不得不压缩成本，长期来看不利于产品和服务质量的提升。最后，某些形式的财务性营销（如过于频繁的促销）甚至会引起顾客的反感，从而负面影响双方关系（Palmatier，2008）。

因此，财务性关系营销只适用于某些特定情形，如企业拥有成本优势、所处市场价格竞争激烈等。从长远来看，仅仅依靠"价格换忠诚"是不可持续的，企业还需要培育更高层次的关系联结。

2. 社会性关系营销

社会性关系营销是通过构建良好的人际互动和情感纽带，提升顾客对企业的信任和情感依恋，进而赢得顾客的长期忠诚。其核心是员工与顾客之间频繁、个性化的沟通交流，通过这种社会互动来理解顾客需求，提供贴心服务，增进彼此关系。在社会性关系营销中，沟通的数量、频率和质量至关重要。频繁、高质量的互动能够让顾客感受到企业的重视和关怀，建立起超越商业利益的情感联结。例如，员工可以主动与顾客保持联系，及时了解其需求变化；在节日向顾客发送祝福；举办客户活动，增进彼此了解；提供个性化服务，满足顾客的独特需求等。通过这些举措，企业可以不断加深与顾客的社会纽带，提升关系质量，为未来关系发展奠定基础（Palmatier，2008）。社会性关系营销的优势在于其稀缺性和互惠性。一方面，建立在人际交往基础上的情感联结往往难以被竞争对手模仿，具有排他性；另一方面，当顾客感受到企业的"真心实意"时，往往会产生"将心比心"的互惠动机，表现出更高的重复购买、口碑推荐等利他行为（De Wulf 等，2001）。大量研究证实，社会性关系营销能够显著提升顾客满意、信任、承诺等关系质量维度，对顾客忠诚和企业绩效有积极影响（Hennig-Thurau 等，2002）。

当然，社会性关系营销的实施对企业的资源投入、员工素质等提出了较高要求。企业需要投入大量时间和精力维系客户关系，员工也需要具备良好的沟通技巧和服务意识。同时，社会性策略并非对所有顾客都适用，有些注重隐私或交易效率的顾客可能并不喜欢过于频繁、亲密的互动。因此，企业需要辨别不同顾客群的特点，有的放矢地开展社会性关系营销。

3. 结构性关系营销

结构性关系营销指企业通过构建专属的服务交付系统、流程机制等，为顾客提供个性化、一站式的综合服务，提高顾客转换成本，锁定顾客忠诚。其核心是在企业与顾客间建立起一种互利共生、难以替代的结构性纽带。

与社会性关系营销侧重人际互动不同，结构性关系营销更强调从制度层面，通过优化服务传递系统来增进关系，而非单纯依赖员工个人的服务技巧（Berry，1995）。例如，企业可以为重点客户指派专属客户经理，搭建从售前、售中到售后的全流程服务体系；开发定制化产品，满足顾客的独特需求；整合内外部资源，为顾客提供一揽子解决方案；构建信息共享平台，与顾客开展协同设计、库存管理等。通过这些举措，企业可以深度嵌入到顾客的业务流程中，成为顾客不可或缺的"利益共同体"。

当企业能够为顾客创造显著价值、提供独特利益时，顾客往往会产生较高的依赖性和转换障碍，从而更倾向于维系双方关系。如果企业在此基础上再辅之以恰当的财务激励和人际关怀，就能形成"多维锁定"，极大地提高顾客忠诚度，竞争对手将难以渗透（Berry，1995）。

结构性关系营销适用于产品或服务专用性强、顾客黏性高的行业，如企业级系统集成、工业品定制化生产等。在这类行业中，一旦与顾客建立起结构性纽带，往往能带来较高的顾客终生价值和利润回报。Wathne 等（2001）研究证实，结构性关系营销能够有效提高顾客保留率，减少顾客流失。

结构性关系营销的实施成本和门槛相对较高，需要企业投入大量资源用于流程再造、信息系统开发等。同时，与特定顾客"捆绑"太紧，可能影响企业的资源配置灵活性。因此，结构性关系营销更适合那些大客户带来大部分利润、新客户开发成本较高的企业。这些企业需要具备较强的资源整合能力，能够灵活调配内外部资源来满足顾客需求。当然，过度依赖单一大客户也可能影响企业的灵活性，一旦关系终止，则可能给企业带来较大损失。因此，结构性关系营销更适合大客户高度集中、议价能力较强的行业。

最后，比较关系营销的三种类型（财务性、社会性和结构性）对企业短期财务绩效的影响。

财务性关系营销主要通过价格激励来诱导顾客的重复购买，但这种"交易导向"很难建立真正的顾客忠诚和情感依恋。频繁的促销会分散顾客对产品价值的关注，削弱品牌溢价能力。而一旦企业停止优惠，顾客可能迅速流失，转而青睐其他品牌。这种忠诚缺失可能抵消促销带来的收入增量，反而造成利润下滑（Palmatier，2008）。可见，单纯的财务性关系营销难以真正提升关系质量，对企业短期财务绩效的贡献有限。

社会性关系营销通过人际互动和情感纽带的建立，能够最直接、显著地提升顾客满意度、信任和情感承诺等关系质量维度，进而带来更多的顾客资产和利润回报（Palmatier 等，2006）。社会性策略所营造的良好关系氛围能够激发顾客的互惠动机，使其更倾向于重复购买、增加支出、推荐他人等利他行为，为企业创造更多价值。而且，建立在情感基础上的顾客忠诚往往更持久，不易受价格等因素影响，这进一步强化了社会性策略对企业利润的贡献。

结构性关系营销通过流程再造、信息系统等"硬件"建设，能够从机制上锁定顾客关系，提高顾客转换障碍，但其对短期财务绩效的影响较为复杂，很大程度上取决于顾客参与度的高低（Palmatier，2008）。结构性关系营销要创造价值，必须与顾客高度互动，使其深度嵌入到企业的服务传递体系中。这对企业的营销策略和客户管理能力提出了较高要求。

综上所述，关系营销的三类策略对企业财务绩效的影响存在显著差异，其中财务性关系营销则往往难以真正提升顾客资产，甚至可能因过度促销而损害利润。社会性关系营销的效果最直接、显著，能为企业创造可观的利润回报；结构性关系营销的效果则取决于顾客互动水平，互动越充分，回报越丰厚。

二、前景理论

（一）前景理论的内容

前景理论是由 Kahneman 和 Tversky（1979）在修正最大主观期望效用理论的基础上提出的，旨在从心理行为学的视角研究个体在不确定性条件下的决策问题。该理论挑战了传统经济学中关于人们决策完全理性的假设，认为人们在面对不确定性选择时，更多地依赖经验规则进行直观推断（Tversky 和 Kahneman，1981，1992），而非完全理性地权衡各种选择的效用。这种直观推断往往会导致系统性错误和偏差（丁际刚和兰肇华，2002），影响决策的准确性。

　　前景理论指出，人们决策中的偏差主要来自三个方面：代表性偏差、可用性偏差以及调整与锚定。代表性偏差指人们在判断某事件时，过度关注该事件的个别典型特征，而忽略了事件发生的样本大小和总体概率。换言之，由于未观察到的特征太多，仅依据代表性特征的信息量并不足以做出准确决策。产生代表性偏差的原因在于，人们常常误用大数定律，仅根据少数样本就做出判断（Tversky 和 Kahneman，1974）。可用性偏差指人们倾向于依据容易获得的信息对事件做出判断，而忽视了其他相关但不易获取的信息，由此造成判断偏差。调整与锚定指人们在评估某一特定对象时，通常会选择一个参照点作为初始值，并在此基础上进行调整。然而，这种调整常常是不充分的，导致不同参照点得出的结论存在差异，产生了锚定效应（Tversky 和 Kahneman，1974）。

　　作为一种描述性决策模型，前景理论将风险决策过程分为编辑和评估两个阶段（Kahneman 和 Tversky，1979）。在编辑阶段，个体根据决策框架、参照点等因素采集和处理信息；在评估阶段，则依据价值函数和主观概率权重函数对不同选项进行判断和取舍。这一过程体现了前景理论对决策过程的细致刻画，突出了心理因素的重要作用。

　　根据 Miles（2012）的归纳，前景理论的核心内容可以概括为以下四个方面：首先，当面临多种选择时，人们倾向于将它们框定为相对于某个参照点的收益或损失，而非关注绝对数值。当某个选择的价值大于参照点时，被视为收益；反之则为损失（Barberis，2013）。值得注意的是，这些参照点并非一成不变，而会随情境变化而变动（Tversky 和 Kahneman，1991）。其次，人们的决策取决于主观价值函数，该函数呈 S 形：参照点以上为凹函数，以下为凸函数。再次，主观价值函数的形状揭示了人们在获得和损失面前的不对称风险态度：面对收益时倾向于风险规避，而面对损失时表现出风险偏好。同时，相比获得，人们对损失更加敏感，同等数量的损失带来的痛苦远超过获得带来的快乐（Kahneman 和 Tversky，1979）。最后，人们常常高估小概率事件发生的可能性，而低估大概率事件（Tversky 和 Kahneman，1992；Rieger 和 Wang，2006）。正是由于高估小概率事件，博彩和保险才具有持续的吸引力（Kahneman 和 Tversky，1979）。

　　前景理论的提出具有重要的理论和实践意义。在理论层面，它挑战了传统期望效用理论的理性人假设，揭示了人们决策中普遍存在的心理偏差和非理性倾向，为行为经济学的发展奠定了基础。通过系统阐释决策偏差的心理机制，前景理论为理解个体和组织的风险决策行为提供了新的视角，拓展了决策研究的深度和广度。在实践层面，前景理论广泛应用于经济学、管理学、金融学等诸多领域，为解释和预测人们在不确定条件下的实际决策行为提供了有力工具。例如，在金融领域，前景理论被用于解释投资者的非理性行为和市场异象（如过度反应、惯性、处置效应等），并为投资决策、资产定价等问题提供了新的思路（Barberis 和 Thaler，2003）。在管理领域，前景理论为管理者制定激励政策、控制风险等提供了重要启示。

尽管前景理论具有广泛的解释力和应用价值，但它也存在一些局限性。例如，该理论主要关注个体决策，对群体决策的解释力有限；且主要探讨单期决策，对动态决策过程的刻画不足。此外，前景理论对参照点的选择缺乏明确的理论解释，在一定程度上限制了其预测力（Barberis，2013）。这些局限性为后续研究提供了方向和机遇，促进了累积前景理论（Tversky 和 Kahneman，1992）等修正模型的发展。

前景理论是行为决策理论的重要里程碑，它从心理学视角揭示了人们决策中的非理性倾向和偏差，挑战了传统的理性决策范式。尽管存在一些局限性，但前景理论对解释和预测人们在不确定性条件下的实际决策行为具有重要价值，在经济学、管理学等诸多领域得到了广泛应用。未来，进一步完善前景理论，探索其在群体决策、动态决策等方面的扩展，将有助于加深对人类决策行为的理解，为优化现实决策实践提供更加有力的理论指导。

（二）前景理论的新发展

前景理论自 1979 年提出以来，就受到学界广泛关注，成为解释人们在不确定条件下决策行为的重要工具。然而，随着研究的深入，前景理论本身的局限性也逐渐凸显，亟待进一步完善和发展。

首先，前景理论在理论构建上存在不足。与传统的期望效用理论不同，前景理论并未建立在严格的数学逻辑和理论推导基础之上，而主要是对人们决策行为的描述性总结（Kahneman 和 Tversky，1979）。这导致前景理论更多地停留在对决策现象的解释上，而缺乏对决策行为的规范性指导。Wakker（2010）指出，前景理论需要在公理化和规范化方面进行完善，以提升其理论的逻辑严密性和指导力。

其次，前景理论对决策情境的刻画过于简化。在原始的前景理论中，决策前景被局限于纯粹的正面（收益）或负面（损失），而现实中人们经常面临正负混合的决策情境。例如，Levy 和 Levy（2002）基于混合前景的实证研究发现，人们的主观价值函数并非总是呈现前景理论预言的 S 形，而是在某些情况下呈现出反向 S 形。这一发现对前景理论的解释力提出了挑战，凸显了拓展前景理论决策情境的必要性。

再次，前景理论主要聚焦于单次决策，忽视了决策经验的动态累积效应。现实中，人们的决策偏好和风险态度往往随着经验的积累而变化。为此，Tversky 和 Kahneman（1992）在原始前景理论的基础上提出了累积前景理论（Cumulative

Prospect Theory）。该理论对收益和损失的概率权重函数进行了更加精细的划分，从而能够刻画多种结果不确定性情境下的决策行为。这一理论拓展为前景理论的动态化发展奠定了基础。

最后，前景理论虽然在解释和预测不确定性决策行为方面取得了重要进展，但仍有许多问题有待进一步探索。根据 Miles（2012）的框架，本书系统梳理了前景理论未来的十大研究方向，为前景理论的进一步发展提供了路线图。这些研究方向包括：

（1）探究参照点的建构机制及其动态变化规律。参照点是前景理论的核心概念，深入研究参照点的形成机制和动态演化规律，有助于提升前景理论的解释力和预测力（Baucells 等，2011）。

（2）阐明决策者对备选方案正负属性的判断机制及其影响。备选方案的正负属性是决策偏好形成的基础，揭示个体如何判断正负属性以及由此产生的决策后果，对于完善前景理论具有重要价值（Hardisty 和 Weber，2009）。

（3）探究决策过程中参照点变化的成因及其影响。参照点并非一成不变，而是随着决策进程动态变化的，阐明这一过程的生成逻辑和行为后果，有助于建立前景理论的动态化模型（Arkes 等，2008）。

（4）检验决策评估中参照点与当前选择的关联方式及其根源。个体评价决策选项时，往往受到参照点与当前选择关联方式的影响，厘清这一过程的机制，对于优化决策具有重要启示（Ordóñez 等，2000）。

（5）考察先前决策信息对决策概率权重的影响。个体的主观概率判断不仅取决于当前信息，也受到先前决策经验的影响，研究这一影响机制有助于动态地理解决策行为。

（6）分析他人经验对个体决策的影响。个体决策并非独立进行，而是嵌入社会互动之中，考察他人经验尤其是成败经验对决策的影响，有助于拓展前景理论的社会维度。

（7）研究时间压力对决策偏好与评估的影响。时间压力是现实决策中常见的情境因素，探究其对决策权重选择与评估的影响机制，对于丰富前景理论的情境效度具有重要价值（Kocher 等，2013）。

（8）检视个体差异和偏好对参照点选择的影响。个体在参照点的选择和坚持程度上存在显著差异，这些差异可能与个体的人格、动机和目标等因素有关，深入探究这一议题有助于提升前景理论的个体适用性。

（9）阐明个体偏好风险状态的生成机制及其动态演化规律。风险偏好是前景理论的核心内容，然而个体偏好风险寻求、规避还是中性的条件尚不明确，探究风险偏好的动态生成机制是前景理论亟须突破的重点。

（10）考察风险否认对决策偏差的影响。个体对风险的否认程度会影响其对决策结果的评价，进而导致决策偏差，研究风险否认的心理机制对于纠偏决策具有重要启示意义。

总之，前景理论虽然在解释和预测不确定性决策行为方面取得了重要进展，但仍存在诸多亟待突破的理论局限和问题。未来应在理论逻辑、决策情境、动态过程、社会互动等方面深化前景理论研究，建立更加完善、精准的行为决策理论体系。这需要决策心理学、行为经济学等学科的研究者不断努力，在前人研究的基础上持续创新，推动前景理论从"局部有效"走向"一般有效"，从"描述性解释"走向"规范性指导"，从"静态单期"走向"动态跨期"，从"个体决策"走向"群体决策"，不断拓展其应用边界。

三、自我决定理论

自我决定理论（Self-Determination Theory）是当代激励心理学的重要理论之一，由美国心理学家 Deci 和 Ryan 于 1985 年提出，旨在解释人类行为的动机和人格发展。该理论继承了早期激励理论的合理内核，如驱力理论强调内在需求的重要性，期望价值理论强调主观价值和成功预期的作用等（Weiner，1985）。同时，自我决定理论还吸收了人本主义心理学的观点，强调人的主观能动性和自我实现倾向。

（一）自我决定理论的核心观点

自我决定理论探讨个体行为自我决定与自我激励的程度，是一个研究个体行为动机的重要方法（Weiner，1990）。自我决定理论假定人们有三个基本心理需求——自主、胜任与关系。自主需求指个体可以自主选择自身行动的需求；胜任需求指个体完成具有挑战性任务的需求；关系需求指个体与他人联系和获得尊重的需求（Miles，2012）。这三种需求的满足是个体产生内在动机、实现健康发展的基础。

自我决定理论认为个体行为改变的动机可以区分为内在动机与外在动机（Deci 和 Ryan，1985）。内在动机指个体执行某个活动是源于其固有的兴趣与满足感，如一个人因为喜欢音乐而学习钢琴，行动中的能力和自主权的感知能够提升行动的内在动机；外在动机指个体行动并非出于对活动本身的兴趣，而是为了得到一些可分离的结果，如一个学生为了获得奖学金而努力学习。相比内在动机，外在动机的决策自主程度较低（Ryan 和 Deci，2000）。

自我决定理论假定个体是一个能够自主行动的有机体，能够在自然与社会环境中积极地吸收、整合知识与能力（Ryan，1995）。个体的行为本质上是增长导向且积极主动的（Deci 和 Ryan，2012），个体会主动寻求成长和发展的机会，而不是被动地受环境驱使。Deci 和 Ryan（1980）最早关注了内在回报和外在回报对个体动机的影响。他们发现，当个体从事一项活动时，如果引入外在回报（如金钱奖励），反而会削弱个体的内在动机。对这一现象，De Charms（2013）认为，内在动机和外在动机并非完全对立，而是在相互作用。当个体感到自己的行为是自主决定的，是出于内在兴趣时，就会产生较强的内在动机；相反，当个体感到自己的行为是受外部因素控制的，是为了获得奖赏或避免惩罚时，内在动机就会受到削弱。Deci（1971）的实验研究支持了这一观点。他发现，当参与者因为解决问题而获得金钱奖励时，他们的内在动机水平反而下降了。这是因为奖赏引导个体将行为归因于外部因素，削弱了个体的自主感和胜任感，从而降低了内在动机。

然而，并非所有的外部因素都会削弱内在动机。Deci（1971）发现，当个体得到与能力相关的正面反馈时，他们的内在动机反而会提高。这是因为正面反馈满足了个体的胜任感需求，增强了他们的自主感，从而提升了内在动机。由此可见，外部环境对内在动机的影响取决于它是如何被个体知觉的。如果环境被知觉为支持自主性和胜任感，那么就会促进内在动机；如果环境被知觉为控制性的，那么就会削弱内在动机。

总之，自我决定理论从人的主体性和能动性出发，强调个体行为的自主性，同时揭示了环境因素通过影响基本心理需求而对个体动机和发展产生的作用。这一理论整合了内在动机和外在动机的研究，为理解人类行为动机提供了一个全新的视角。

（二）自我决定理论的不同分支

自我决定理论在发展过程中吸收了动机与基本心理需要的一些概念，最终形成了 6 个分支理论，包括认知评价理论（Cognitive Evaluative Theory）、归因导向理论（Causality Orientations Theory）、有机整合理论（Organismic Integration Theory）、基本心理需要理论（Basic Psychological Needs Theory）、目标内容理论（Goal Content Theory）与关系动机理论（Relationships Motivation Theory）（Deci 和 Ryan，2012）。

（1）认知评价理论：认知评价理论是由 Deci 和 Ryan（1980）最早提出的用于解释在实验操纵和田野研究中发现的外部事件能够提升或减弱内在动机的现象。认知评价理论用于解释外部事件对内在动机产生影响的心理机制。该理论关注社会情境因素如何影响个体的自主性和能力感知，进而导致内在动机的变化。根据认知评价理论，社会情境可以分为两类：支持自主性的情境和抑制自主性的情境。支持自主性的情境指给予个体选择权、尊重个体意愿、鼓励自我导向的环境。在这种情境下，个体感到自己的行为是自主决定的，是内在愿望的体现，因而会体验到强烈的自主感，从而提升内在动机。相反，抑制自主性的情境指限制个体选择、施加外部压力、过度使用奖惩手段的环境。在这种情境下，个体感到自己的行为是被外界操纵的，是为了迎合他人或获得奖赏，因而自主感受到抑制，内在动机就会下降。除了自主性，认知评价理论还强调能力反馈对内在动机的影响。能力反馈指个体从环境中获得的关于自身能力的信息，既可以是积极的（正向），也可以是消极的（负向）。当个体得到正向的能力反馈，他们会感到自己的能力得到了认可，胜任感得到满足，因而激发了从事该活动的兴趣，提高了内在动机。相反，当个体得到负向的能力反馈，他们会对自己的能力产生怀疑，担心无法完成任务，胜任感受到打击，继而降低了内在动机。认知评价理论揭示了外部事件影响内在动机的心理机制，强调社会情境和能力反馈在调节个体自主感和胜任感方面的重要作用。

（2）归因导向理论：归因导向理论认为个体与动机有关的行为差异与性格有关，该理论基于个体行为发起和调节的不同导向趋势，提出三个不同的性格导向：自主导向、控制导向和非个人导向（Deci 和 Ryan，1985）。自主导向的个体具有较强的自主性和内在动机。他们倾向于主动寻求内外部线索，以支持自己的自主性，并从中获取对自己行为有意义的信息。控制导向的个体则更多地受外部因素的影响。他们倾向于关注外部线索或偶发事件，并以此调节自己的行为。非个人导向的个体则表现出较低的自主性和胜任感。他们对自身能力存在怀疑，对失败线索特别敏感，容易产生无助感和自我怀疑。这些个体在行动时往往缺乏明确的目标和动机，更多地受无意识因素或情境因素的影响。归因导向理论揭示了个体行为动机的差异根源，为人们认识个体行为多样性提供了新的视角。在实践中，应该根据个体的不同导向特点，采取差异化的激励和引导策略，充分发挥每个人的潜能，促进其全面而有个性的发展。

（3）有机整合理论：有机整合理论认为人们大部分的日常活动不是仅由内在动机驱使的，驱动个体行为的动机是处在自主程度的连续体中。据此，有机整合理论将个体行为动机按自主程度区分成无动机、外在调节、内摄调节、认同调节、整合调节与内在动机 6 个类别（Deci 和 Ryan，1985）。其中，无动机是最低的动机水平，表现为个体缺乏行动意愿，对活动漠不关心。外在调节指个体为了获得奖赏或避免惩罚而采取行动，行为完全受外部控制。内摄调节是个体出于内疚、羞耻等内部压力而采取行动，虽然动机来源已内化，但仍带有强制性。认同调节是个体认可行为的价值和重要性，自愿地参与活动，但还没有完全接纳为自己的价值观。整合调节是外在动机自主性最高的形式，个体将行为完全内化，视为自我的一部分，行为与自我高度一致。内在动机则是个体出于纯粹的兴趣和享受而从事活动，代表了真正的自我决定。有机整合理论的一个重要启示是，外在动机并非一概而论，而是具有不同的性质和效果。当外在动机的自主性程度较高时，个体会表现出更多的主动性、创造性和坚持性，体验到更多的正面情绪。相反，当外在动机的自主性程度较低时，个体的行为往往缺乏灵活性和持久性，容易产生逆反、焦虑等负面情绪，难以真正投入和享受活动过程。有机整合理论还强调，高自主性动机与个体的健康、适应、表现等密切相关。当个体的行为出于内在动机或高度自主的外在动机时，他们往往表现出更高的心理健康水平。相反，当个体长期处于低自主性动机状态时，容易出现心理问题，在应对挑战时也常常感到力不从心，难以充分发挥自己的潜能（Deci 和 Ryan，2012）。

（4）基本心理需要理论：基本心理需要理论旨在阐明个体的心理健康与基本心理需要之间的关系。该理论假设三个基本的心理需要：自主性需要、胜任性需要和关联性需要，并认为这三个需要的满足程度与个体的动机功能、心理健康和幸福感密切相关（Ryan 和 Deci，2000，2012）。基本心理需要理论强调，这三个需要的满足对个体的内在动机和心理适应至关重要。当外部环境和条件能够满足个体的基本心理需要时，个体就会表现出更高水平的主观幸福感和心理健康，在学业、工作、人际关系等诸多领域取得更加积极的结果（Ryan 等，2010）。相反，当外部环境和条件挫败了个体的基本心理需要时，个体容易产生消极的情绪体验和行为表现。此外，基本心理需要理论还指出，基本心理需要的满足程度也影响着个体外在动机的内化过程。当外部环境满足了个体的自主性、胜任性和关联性需要时，个体更容易将外在的价值观和规范内化为自己的信念系统，形成更加自主的外在动机。相反，当外部环境挫败了个体的基本心理需要时，个体对外在价值观和规范的内化就会受阻，难以形成自我决定的动机。因此，动机内化的程度实际上可以看作是基本心理需要满足程度的函数。

（5）目标内容理论：目标内容理论旨在探讨个体追求不同类型目标对其心理健康和幸福感的影响。该理论不仅关注人们为什么被驱使从事某种活动，也考察他们追求何种内容的目标和愿望（Kasser 和 Ryan，1996），它将个体的愿望划分为两大类：外在目标和内在目标。外在目标主要包括金钱成就、社会认可和诱人外表等，这些目标的实现主要依赖于他人的评价和反应。内在目标则包括个人成长、亲密关系和社区贡献等，这些目标的达成主要取决于个体自身的努力和奉献。目标内容理论提出，外在目标与内在目标在满足个体基本心理需求方面存在显著差异。根据自我决定理论，个体三个基本的心理需求的满足对个体的动机质量和心理健康至关重要（Ryan 等，1999）。然而，外在目标往往难以真正满足这些需求，因为外在目标的追求容易受到外部条件的影响，缺乏自我决定和内在价值。相反，内在目标的追求能够直接满足个体的基本心理需求，因为内在目标常常是自我认可和内在满足的。大量实证研究支持了目标内容理论的核心假设。例如，Deci 和 Ryan（2012）发现，追求外在目标（如金钱、名誉）与较低水平的生活满意度、自尊和自我实现显著相关，追求内在目标（如个人成长、亲密关系）与较高水平的主观幸福感、生活满意度和心理健康显著相关。

（6）关系动机理论：关系动机理论旨在解释人类在亲密关系中的行为和动机。该理论认为，个体对于获得支持和满足关系需求的渴望是维持持久且满意关系的关键因素。关系动机理论不仅强调亲密关系应具备温暖、投入和安全感等特质，更重要的是，个体需要在关系中感受到来自伴侣的尊重和关怀，这样才能真正获得关系满意度。La Guardia 等（2000）研究发现，当个体感到伴侣提供了充分的自主性支持时，他们更倾向于形成安全依恋，从而获得更高的关系满意度。此外，关系动机理论还强调了个体在关系中的主动性和互动性。个体并非被动地接受伴侣的支持和关怀，而是通过自己的行为和表达来影响关系的质量。关系动机理论为理解亲密关系的形成和维持提供了一个全面的视角。它不仅关注关系的情感层面，如温暖和安全感，还强调了个体在关系中的自主性和能动性。这一理论有助于人们更好地理解亲密关系的复杂性，为改善和维护关系质量提供了有益的指导。

综上所述，自我决定理论中关于动机、选择、归因的一系列观点在决策研究领域得到了广泛的应用（Vansteenkiste 和 Ryan，2013；Chen 和 Bozeman，2013）。本书对会员服务升级与降级的理论分析主要借鉴自我决定理论的第一个分支——认知评价理论。认知评价理论认为个体决策由内在动机主导，外部奖励有助于减弱内在动机的作用。Deci 等（1999）进一步说明了所有的有形奖励、期望奖励、基于任务的奖励、基于关系契合的奖励、基于绩效的奖励都能削弱内在动机。在本书的会员服务升级与降级研究中，交易因素是影响会员服务升级与降级的直接经济驱动因素，可认为是影响决策的内在动机，主导了会员服务升级与降级决策过程；关系因素是影响会员服务升级与降级一系列外部激励因素，可认为是影响决策的外在动机，在一定程度上可以削弱内地动机的作用。

（三）自我决定理论的局限性与未来展望

尽管自我决定理论取得了丰硕的研究成果，但仍存在一些局限和有待进一步探讨的问题：

（1）自我决定理论较多关注个体内部的心理需求和动机过程，对环境和个体的交互作用关注不够。未来研究可以从人境互动的角度，深入探讨环境因素对个体动机发展的影响机制。

（2）自我决定理论对文化差异的解释力有待进一步检验。尽管一些跨文化研究支持了自我决定理论的普适性，但不同文化背景下个体的需求状态和行为表现可能存在差异。未来研究需要在更多文化情境中验证自我决定理论的适用性。

（3）自我决定理论的测量方法有待进一步完善。目前，使用的问卷测量主要依赖个体自我报告，容易受到社会赞许等因素的影响。未来研究可以开发更客观的测量指标，如行为观察、生理指标等，提高研究的效度。

（4）自我决定理论的应用效果有待进一步评估。尽管许多干预研究证实了自我决定理论指导下的教育、管理等实践的有效性，但这些研究主要是小样本、短期的。未来研究需要开展大规模、长期的随机对照试验，系统评估理论应用的效果。

（5）自我决定理论的理论拓展有待深化。目前，自我决定理论的六个分支理论各有侧重，尚缺乏一个统一的理论框架。未来研究可以在梳理现有理论的基础上，进一步整合和拓展理论内容，构建更加完善的自我决定理论体系。

总之，自我决定理论为理解人类行为动机提供了新的视角，在多个领域得到广泛应用。尽管存在一些局限，但自我决定理论仍在进一步发展和完善，并为人们的行为实践提供有力的指导。

四、期望绩效反馈理论

自我决定期望绩效反馈理论（Aspiration Performance Feedback Theory）是组织学习和决策领域的重要理论之一，它为理解组织的适应性行为和绩效改进机制提供了富有洞见的分析框架。该理论最早由 March 和 Simon（1958）在其开创性著作《组织》中提出，此后在众多学者的推进下不断发展和完善，形成了一个系统化的理论体系。

（一）理论起源

期望绩效反馈理论的理论渊源可追溯到 March 和 Simon（1958）关于有限理性和满意决策的早期探讨。March 和 Simon 挑战了经典决策理论关于完全理性的假设，指出决策者受认知能力和信息可获得性的限制，无法做出最优决策，只能在有限理性的约束下追求满意而非最大化的结果。在此基础上，他们提出了满意决策的概念，认为决策者会设定一个期望水平（Aspiration Level），当绩效达到或超过这一水平时，决策者便会停止搜索新的替代方案，继续维持现有的决策和行动。这一观点突破了经典决策理论的理性假设，为理解组织的适应性行为奠定了重要的理论基础。

（二）理论形成

在有限理性和满意决策思想的启发下，Cyert 和 March（1963）提出了公司行为理论（A Behavioral Theory of the Firm），标志着期望绩效反馈理论的正式形成。在该理论中，他们系统阐述了组织学习和决策的行为机制，提出了期望（Aspiration）、绩效（Performance）和反馈（Feedback）三个核心概念，构建起期望绩效反馈模型的基本架构。根据该模型，组织会基于过去的经验形成一个绩效期望水平，并根据实际绩效与期望水平的比较结果，动态调整其搜索行为和决策方案。具体而言，当实际绩效低于期望水平时，组织会扩大搜索范围，采取更加探索性的问题解决行为；而当实际绩效达到或超过期望水平时，组织会减少搜索，采取更加利用性的问题解决行为。这种期望—绩效—反馈的动态学习机制，揭示了组织适应性行为的内在逻辑，为理解组织变革和绩效改进提供了新的视角。

（三）理论发展

进入 20 世纪 70 年代后，期望绩效反馈理论在社会比较和绩效反馈领域得到了进一步的发展和完善。Greve（1998）将社会比较理论引入期望绩效反馈模型，提出组织在形成绩效期望时，不仅会参考自身的历史绩效，也会将自己与其他组织进行比较。这种社会比较过程使得组织的期望水平不再是一个固定的标准，而会随着外部环境的变化而动态调整。例如，当组织发现自己的绩效落后于竞争对手时，即使其绩效高于自身的历史水平，也可能会提高期望水平，采取更加积极的问题解决行为。Greve 的研究拓展了期望绩效反馈模型的外部视角，揭示了组织间社会比较对组织学习和决策的影响机制。

在 Greve 之后，许多学者开始关注绩效反馈的多维度特征及其对组织行为的影响。Baum 等（2005）提出了绩效反馈的三维度模型，将绩效反馈分为历史绩效反馈、社会绩效反馈和期望绩效反馈三个维度，分别对应组织过去绩效、竞争对手绩效和组织期望的参照标准。他们发现，不同维度的绩效反馈会激发组织采取不同类型的问题解决行为，历史绩效反馈主要影响组织的本地搜索行为，社会绩效反馈主要影响组织的非本地搜索行为，期望绩效反馈同时影响两类搜索行为。这一研究细化了期望绩效反馈模型的内部机制，为理解绩效反馈的多维影响提供了更加精准的理论工具。

（四）理论应用

进入 21 世纪以来，期望绩效反馈理论在战略管理和风险决策领域得到了广泛应用，成为解释组织变革和风险行为的重要理论视角。在战略变革方面，Labianca 等（2009）运用期望绩效反馈模型分析了组织的战略调整行为，发现当组织绩效低于期望水平时，组织倾向于采取更加全面和根本性的战略变革，而当绩效超出期望水平时，组织倾向于采取渐进式的战略调整。这一研究揭示了期望绩效反馈机制在组织战略变革中的关键作用，为理解组织的适应性战略提供了新的解释路径。

在风险决策方面，Kacperczyk 等（2015）将期望绩效反馈理论引入企业风险承担研究，考察了绩效反馈对企业风险决策的影响。他们发现，当企业绩效低于期望水平时，企业倾向于承担更高的风险以实现绩效改进，而当绩效超出期望水平时，企业倾向于采取风险规避策略以巩固既有优势。这一研究揭示了期望绩效反馈机制在企业风险决策中的重要影响，为理解企业风险行为的动因提供了新的理论解释。

（五）未来展望

经过半个多世纪的发展，期望绩效反馈理论已经成为组织学习和决策研究的重要理论范式，在诸多领域得到了广泛应用。未来，该理论的发展可以在以下方面取得进一步突破：

第一，加强理论的跨层次整合。目前，期望绩效反馈理论主要关注组织层面的学习和决策机制，对个体和团队层面的反馈过程关注较少。未来研究可以探索个体、团队与组织层面反馈机制的异同，构建跨层次的期望绩效反馈模型，以实现各层次机制的有效整合与贯通。

第二，推进理论的情境适用性研究。现有研究主要在特定情境下验证期望绩效反馈理论的解释力，对理论的普适性和边界条件缺乏系统考察。未来研究可以通过元分析或多情境实证等方法，系统评估理论在不同情境下的适用性，探索影响理论解释能力的关键情境因素，以实现理论的精准化和细化。

第三，引入新的理论视角和分析工具。期望绩效反馈理论主要从行为决策的视角解释组织学习和变革，对认知加工、权力博弈等微观机制关注不足。未来研究可以引入认知理论、网络理论等新的分析视角，采用计算机仿真、大数据挖掘等新的分析工具，深化对反馈机制的微观解释，拓展理论的解释空间。

第四，加强理论的跨学科对话与融合。期望绩效反馈理论虽然起源于组织理论，但其核心思想与许多学科领域的反馈控制理论不谋而合。未来研究可以加强与控制论、心理学等相关学科的对话融合，借鉴吸收各领域的理论成果，实现理论视野的相互补足与提升。

总之，期望绩效反馈理论经历了从有限理性的早期探讨，到行为理论形成和社会反馈拓展的发展历程，在组织学习、战略决策等领域得到了广泛应用。未来，该理论可以在跨层次整合、情境适用评估、理论视角拓新、跨学科融合等方面实现进一步发展，不断提升其解释力和指导力。

（六）期望绩效理论在顾客会员服务升级与降级决策情境的适用性

尽管期望绩效反馈理论最初主要用于解释组织决策行为，但其核心思想和逻辑机制对理解个体决策，特别是顾客会员服务升级与降级决策具有一定的启示意义和解释力。期望绩效反馈理论的核心逻辑在于，决策主体会基于过去经验形成一个绩效期望水平，并根据实际绩效与期望水平的比较结果进行决策调整。这种基于反馈的适应性决策调整机制具有一般适用性，不仅适用于组织决策，也适用于个体决策。无论是组织还是个体，都会运用这种反馈—比较—调整的逻辑来指导决策行为。因此，从理论机制的一般适用性看，将期望绩效反馈理论应用到个体决策研究具有一定的合理性基础。

具体到顾客会员服务升级与降级决策，尽管是个体层面的消费决策，但其决策机制与组织决策具有一定的相似性。首先，顾客会基于过去的服务体验形成一个主观的服务期望水平，类似于组织基于过去绩效形成的绩效期望水平。其次，顾客会将实际的服务体验与主观期望水平进行比较，评估服务的满意程度，类似于组织将实际绩效与期望水平进行比较评估。最后，顾客会基于满意程度评估结果，调整其会员服务决策，决定是否升级、维持还是降级服务，类似于组织基于绩效反馈调整决策方案。由此可见，顾客会员服务升级与降级决策在期望形成、反馈评估、决策调整等方面与组织决策具有一定的相似性，这为应用期望绩效反馈理论提供了理论依据。

综上所述，尽管期望绩效反馈理论起源于组织决策研究，但由于其理论机制的一般适用性，将其应用于顾客会员服务升级与降级决策研究具有一定的合理性和必要性。这种理论应用不仅有助于拓展期望绩效反馈理论的解释空间，也为其与消费者行为领域既有理论的整合提供了契机。

第三章 研究模型与假设

本章以电信公司作为研究情境，深入探讨了会员服务升级与降级的影响因素、决策动机以及概念框架，并提出了相关研究假设及其理论推导。

首先，为了全面了解会员服务升级与降级的可能影响因素，本章组织了两场定性访谈。访谈对象包括电信公司的会员服务管理人员和消费者代表，旨在从公司内部和消费者角度收集第一手资料。通过访谈，研究者发现了服务套餐价格、服务使用量、关系因素、竞争对手策略等多个可能影响会员服务升级与降级决策的因素。

其次，在访谈结果的基础上，本章深入分析了会员服务升级与降级的决策动机，并提出了一个概念研究框架，用于指导后续的实证研究。该框架包括三个主要部分：①会员服务升级与降级的驱动因素；②会员服务升级的前因和后果；③会员服务降级的前因和后果。

最后，基于文献回顾和研究框架，本章提出了一系列研究假设，并对这些假设进行了理论推导。每个假设的提出都以相关理论和文献为依据，以期为后续实证研究提供指导。

第一节 定性访谈

为了深入了解电信行业的市场竞争状况、顾客关系管理策略及其实施效果，以及消费者在电信资费套餐续订与变更方面的决策机制，采用定性访谈的方式，在联合通信网络公司中国南方某市分公司开展了两场访谈，访谈具体时间分别为2014年7月22日与23日。

第一场访谈的对象是公司的市场部管理人员。通过与他们的深度交流，获得了有关公司市场竞争状况的第一手资料。管理人员详细阐述了公司在市场中的定位、主要竞争对手的情况，以及公司为应对竞争所采取的各项策略和措施。受访者还介绍了公司的顾客关系管理体系，包括如何细分和管理不同类型的顾客、如何提升顾客满意度和忠诚度，以及如何应对顾客流失等问题。通过访谈，了解到公司在顾客关系管理方面的主要举措。

第二场访谈的对象则是公司的顾客。调查选取了不同年龄、职业和收入水平的顾客，了解他们在电信资费套餐续订与变更方面的决策考虑因素和决策过程。受访顾客表示，资费价格、通信质量、套餐内容以及个人通信需求的变化是影响他们续订或变更套餐的主要因素。部分顾客还提到，公司的营销活动、服务质量以及亲友的推荐也会对其决策产生一定影响。通过分析顾客的回答发现，不同类型顾客在套餐续订与变更决策方面存在一些共性，但也有各自的特点。例如，年轻顾客更看重套餐的性价比和个性化服务，而中老年顾客则更关注服务的稳定性和操作的简便性。

两场访谈所使用的具体访谈提纲见本书附录一。通过对访谈资料的系统整理和分析，获得了大量有价值的信息和洞见，为后续研究假设的提出和完善提供了重要的实践依据。

一、市场部访谈总结

对公司市场部门进行访谈的目的是了解公司面临的市场竞争情况、顾客关系管理的基本策略及其实施情况。经公司领导协调安排，在公司的办公楼，对市场部的两位一线干部进行了"二对二"的访谈，访谈时间约 40 分钟。访谈的主要结果整理如下：

（一）与竞争对手的产品比较方面

移动公司的套餐设计更为灵活多样，能够满足不同消费群体的需求。其套餐涵盖高、中、低各个档次，无论是高端商务人士还是普通大众用户，都能找到适合自己的套餐。这种多元化的产品策略使得移动公司的用户覆盖面非常广泛，市场占有率较高。在资费定价上，由于套餐选择的丰富性，用户普遍认为移动公司的性价比更高。相比之下，本公司的套餐设计起点较高，虽然满足了高端用户的需求，但对于中低端用户的吸引力不足。这导致本公司在市场反应上不及竞争对手，用户规模和市场份额有待提升。

为了改善当前的劣势，本公司应该重新审视自己的产品策略。首先，要积极开发中低端套餐，扩大用户覆盖面。通过市场调研和用户需求分析，设计出性价比高、内容丰富的套餐产品，吸引更多的普通用户加入。其次，要优化现有的高端套餐，提供更多的增值服务和个性化选项，巩固高端用户的忠诚度。同时，要注重不同套餐之间的差异化设计，避免同质化竞争，突出自身的特色和优势。此外，公司应该加强与手机厂商的合作，通过定制机型、捆绑销售等方式，提升产品的整体吸引力。

（二）促销政策比较

目前，三家运营商的促销措施大同小异，主要以送卡、充值、送话费，抽奖送礼品，送充电器、皮套等为主。这些促销手段在短期内可以吸引一部分用户，提高产品的销量，但从长远看，其效果有限。用户对这些促销活动的新鲜感会逐渐减弱，而且容易产生"促销依赖"心理，影响企业的盈利能力。部分地区针对学生群体推出的特惠措施，虽然有助于开拓校园市场，但也存在一定的局限性。

本公司在促销策略上应该更加精准和创新。首先，要加强对用户的分析和洞察，根据不同细分市场的特点，设计出有针对性的促销方案。比如，对于商务用户，可以推出通话时长累计积分、积分兑换商务礼品等活动；对于年轻用户，可以与流行品牌合作，开展跨界营销。其次，要注重促销活动的互动性和参与感，通过线上线下相结合的方式，提高用户的参与度和黏性。比如，举办用户见面会、体验官活动等，让用户参与到产品的优化和改进中来。再次，要建立完善的会员管理系统，根据用户的消费行为和忠诚度，提供差异化的优惠和服务，提高用户的满意度和忠诚度。最后，公司要加强与合作伙伴的联合促销，通过资源整合和优势互补，扩大促销的影响力和效果。

（三）销售渠道方面

在终端销售方面，卖场和经销商占据了绝大多数的份额。相比竞争对手，本公司在渠道建设上存在明显的劣势。以移动公司为例，由于其产品覆盖面广、用户基数大，虽然给代理商的佣金单价较低，但佣金总额会更高，这对代理商具有较强的吸引力。而本公司由于用户规模相对较小，代理商获得的佣金总额有限，导致其积极性不高。此外，还有相当一部分经销商反映，公司的代理合同存在模糊性，激励制度不够明确，影响了他们的合作热情。

针对渠道管理的问题，本公司应该采取以下措施：首先，要优化代理商的佣金政策，在提高单价的同时，加大销售任务完成奖励的力度，调动代理商的积极性。其次，要完善代理商的培训和支持体系，通过定期培训、业务指导、营销支持等方式，提高代理商的销售技能和服务水平。再次，要建立公平透明的代理商评估和激励机制，根据代理商的销售业绩、服务质量等指标，给予相应的奖惩，营造良性竞争的氛围。最后，公司要拓展新的销售渠道，如电商平台、社交媒体等，开发线上线下相结合的立体营销网络，提高市场覆盖率和销售效率。

（四）用户评价

根据用户反馈，选择本公司产品的主要原因是网速较快。这说明公司在网络质量上具有一定的优势，得到了用户的认可。但同时，用户对公司的语音服务表示不太满意，这可能与网络覆盖、通话质量等因素有关。此外，消费者的抱怨和投诉主要集中在费用扣除、增值服务等领域，反映出公司在计费透明度、业务规范性等方面还有待提高。

针对用户评价中暴露出的问题，本公司应该采取以下对策：首先，要持续加大网络建设和优化的投入，扩大网络覆盖范围，提高网络容量和稳定性，为用户提供更快更好的上网体验。其次，要加强语音服务的质量管控，定期开展通话质量监测和评估，及时发现和解决问题，提高用户满意度。再次，要完善计费系统和规则，提高资费标准的透明度，严格规范增值业务的开通和退订流程，最大限度地减少用户的投诉。最后，公司建立完善的客户服务体系，通过多渠道受理用户咨询和投诉，提供及时高效的处理和反馈，提高用户的服务感知和满意度。

（五）顾客关系管理策略

本公司目前的顾客关系管理策略包括：对新入网客户开展入网关怀、质量控制与监测；对现存客户根据 ARPU（每个用户平均收入）、终端档次等信息开展客户分层维系工作，以便渠道工作人员能对用户进行更精准的推荐；对可能流失的用户，打算创建用户离网预警模型，进行顾客流失预测，提出顾客保留建议。这些措施总体上是有益的，但还存在一些问题和不足：一是顾客群体庞大，关系营销资源有限且投放方式缺乏明确指导，导致维系工作难以开展；二是顾客细分不够精细，难以实现精准营销。

根据访谈情况，为了进一步优化顾客关系管理策略，本公司应该重点做好以下工作：第一，建立完善的顾客数据管理平台。通过收集和整合顾客的基础信息、消费行为、互动记录等数据，构建全面、动态的客户画像，为精细化运营提供数据支撑。第二，细化顾客分层标准。在现有的 ARPU、终端档次等分层指标基础上，引入更多维度的指标，如顾客价值、忠诚度、互动频次等，实现顾客价值细分和行为细分相结合，提高顾客洞察的精度和全面性。第三，优化关系营销资源的投放。根据顾客细分结果，制定差异化的关系营销策略，对高价值顾客加大资源投入，提供专属服务和优惠；对中等价值顾客开展常规维系，保持互动频率；对低价值顾客则减少投入，控制成本。同时，要建立科学的资源配置模型，在有限预算内实现投入产出的最优化。第四，创新关系营销的内容和形式。单一的营销手段很难满足顾客日益多元化的需求，公司要积极探索内容营销、情感营销、体验营销等新型营销方式，通过提供有价值的信息、情感关怀、参与互动等，增强顾客黏性，提升品牌忠诚度。第五，加强流失预警和挽留机制。要进一步优化用户离网预警模型，提高流失预测的准确性和时效性。同时，要建立完善的流失原因分析和挽留方案库，针对不同类型的流失顾客，采取有针对性的挽留措施，如异业合作、个性化套餐推荐等，最大限度地减少顾客流失。第六，强化顾客关系管理的执行和考核。要明确各部门、各岗位在顾客关系管理中的职责和任务，建立相应的绩效考核和激励机制，确保策略落地执行。同时，要加强内部协同和流程优化，提高顾客服务的效率和质量，为顾客提供无缝、便捷的服务体验。

二、消费者访谈总结

消费者访谈的目的是初步了解其电信资费套餐续订和变更决策的机制。本次访谈以方便抽样的方式一共选取了 10 位消费者。并向每位参与访谈消费者赠送了一本精美笔记本和一支水笔，并进行了大约平均每人 15 分钟的一对一深入访谈。10 位被访消费者中，2 位有过电信资费套餐升级经历，3 位有过套餐降级经历，另有 1 位同时具有套餐升级与降级经历，其余 4 位则无套餐升级与降级经验。访谈的主要结果整理如下：

（1）通过对 10 位用户的访谈，了解到他们使用当前手机号码的时间跨度较大，最长的已达 9 年，最短的仅有 3 个月。这表明用户群体的构成多样化，既有长期忠实的老用户，也有新加入的用户。在手机终端类型方面，iPhone 用户占比较高，达到 60%，而使用 WCDMA 制式手机的用户占 40%。这一数据反映出智能手机尤其是 iPhone 在用户中的普及率较高。资费套餐方面，用户选择的资费套餐的价格区间较广，从 46 元到 286 元不等，说明运营商提供的套餐选择多样化，能够满足不同消费能力和需求的用户。在业务使用偏好方面，大多数用户表示以移动上网为主，语音通话为辅，而短信的使用量较少。这一趋势与当前移动互联网的快速发展相吻合，人们更多地依赖于数据流量来满足日常通信和娱乐的需求。对于增值业务，用户更青睐低价或免费的服务，而一些特色业务，如世界杯专属流量包等，也能吸引用户的兴趣。这提示运营商在设计增值业务时，要注重性价比和独特性，以满足用户的个性化需求。

（2）在通信服务质量评价方面，被访用户普遍对当前运营商的通话质量评价较低，但认为移动网络的信号质量和速度要优于其他两家运营商。这说明在语音通话领域，运营商还需要进一步提升服务质量，而在数据服务方面，已经具备了一定的竞争优势。大多数用户对传统增值业务兴趣不大，反映出增值业务的创新和吸引力有待加强。在资费套餐设置方面，用户普遍认为过于复杂，选择难度较大。这提示运营商要简化套餐结构，提高套餐设置的清晰度，方便用户根据自身需求进行选择。在客户服务方面，被访者对客服人员的业务水平和服务态度基本满意，但认为投诉途径的便捷性和投诉处理的等待时间还有改进空间。这要求运营商进一步优化客户服务流程，提供多样化的投诉渠道，提高投诉处理效率，增强用户体验。

（3）在套餐变更行为方面，当用户的实际使用量与所选套餐的配置基本匹配时，大部分用户倾向于维持现状，不会主动变更套餐。当出现超出套餐规定的大量支出时，用户会考虑升级套餐以控制成本。而当语音和流量使用量过少时，用户的反应则相对分化，一部分用户表示不太在意，另一部分会考虑降低套餐档次，但通常不会花太多精力去仔细评估。这反映出用户对套餐变更的决策是基于经济效益的权衡，当额外支出较多时，升级套餐的意愿较强，当套餐服务内容使用不足时，降级套餐的意愿相对较弱。同时，这也表明用户对套餐优化的主动性不足，缺乏详细评估成本收益的动力。运营商可以考虑提供套餐推荐和优化服务，帮助用户及时调整套餐，提高资源利用效率。在套餐变更的选择上，用户首先会考虑与原有套餐同系列的其他档次，这表明套餐的连续性和一致性对用户的选择有重要影响。只有当同系列套餐无法满足需求时，用户才会考虑其他一系列的套餐。这提示运营商要注重套餐体系的完整性和合理性，提供连续的档次选择，方便用户在同一体系内进行套餐升级或降级。

（4）面对外部竞争带来的更优产品服务，部分用户表示愿意尝试，甚至完全更换运营商，注销原有号码。但大部分用户倾向于在保留原号码的同时，新增另一运营商的号码，而对原运营商的套餐可能会进行降级。这说明用户对原有号码和运营商还存在一定的黏性，完全转网的意愿不强烈。但竞争对手的冲击仍可能导致用户的部分流失和套餐降级，对运营商的收益产生负面影响。这提示运营商要提高用户忠诚度，加强用户黏性，提供更有竞争力的产品服务，以留住用户，避免流失。同时，要关注竞争对手的动向，及时调整策略，维护自身的市场地位。对于有转网风险的用户，可以提供针对性的优惠和服务，增强用户的归属感和认同感。

（5）在选择运营商时，用户最为关注的因素是套餐资费的合理性，期望获得最优惠的产品和服务。这表明价格始终是用户选择的首要考虑因素，运营商需要在保证服务质量的同时，提供有竞争力的价格，吸引和留住用户。同时，用户重视产品和服务的实用性，运营商的技术实力和网络质量也是重要的影响因素。这要求运营商要不断提升自身的技术水平，完善网络基础设施，为用户提供稳定、高质量的通信服务。此外，品牌形象对用户选择也有较大影响。积极的品牌形象能够增强用户的信任和认同，提高品牌忠诚度。运营商要注重品牌建设，塑造良好的企业形象，与用户建立情感联系。要通过优质的服务、社会责任的履行、公益活动的开展等，树立负责任、有担当的品牌形象，赢得用户的口碑和信赖。

三、访谈结果归纳

通过前面对公司市场部门人员访谈，初步了解了公司的竞争对手，营销策略，顾客关系管理状况。通过对消费者谈，初步掌握消费者电信资费套餐续订、套餐升级与降级决策的影响因素。

（1）语音和数据流量使用量与资费套餐的匹配程度，是影响用户进行套餐升级或降级的关键因素，理论研究中将其抽象为交易因素。当用户实际使用的语音通话时长和数据流量与其选择的资费套餐相比出现明显的偏离时，就可能促使用户对当前套餐进行调整。具体来说，如果用户的实际使用量远超过套餐规定的免费额度，导致产生大量额外费用，那么用户很可能会考虑升级到更高档次的套餐，以获得更多的免费通话时长和数据流量，从而减少额外支出。反之，如果用户的实际使用量远低于套餐规定的免费额度，造成大量剩余资源浪费，那么部分对成本较为敏感的用户可能会选择降级到较低档次的套餐，以减少不必要的开支。然而，并非所有用户都会因为资源使用量的偏离而主动调整套餐。一些用户可能对额外的支出或浪费并不敏感，或者认为升级或降级套餐所带来的收益无法抵消相应的成本和麻烦，因此宁愿维持现状。这提示运营商，仅依靠资源使用量的变化可能无法有效地引导所有用户进行套餐调整，还需要考虑其他因素的影响。

（2）用户使用某一手机号码的时间越长，相应积累和附着在该号码上的无形利益就越多，理论研究时将其抽象为关系因素。这些无形利益可能包括与该号码关联的各种服务账号、积分、优惠资格等，以及该号码在用户社交圈中的知名度和认可度。当用户考虑转换到其他运营商或调整当前运营商的资费套餐时，就不得不权衡这些无形利益的得失。一方面，转换运营商意味着放弃原有号码及其附带的所有无形利益，这可能给用户的生活和工作带来诸多不便，因此用户可能会对此产生顾虑和抗拒。另一方面，调整资费套餐虽然不涉及号码变更，但有时可能影响到部分与号码关联的增值服务和优惠条件，用户也可能因此对套餐变更持谨慎态度。总的来说，使用号码时间越长，用户与该号码之间建立的关系越紧密，用户在进行涉及该号码变更的决策时所感受到的顾虑和阻力越大。这种关系因素对用户决策的影响不容忽视。运营商应充分认识到老用户的号码关系对其忠诚度的积极作用，采取措施增强用户对号码的依赖和黏性，提高用户的转换成本和壁垒。同时，在推动老用户进行套餐调整时，要注意保护用户已有的权益，减少套餐变更对用户既得利益的影响，降低用户的顾虑。

（3）当其他运营商推出更有吸引力的资费套餐时，可能会对本运营商的用户产生竞争冲击，引发用户的转换行为或使用量的减少，这里将其抽象为外部竞争因素。一些对价格或服务质量较为敏感的用户，可能会直接转换到竞争对手运营商，导致本运营商的用户流失。而另一些用户虽然不会完全转换，但可能会选择同时使用多个运营商的服务，将更多的通信需求分配给竞争对手，导致在本运营商的使用量减少。这种外部竞争冲击对用户的服务续订和服务变更决策产生的影响不容小觑。运营商需要密切关注竞争对手的动向，及时调整自身的资费策略和服务质量，以维持自身的市场竞争力。尤其是当竞争对手推出更低价格或更高性价比的套餐时，运营商更需要及时推出应对措施，避免大量用户流失。在资费优惠的同时，运营商要注重服务质量的提升和差异化经营，通过优质的网络质量、个性化服务等方面的优势来增强用户黏性，提高用户的转换壁垒。此外，运营商可以针对不同类型的用户采取差异化的竞争应对策略。对于对资费较为敏感的低端用户，可以通过提供更加实惠的基础套餐来吸引留存；对于需求较高的中高端用户，可以通过推出内容更加丰富、权益更加专属的高端套餐来提高用户满意度和忠诚度，减少用户转换的可能性。同时，运营商可以通过与用户建立良好的情感联系，提供更加人性化、细致入微的客户服务，以增进用户对品牌的认同感和归属感，从而抵御外部竞争的冲击。

（4）电信资费套餐的变动可以分为两种类型：一种是单纯的价格变化；另一种是同时涉及套餐供给结构特征的变化。后一种情况可以理解为，同一档次的套餐在价格调整的同时，语音通话时长和数据流量的配比也发生了变化，由此可以反映出用户消费偏好的变化。比如，从同等价位的"多语音+少流量"套餐转为"少语音+多流量"套餐，意味着用户更加偏好移动数据服务，传统语音服务的重要性则有所下降。这两种套餐变动类型对应的决策过程可能存在本质区别。单纯的价格变化主要反映了成本因素的变动，用户能否接受取决于新的价格水平是否在其可接受范围之内，决策相对简单。但当套餐供给结构发生改变时，用户不仅要权衡新的价格是否合适，还要评估新的语音与流量配比是否符合自身的实际需求，这使决策过程更加复杂。一些对流量需求较高的用户会欢迎"多流量"套餐的推出，但如果价格同时上涨过多，则会招致部分用户的抵制。因此，运营商在推出涉及供给结构变化的新套餐时，需要更加谨慎地评估用户的接受度。鉴于上述区别，建议对会员服务升级与降级做进一步的细分。对于单纯价格变化引发的套餐升级或降级，可以视为用户在既有偏好结构下对成本收益的重新权衡，对营销策略的调整相对简单，如调整价格优惠力度等。但对于涉及套餐供给结构变化的升级或降级，则可能意味着用户偏好出现了较大转变，运营商需要重新评估用户的需求特点，并相应调整套餐的内容设计和营销沟通。具体来说，运营商需要深入分析引发用户偏好变化的原因。比如，从语音为主转向流量为主的偏好变化，可能受到移动互联网业务快速发展、用户使用习惯改变等因素的驱动。运营商需要前瞻性地把握这些趋势，适时推出契合用户需求变化的创新套餐。在营销推广中，要突出新套餐在流量配额、网速保障等方面的优势，提升产品的吸引力。同时，要做好用户的引导工作，通过广告、客户服务等方式，让用户充分意识到自身偏好和需求的变化，引导他们主动选择升级新套餐。

访谈结果表明，资费套餐变动的决策过程具有复杂性和差异性。运营商需要根据不同变动类型，深入分析用户需求和偏好的变化，采取针对性的营销策略，运营商才能在激烈的市场竞争中保持优势地位，实现业务的可持续增长。

在访谈结果基础上，结合第一章提出的研究问题和第二章文献回顾的总结内容，构建出本书研究的概念框架并提出相应的研究假设。具体见本章后两节。

第二节　研究概念模型

一、会员服务升级与降级的概念

本书第一章给出了连续型会员服务的特点：一是顾客会与服务提供商进入一个正式的合同关系，在随后一段固定期限使用服务；二是上述合同关系的支付计划包含初始支付（如会员费、有时免费）、固定费用（如月服务费）、可变费用（使用量超出固定供给的费用）（Bolton 和 Lemon，1999）。连续型服务提供商通常会设计多个不同价位、不同功能的会员服务套餐。例如，在电信行业中，资费套餐价位繁多，功能上既有侧重数据流量的，也有侧重语音通话的。顾客可以根据需要自由选择或变更服务套餐。随着使用量和使用偏好的转变，顾客可能改变当前的套餐，并重新调整到一个更匹配当前需求的服务套餐，即会员服务变更。从顾客的视角，会员服务变更决策可以视为解决会员服务套餐与实际需求匹配问题的动态调整的过程（Bolton 等，2008）。

会员服务升级与降级是会员服务变更的两种主要形式。

（一）会员服务升级

会员服务升级是顾客与企业关系发展的一种重要形式，它反映了顾客在续订会员服务合同时，倾向于从当前服务提供商处购买更高价格、更高等级的服务套餐（Bolton 等，2008；Marinova 和 Singh，2014）。这种升级行为体现了顾客对当前服务提供商的信任和忠诚，表明顾客愿意在现有服务关系的基础上，进一步深化与企业的合作，获得更优质、更多样化的服务体验。

会员服务升级在各行各业中较为常见。例如，在软件服务领域，用户可能会将原有的 Office 365 A3 套餐升级至功能更加丰富、服务更加完善的 Office 365 A5 套餐。再如，在电信行业，中国移动通信福建分公司的用户可能会将原有的 58 元 4G 飞享套餐升级至 88 元的同类套餐，以获得更多的通话时长、数据流量等服务资源。这些升级行为尽管具体形式不同，但都体现了顾客对当前服务的认可，以及对更高品质服务的追求。

从经济学的角度看，会员服务升级的本质是顾客在权衡固定费用和可变费用之间的关系后，对服务支出结构进行的一种优化调整（Bolton 和 Lemon，1999；Ascarza 和 Hardie，2013；Lambrecht 和 Skiera，2006）。在连续型会员服务中，顾客通常需要支付两类费用：一类是固定费用，如每月的基本套餐费；另一类是可变费用，即根据实际使用量计算的额外费用，如超出套餐内免费额度的通话费或流量费等。当顾客的实际使用量较大时，可变费用可能会远远超过固定费用，导致总支出过高。此时，顾客升级到一个固定费用更高，但可变费用更低（即免费额度更大）的高等级套餐，虽然会增加每月的固定支出，但可以显著减少可变支出，从而降低总支出。因此，对于使用量大的顾客而言，会员服务升级通常是一种经济合理的选择。当然，会员服务升级的动机不仅仅局限于经济因素，还可能受到服务品质、品牌认同等多种因素的影响。例如，某些顾客可能不太在意服务升级带来的成本变化，而更看重升级后能够享受到的优先服务、专属权益等附加价值。这就要求企业在设计会员服务体系时，不仅要考虑不同等级套餐在价格和资源配置上的差异化，还要注重围绕高等级套餐营造更加优质、个性化的服务体验，以满足顾客多元化的升级需求。

总的来说，会员服务升级是顾客基于自身需求变化，对既有服务关系进行优化调整的一种行为。它既有助于顾客在服务的连续使用中获得更高的性价比和满意度，也有利于企业实现客户关系的稳固和延续。因此，企业应当重视顾客的升级需求，通过合理的套餐设计和差异化服务，为顾客提供更多升级的机会和动力，以促进会员服务关系的良性发展。

（二）会员服务降级

会员服务降级是顾客与企业关系发展过程中的一种收缩形式，它反映了顾客在续订会员服务合同时，倾向于从当前服务提供商处购买价格更低、等级更低的服务套餐（Marinova 和 Singh，2014）。这种降级行为表明顾客对当前服务的需求或评价发生了变化，希望通过调整服务内容和支出水平，以更好地匹配自身的实际需要。

会员服务降级在连续型服务行业中较为常见。例如，在软件服务领域，用户可能会将原有的 Office 365 A5 套餐降级至功能相对简单、价格相对低廉的 Office 365 A3 套餐。再如，在电信行业，中国移动通信福建分公司的用户可能会将原有的 88 元 4G 飞享套餐降级至 58 元的同类套餐，以减少每月的固定支出。这些降级行为尽管具体形式不同，但都反映了顾客在服务使用过程中对成本效益的重新评估，以及对服务需求的动态调整。

从顾客的角度看，会员服务降级并不意味着完全放弃当前的服务关系，而是在维持既有服务连续性的基础上，对服务的内容和等级进行阶梯式的调整（Bolton 和 Lemon，1999；Ascarza 和 Hardie，2013；Lambrecht 和 Skiera，2006）。通过降低会员等级，顾客可以选择性地放弃一些不太必要或使用频率较低的服务项目，从而在保留核心服务的同时，降低总体的服务成本。这种调整通常发生在顾客的实际使用量长期低于既定套餐标准的情况下。此时，顾客继续维持原有的高等级套餐，则可能造成服务资源的浪费和经济损失。因此，主动选择会员服务降级，可以帮助顾客在服务需求和支付成本之间达成新的平衡。当然，会员服务降级的决策不仅仅取决于经济因素，还可能受到顾客自身需求变化、对服务质量的评价等多种因素的影响。例如，原本对高等级套餐的各项服务有较强依赖的顾客，可能由于生活或工作方式的改变，导致对某些服务的需求显著下降，从而产生降级的动机。又如，部分对服务质量或性价比不甚满意的顾客，可能会通过降级的方式表达自己的不满，并以此倒逼企业改进服务、优化定价。这就要求企业在分析顾客降级行为时，不仅要考虑表面的经济原因，还要深入挖掘顾客需求和满意度的变化，有针对性地改进服务供给，以减少顾客流失的风险。

总的来说，会员服务降级是顾客在服务使用过程中，基于需求变化或成本的考虑，对既有服务关系进行动态调整的一种行为。它在一定程度上反映了顾客与企业之间的利益博弈，以及服务供需之间的动态平衡。

（三）会员服务升级与降级的前因与后果

现有会员服务升级与降级前因研究主要聚焦于交易因素与关系因素。

1. 交易因素

在会员制服务的研究领域，交易因素对会员服务升级与降级决策的影响备受关注。诸多学者的研究表明，产品或服务的使用量是最直接的影响因素（Lemon 等，2002；Ascarza 和 Hardie，2013；Lin 等，2023；Zhou 等，2024）。当顾客的实际使用量与其所购买的会员服务套餐的供给量不匹配时，往往会诱发会员服务等级调整的决策。具体而言，服务使用量与会员服务套餐的匹配程度是影响会员服务升级与降级的关键因素（Lemon 等，2002；Lin 等，2023；Zhou 等，2024）。

当顾客的服务使用量超出其当前会员服务套餐的供给量时，意味着固定费用支付的服务额度已无法满足其需求，继续维持现有的会员服务等级将导致可变费用的大量支出。在这种情况下，顾客倾向于通过会员服务升级来应对这一问题。通过支付更高的固定费用，顾客可以获得更高等级的会员服务套餐，从而在总支出不变或小幅增加的情况下，显著减少可变费用的支出，实现总体经济利益的最大化。与之相对，当顾客的服务使用量显著低于其当前会员服务套餐的供给量时，意味着顾客支付的固定费用中有相当一部分对应的服务额度并未被充分利用，形成了资源的浪费。在这种情况下，顾客会产生会员服务降级的直接动机。通过降低会员服务等级，顾客可以在保持服务使用量不变的情况下，减少固定费用的支出，而不会产生额外的可变费用。这一决策能够帮助顾客在满足服务需求的同时，最小化总支出，提高经济效益。因此，本书在探讨影响会员服务升级与降级的交易因素时，将重点聚焦于顾客服务使用不足这一情境。

综上所述，交易因素对会员服务升级与降级决策的影响主要体现在服务使用量与会员服务套餐供给量的匹配程度上。当二者出现显著的不匹配时，无论是服务使用过量还是使用不足，都会对顾客的决策产生直接而深刻的影响。服务使用过量会驱动顾客寻求会员服务升级，以减少可变费用支出；而服务使用不足会激励顾客进行会员服务降级，以降低固定费用支出。这一机制揭示了交易因素影响会员服务等级调整决策的内在逻辑，对于理解和预测顾客行为具有重要的理论和实践意义。本书通过聚焦于服务使用过量和使用不足这两种典型情境，深入剖析了交易因素对会员服务升级与降级的影响机制，为相关研究提供了新的视角和启示。

2. 关系因素

影响顾客会员服务升级与降级的关系因素方面，通过梳理现有文献，发现关系持续时间（Miller 等，2019；Lin 等，2023；Zhou 等，2024）、关系利益（Lin 等，2023；Zhou 等，2024）、信任（Visentin 和 Scarpi，2012；Marinova 和 Singh，2014）、关系认同（Visentin 和 Scarpi，2012）、满意度（Bolton 等，2008；Visentin 和 Scarpi，2012）、忠诚（Miller 等，2019）等因素被频繁提及，成为研究的热点变量。

然而，在深入剖析这些因素对会员服务升级与降级的影响机制时，发现现有研究存在一定的局限性。根据 Palmatier 等（2006）提出的关系营销分析框架，信任、关系认同、满意度等因素属于影响顾客行为结果的关系中间变量，而对于关系前置变量的考察相对较少。这一研究现状潜在地限制了对关系因素影响会员服务升级与降级的全面理解。关系前置变量指那些在关系建立和发展过程中，先于信任、满意度等中间变量而存在，并对其产生影响的因素。它们是理解和预测顾客行为的重要基础。在众多关系前置变量中，关系持续时间和关系利益尤为重要。关系持续时间反映了顾客与公司之间双边关系的历史和稳定性，而关系利益聚焦于顾客从关系中获得的单边利益。二者共同塑造了顾客与公司关系的基本特征，进而影响顾客的决策行为。

关系持续时间作为反映双边关系的前置变量，对会员服务升级与降级的影响不容忽视。一方面，关系持续时间的长短影响了顾客对公司的了解程度和信任水平。当关系持续时间较长时，顾客往往对公司的产品、服务和运营模式有更全面和深入的认知，对公司的信任度更高。这种认知和信任可以降低顾客在会员服务升级决策中感知到的风险，提高其升级意愿。另一方面，关系持续时间影响了顾客的转换成本。随着关系持续时间的延长，顾客在公司累积的权益和特殊待遇不断增加，转换到其他公司的成本随之上升。这种转换成本会对顾客的会员服务降级决策产生抑制作用，延缓或减少降级行为的发生。

关系利益作为反映顾客单边利益的前置变量，对会员服务升级与降级的影响同样值得关注。关系利益指顾客在与公司的关系中获得的超出核心产品或服务的附加价值，如特殊优惠、个性化服务、情感支持等。当顾客从关系中获得了较高的关系利益时，他们往往会对公司产生更强的依赖和黏性，从而提高会员服务升级的意愿，以获得更多的关系利益。相反，当顾客感知到的关系利益较低时，他们可能会通过会员服务降级来减少在公司的投入，将资源转移到其他回报更高的关系中，以实现利益的最大化。

综上所述，关系持续时间和关系利益作为关系前置变量，对顾客会员服务升级与降级的决策具有重要影响。关系持续时间通过影响顾客的认知、信任和转换成本，而关系利益通过影响顾客的依赖和黏性，共同塑造了顾客的决策环境和动机。因此，本书在探讨影响会员服务升级与降级的关系因素时，将重点放在了关系持续时间和关系利益这两个关系前置变量上。通过深入剖析这两个变量的作用机制，对理解和预测顾客在会员制服务中的行为提供新的视角和启示。

3. 会员服务升级与降级的影响后果

在会员制服务的研究领域，会员服务升级与降级的影响后果日益受到学者和实践者的关注。这一问题与关系营销的核心目标密切相关。根据 Palmatier（2008）的观点，关系营销的重要目标在于实现顾客保留与顾客终生价值的最大化。顾客终生价值是衡量顾客与企业长期关系价值的关键指标，它综合考虑了顾客在整个关系生命周期内为企业创造的经济价值。Kumar 和 Reinartz（2016）指出，影响顾客终生价值的主要因素包括顾客每一期的购买金额和顾客关系持续时间的长短。在这一背景下，会员服务升级与降级对顾客终生价值的影响机制备受关注。会员服务升级意味着顾客购买了更高等级的服务套餐，承诺了更高的固定费用支出。这一行为直接提高了顾客每一期的购买金额，为顾客终生价值的提升奠定了基础。与此同时，会员服务升级也意味着顾客与企业的关系更加稳固。通过服务升级，顾客在企业的累积利益不断增加，转换到其他企业的成本随之上升。这种机制可以有效延长顾客关系持续时间，从而放大每一期购买金额对顾客终生价值的贡献。因此，会员服务升级通过影响顾客购买金额和关系持续时间这两个关键变量，对顾客终生价值产生影响。

与之相对，会员服务降级对顾客终生价值的影响更加复杂。从短期看，会员服务降级意味着顾客每一期的购买金额减少，这似乎对顾客终生价值产生了负面影响。然而，研究中不能忽视会员服务降级对关系持续时间的影响。在许多情况下，会员服务降级是顾客流失的前兆。当顾客对当前的服务套餐不满意时，降级决策往往反映了他们对关系的不信任和不确定性。这种不满可能源于服务使用不足导致的资源浪费，也可能源于对服务品质的失望。无论是哪种情况，降级都意味着顾客与企业关系出现了裂痕，流失的风险显著上升。然而，由于转换成本的存在，顾客在降级后往往不会立即流失。转换成本包括时间成本、经济成本和情感成本等，它们共同构成了顾客变更服务提供商的障碍。这种阻力可以在一定程度上延缓顾客的流失进程。但是，随着时间的推移，转换成本的作用逐渐减弱。顾客可以通过主动寻找替代方案、积累资源等策略，逐步消化转换成本带来的阻力。当转换成本的影响降低到一定临界值时，顾客流失的概率会大幅度上升。因此，尽管会员服务降级不一定直接导致顾客流失，但它显著缩短了顾客关系的预期持续时间，进而对顾客终生价值产生负面影响。

综上所述，会员服务升级与降级对顾客终生价值、满意度和流失概率等关系营销结果变量具有重要影响。会员服务升级通过提高顾客每期购买金额、延长关系持续时间、提升满意度、降低流失风险等机制，对顾客终生价值产生积极影响。而会员服务降级通过缩短预期关系持续时间、引发流失风险等机制，对顾客终生价值产生消极影响。因此，深入理解会员服务升级与降级的影响后果，对于企业制定有效的会员关系管理策略，实现关系营销目标具有重要的理论和实践意义。

二、会员服务升级与降级决策动机

自我决定理论是解释个体行为改变动机的重要理论框架，它为理解会员服务升级与降级的心理机制提供了有益的视角。根据 Ryan 和 Deci（2000）以及 Kim 和 Sun（2017）的观点，行为改变的动机可以分为内在动机和外在动机两种类型。内在动机指个体执行某个活动的驱动力源于活动本身带来的满足感和愉悦感。当个体在行动中感知到自己的能力得到发挥，自主权得到体现时，其内在动机就会得到提升（Ryan 和 Deci，2019）。相比之下，外在动机指个体行动的目的是为了满足外在的需求或获得外部奖励，其决策自主程度相对较低（Ryan 和 Deci，2000）。自我决定理论强调，内在动机和外在动机之间存在复杂的交互作用。De Charms（2013）指出，外部利益的引入可能会削弱行动的内在动机。这是因为外部利益的激励作用可能会促使个体的因果感知从内在归因转向外在归因，即个体会将自己的行为视为受外部因素控制，而非源于内在的自主选择。这种归因的转变会削弱个体感知到的自主权，进而削弱内在动机的作用（Ryan 和 Deci，2000；

Deci 和 Ryan，2012）。因此，在理解会员服务升级与降级的动机时，需要同时考虑内在动机和外在动机的作用，以及二者之间的交互效应。

自我决定理论强调决策的自主性，这一观点与期望绩效反馈模型中的核心概念有着紧密的联系。在期望绩效反馈模型中，期望、绩效和搜寻行为共同体现了决策者的自主权和行动能力（Cyert 和 March，1963；March，1981）。决策者根据实际绩效与期望水平的比较结果，自主地调整自己的行动策略和信息搜寻行为。当绩效低于期望水平时，决策者会产生强烈的问题导向型搜寻动机，更加注重探索性和非本地搜寻，采取更具风险的行动来寻求提升绩效的方案（Cyert 和 March，1963；Greve，2003）。在这种情况下，决策者拥有很强的自主性，其决策过程主要受内在动机的支配（Ryan 和 Deci，2019；Ryan 和 Deci，2000）。相比之下，当绩效达到或超出期望水平时，决策者改变现状的动机会显著减弱，解决当前问题的决策自主性下降，外在动机的作用开始上升。在这种情况下，决策者更倾向于采取本地搜寻策略，选择相对保守的行动方案（March，1981；Ryan 和 Deci，2000）。

将自我决定理论和期望绩效反馈模型的观点应用于会员服务升级与降级情境，可以发现二者之间存在着紧密的联系。在会员制服务中，顾客的需求直接体现在其服务使用量上。因此，服务使用量与会员服务套餐供给之间的匹配程度可作为评估顾客是否选择了合适服务套餐的关键指标。当服务使用量与当前套餐供给基本匹配时，意味着顾客在服务套餐选择上的决策绩效达到或接近期望水平。在这种情况下，顾客在下一期的服务套餐选择决策中更可能采取本地搜寻策略，维持现有的服务套餐不变（Posen 等，2018；Choi 等，2019）。这种决策行为反映了较低的自主性和较高的外在动机导向。相比之下，当服务使用量大幅高出或低于服务套餐规定的使用限额时，意味着顾客当前的服务套餐选择绩效显著低于期望水平。在这种情况下，顾客面临着过度支出或资源浪费的问题，其改变现状的内在动机被激发出来。为了节省过度支出，提高资源利用效率，顾客会更加主动和积极地寻求新的服务套餐替代方案，表现出更强的非本地搜寻行为（Posen 等，2018）。这种由绩效与期望差距所驱动的搜寻行为，体现了顾客决策过程中的高度自主性和强烈的内在动机。因此，会员服务升级与降级可以被视为顾客主动寻求行为变化的结果，反映了其内在动机占主导地位的心理状态。

进一步分析会员服务升级与降级中的动机类型，可以发现二者虽然都反映了顾客的主动性和内在动机导向，但在具体的动机内容上却存在一定差异。对于会员服务升级，顾客的主要动机在于获得更优质的服务体验和更高的资源利用效率。当顾客的实际使用量超出当前套餐限额时，继续维持现有服务等级会导致大量的超支，降低顾客的经济效益。通过升级到更高等级的服务套餐，顾客可以在支付更高固定费用的同时，显著降低甚至消除可变成本的超支，从而获得更优的经济利益。与此同时，升级后的高等级套餐往往伴随着更个性化的服务内容和更优质的服务体验，这些情感利益的获得可以为顾客带来更高的满意度和自我效能感。因此，会员服务升级所反映的内在动机，主要包括经济利益驱动型动机和情感体验驱动型动机。相比之下，会员服务降级所反映的内在动机更加侧重于成本节约。当顾客的实际使用量显著低于当前套餐限额时，继续维持现有服务等级会导致大量的资源浪费，顾客为闲置资源所支付的高额固定成本并没有带来相应的效用。通过降级到更低等级的服务套餐，顾客可以在保持服务使用量不变的情况下，显著降低固定成本支出，提高支付与使用的匹配度。尽管降级后的服务套餐在品质和体验上可能有所下降，但由于顾客的实际需求本身就较低，这种下降并不会显著影响其满意度和自我效能感。因此，会员服务降级所反映的内在动机主要是成本节约驱动型动机，而非情感体验驱动型动机。

需要指出的是，尽管会员服务升级与降级都反映了顾客的内在动机，但外在动机的作用不容忽视。例如，当服务提供商提供升级奖励或实施降级惩罚时，顾客的决策可能会受到这些外部利益或成本的影响。根据自我决定理论的观点，这种外在动机的引入可能会削弱顾客升级或降级决策的自主性，导致内在动机被外在动机所掩盖或取代（Ryan 和 Deci，2000；De Charms，2013）。因此，在分析会员服务升级与降级的动机时，不仅要考虑内在动机的主导作用，也要关注外在动机的潜在影响。

综上所述，自我决定理论和期望绩效反馈模型为理解会员服务升级与降级的动机机制提供了重要的理论视角。会员服务升级与降级主要反映了顾客的内在动机，包括经济利益驱动型动机、情感体验驱动型动机和成本节约驱动型动机。同时，升级与降级决策也受到外在动机的潜在影响，体现了内在动机与外在动机之间的复杂交互作用。同时，研究可以关注不同情境因素和个体特征对升级与降级动机的影响，揭示动机机制在不同边界条件下的差异性表现。通过动态追踪顾客升级与降级行为的演化路径，研究可以考察动机机制在会员关系发展中的动态变化规律，为理解会员关系的长期演进提供新的视角。

如前所述，对于会员服务升级与降级决策，现有文献认为交易因素与关系因素都具有重要的影响作用。交易因素主要包括产品或服务的使用量（Lemon 等，2002；Ascarza 和 Hardie，2013；Lin 等，2023；Zhou 等，2024）。此外还包括价格（Ngobo，2005；Jin 等，2012）、服务质量（Ngobo，2005；Bolton 等，2008）、服务关键性（Bolton 等，2008）、意外之财（Miller 等，2019）、产品相似性（Okada，2006）、产品升级可用性（Bellezza 等，2017）、比较忽视（Sela 和 LeBoeuf，2017）。关系因素则包括信任（Visentin 和 Scarpi，2012；Marinova 和 Singh，

2014)、关系认同（Visentin 和 Scarpi, 2012）、满意度（Bolton 等, 2008; Visentin 和 Scarpi, 2012）、忠诚（Miller 等, 2019）、关系持续时间（Miller 等, 2019; Lin 等, 2023; Zhou 等, 2024）、关系利益（Lin 等, 2023; Zhou 等, 2024）。相比关系因素短期内相对稳定，交易因素更加动态多变（Roos, 1999; Gustafsson 等, 2005）。

在消费者行为研究中，个体对于服务套餐的选择和持续使用受到多种因素的影响。这些因素既包括交易性因素，如服务的使用体验，也涵盖了更为复杂的关系性因素，如与服务提供商建立的关系利益。本书旨在探讨这些因素如何共同影响消费者在面对会员服务套餐升级与降级时的决策过程。首先，交易因素在消费者决策过程中起到核心作用。根据 Ascarza 和 Hardie（2013）以及 Wangenheim 和 Bayon（2007）的研究，消费者对会员服务套餐的匹配程度的判断很大程度上依赖于他们过去使用服务的经验。例如，当消费者频繁地利用某服务且感受到满足时，他们更倾向于认为当前的服务套餐与自己的需求匹配，从而可能选择升级会员服务以获得更多的服务内容或更优的服务质量。相反，如果服务使用不足或体验不佳，消费者可能会选择降级服务套餐，以减少不必要的开支。Pate（1978）提出，这种行为变化的内在动机可能源自任务本身带来的愉悦感或价值的获取。因此，当服务使用量与会员服务套餐的供给不匹配时，消费者会根据自身的实际使用情况调整服务级别，以期达到成本效益最大化。

具体而言，当消费者的实际服务使用量显著高于会员服务套餐的固定供给时，消费者往往会主动选择会员服务的升级。这种升级不仅能满足他们增加的服务需求，还可以通过转换到更高级别的套餐，实现固定成本的增加但可变成本的大幅减少。反之，当服务使用量明显低于套餐提供的范围时，消费者更倾向于降级其会员服务，以此降低固定成本，尽管这可能导致某些服务的丧失。

除了交易因素外，关系因素也在消费者的服务套餐选择中扮演了重要角色。Ryan 和 Deci（2000）指出，外在动机—比如获得额外的物质奖励—可以显著影响个体的行为选择。在会员服务的背景下，Bolton 等（2008）发现，较高等级的会员服务套餐能够使顾客从服务提供商那里获得更多的关系利益，如更优质的客户服务、额外的奖励点数以及未来交易中的优惠。因此，这些关系利益不仅促使消费者选择升级会员服务，还可能抑制他们降级服务的决定。然而，Burnham 等（2003）研究表明，会员服务的降级行为可以被视为对当前服务关系承诺的一种降低，这可能损害消费者从服务供应商处获得的未来交易机会和促销折扣等关系利益。因此，在考虑是否降级服务时，消费者可能会权衡失去这些关系利益的潜在成本。在这种情况下，关系利益成为影响消费者在会员服务升级与降级决策中的重要外部动机。

综上所述，顾客在选择是否升级或降级会员服务套餐时，会受到交易因素和关系因素的共同影响。这些因素不仅涉及消费者的个人使用体验和成本效益分析，还包括与服务提供商建立的关系利益。

三、两种不同类型的会员服务升级与降级

过往对会员服务升级与降级的研究没有关注到会员服务变更前后的服务套餐供给结构特征变化（Marinova 和 Singh，2014）。上一节定性访谈的结果表明，一旦服务套餐供给结构特征发生改变，那么预示着顾客偏好结构发生变化，其决策过程与单纯价格变化的会员服务升级与降级可能具有本质的区别，因此有必要基于服务套餐供给结构特征是否发生改变，对会员服务升级与降级做进一步的细分。

基于上述原因，本书依据前述会员服务升级与降级的定义，以服务套餐供给结构特征是否发生改变，进一步将会员服务升级（降级）区分为结构不变的会员服务升级（降级）与结构变动的会员服务升级（降级）。

会员服务升级可以分为两种主要形式：结构不变的会员服务升级和结构变动的会员服务升级。这两种升级方式在实施过程中的差异体现在服务套餐的价格、功能及其特征上。

结构不变的会员服务升级指顾客在选择更高价格的会员服务套餐时，该套餐的主要功能（或特征）与之前的套餐保持一致。这种类型的升级通常涉及同一类别服务的量的增加或小幅度质的提升，但核心服务结构并未发生变化。例如，电信行业中的手机资费套餐经常提供以数据流量或语音通话为侧重点的不同选择。在本书中，如 2014 年中国联通 WCDMA 系列套餐的实证分析显示，顾客可能原先选择了一个以数据流量为侧重（如 WCDMA 96 元的 A 套餐，提供 240 分钟语音和 300M 流量）的套餐；若顾客后续选择了价格更高但仍以数据流量为侧重（如 WCDMA 126 元的 A 套餐，提供 320 分钟语音和 400M 流量）的套餐，则此类升级属于结构不变的会员服务升级。

相对地，结构变动的会员服务升级涉及服务功能或特征的本质改变，通常伴随着顾客需求的显著变化或市场供给策略的调整。在同一电信例子中，如果顾客原先选择的是侧重数据流量的套餐（如 WCDMA 96 元的 A 套餐），而后转向侧重语音通话、价格更高的套餐（如 WCDMA 126 元的 B 套餐，提供 680 分钟语音和 100M 流量），则这种转换示例了结构变动的会员服务升级。此类升级反映了顾客需求从数据流量转向语音通话的明显偏好变化，或是对不同服务特征的重新评价。

会员服务降级同升级类似，也可以分为两种主要形式：结构不变的会员服务降级和结构变动的会员服务降级，这两种降级反映了服务套餐价格、功能及其特

征在调整过程中的不同变化。

结构不变的会员服务降级发生在顾客选择一个价格更低，但主要功能（或特征）与之前保持一致的服务套餐的情况下。这种降级类型通常涉及服务量的减少，但服务的基本类型和功能保持不变。例如，在电信行业，假设顾客原先选择了一个侧重于数据流量的较高价格套餐（如 WCDMA 126 元的 A 套餐，提供 320 分钟语音和 400M 流量）。如果顾客因为某种原因（比如减少使用或经济考虑）后续转换到了一个价格更低但同样侧重数据流量的套餐（如 WCDMA 96 元的 A 套餐，提供 240 分钟语音和 300M 流量），这种调整称为结构不变的会员服务降级。这种降级策略可能是由于消费者的实际使用需求减少或经济预算有限，希望减少支出而不改变服务内容结构。

相比之下，结构变动的会员服务降级则涉及服务功能或特征的本质改变，通常与顾客需求的变化或对服务价值重新评估有关。继续使用前述电信公司的例子，如果一个顾客原先选择的是侧重数据流量的较高价格套餐（如 WCDMA 126 元的 A 套餐），但后来转向一个侧重语音通话、价格更低的套餐（如 WCDMA 96 元的 B 套餐，提供 450 分钟语音和 80M 流量），则这种服务套餐的调整为结构变动的会员服务降级。此类降级通常反映了顾客对服务需求的根本变化，例如，从数据使用者转变为更多需要语音通话的用户。

上述两种不同类型的会员服务升级（降级）在以下几个方面具有显著差别：首先，在产品相似度与可比性方面，前后特征一致变化后的新产品与之前更相似（Tversky，1977）。结构不变的会员服务升级（降级）套餐结构特征不变，会员服务升级（降级）前后的服务套餐相似度较高。而结构变动的会员服务升级（降级）套餐结构特征发生改变，新的服务套餐与之前差异较大，决策的困难程度更高（Zhang 和 Markman，2001），决策者会付出更多的信息搜寻努力（Griffin 和 Broniarczyk，2010）。产品可比性的研究表明人们更倾向于对相似产品的共同特征维度进行比较，而差异较大的产品之间从更多维度上通过总体评价进行比较（Johnson，1984）。因此，相比结构不变的会员服务升级（降级），结构变动的会员服务升级（降级）的服务套餐比较选择更为抽象，需要更多的会员服务产品相关知识。

其次，在决策动机方面，结构不变的会员服务升级（降级）只有会员套餐价格的变化，套餐结构特征不变，顾客决策涉入度不高，决策自主性相对不高，决策过程容易受外部信息与物质激励影响，其决策过程更多地由外在动机驱动（Pate，1978；Ryan 和 Deci，2000）。相比之下，结构变动的会员服务升级（降级）既有套餐价格的改变，也有套餐结构特征的变化，顾客决策涉入度高，顾客在会员服务套餐选择上会更多地比较各种替代选择，决策自主性较高，其决策过程更多地由内在动机所驱使（Ryan 和 Deci，2000）。

最后，问题导向的信息搜寻方面，决策者首先进行本地搜寻，寻求变化较小的方案，当本地搜寻无法提供解决方案时，启动非本地搜寻，考虑变化较大的方案（Levinthal，1997；Iyer 等，2019）。在会员服务升级与降级决策中，当会员服务套餐与实际使用需求不匹配时，消费者首先启动本地搜寻，搜寻与之前相似的服务套餐，因此，消费者会先考虑结构不变的会员服务升级（降级）。当结构不变的会员服务升级（降级）不能很好地解决问题时才启动非本地搜寻，考察更多的替代选择，此时结构变动的会员服务升级（降级）纳入考察范围。因此，相比结构不变的会员服务升级（降级），结构变动的会员服务升级（降级）后的会员套餐跟之前差异较大，消费者更多地涉入到非本地搜寻过程与激进性改变，并面临更高的风险（Iyer 等，2019）。

四、研究概念框架

根据第一章提出的研究内容，第二章对相关文献的梳理和回顾，本章定性访谈结果的总结、会员服务升级与降级驱动因素和影响后果的分析，以及两种不同类型的会员服务升级与降级的区分和决策实质差异的探讨，构建本书的整体研究框架如图 3-1 所示。

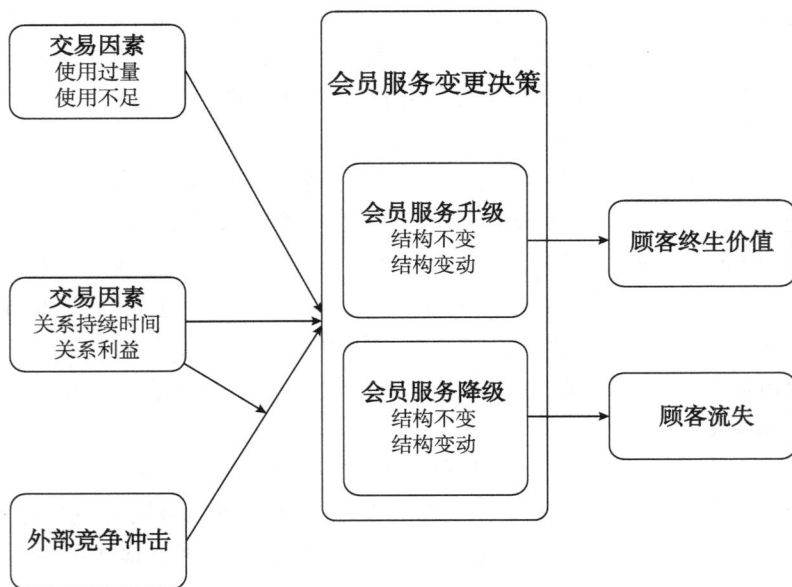

图 3-1　本书的整体研究框架

资料来源：本书整理。

本书整体概念框架模型共分为三个研究：第一个研究主要探讨会员服务升级与降级的驱动因素。本部分首先比较交易因素（使用过量、使用不足）、关系因素（关系持续时间、关系利益）对会员服务升级与降级的作用差异。其次研究外部竞争冲击对会员服务升级与降级的影响，以及关系因素（关系持续时间、关系利益）对外部竞争冲击影响的抑制作用。

第二个研究专门探讨会员服务升级。首先比较交易因素（使用过量）、关系因素（关系持续时间、关系利益）对这两种不同类型的会员服务升级的作用差异。其次比较两种不同类型的会员服务升级对顾客终生价值的影响差异。

第三个研究专门探讨会员服务降级。首先比较交易因素（使用不足）、关系因素（关系持续时间、关系利益）对两种不同类型的会员服务降级的作用差异。其次比较两种不同类型的会员服务降级对顾客流失的影响差异。

第三节　假设发展

本书的研究模型分为 3 个子模型：第一个研究探讨会员服务升级与降级的驱动因素，比较交易因素、关系因素对会员服务升级和降级的影响差异，外部竞争冲击的影响以及关系因素的调节作用；第二个研究比较交易因素和关系因素对其作用差异，以及两种不同的会员服务升级对顾客终生价值的作用差异；第三个研究同样比较交易因素和关系因素对其作用差异，以及两种不同的会员服务降级对顾客流失的影响差异。

一、会员服务升级与降级的驱动因素研究

研究一的概念模型框架如图 3-2 所示。

（一）交易因素对顾客会员服务升级与降级作用的差异

在会员制连续型服务情境下，顾客的支出结构主要由两部分组成：一是会员服务套餐的固定费用；二是使用量超出套餐限额后产生的可变费用（Bolton 和 Lemon，1999；Lambrecht 和 Skiera，2006；Ascarza 和 Hardie，2013）。固定费用保证了顾客在会员期内获得一定数量的服务，但这部分费用通常不随实际使用量的变化而调整；可变费用则与顾客的实际使用量直接相关，体现了"用多少，付多少"的计费逻辑。已有研究表明，服务使用量与支出结构的匹配程度是影响顾客会员服务升级与降级决策的关键因素（Wangenheim 和 Bayon，2007）。

具体而言，当顾客的实际服务使用量与套餐的固定供给量大致相当时，意味

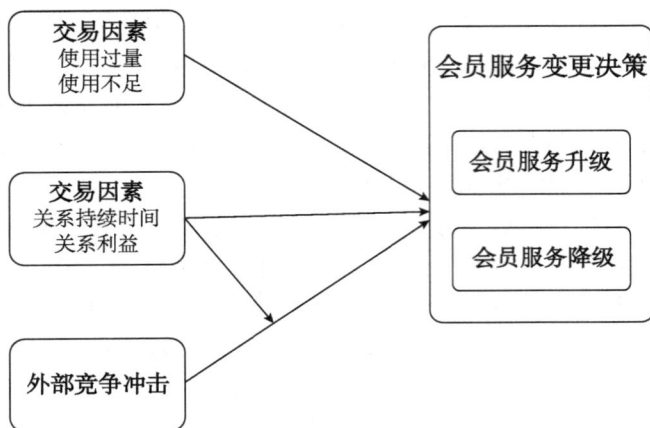

图 3-2　研究一概念模型框架

资料来源：本书整理。

着顾客在会员期内的边际支出较低，既没有显著的可变成本压力，也没有固定费用方面的浪费。在这种情况下，顾客通常缺乏主动调整会员服务等级的动机，倾向于维持既有的服务关系（Ascarza 和 Hardie，2013）。相反，当实际使用量与固定供给量出现较大偏离时，顾客往往会产生升级或降级的意愿。一方面，若服务使用量明显高于套餐限额，顾客需要支付大量的可变费用，这显然有悖于降低边际成本的经济动机。为了在获得更多服务的同时节约开支，顾客可能会选择升级会员等级，以较高的固定费用替代可变成本（Lambrecht 和 Skiera，2006）。另一方面，若服务使用量远低于套餐限额，顾客实际上为闲置的服务支付了不必要的固定费用，资源配置效率低下。这种情况下，主动降级成为顾客控制成本的理性选择（Bolton 和 Lemon，1999）。

因此，当服务使用量与既定套餐相匹配时，顾客倾向于维持现状；当使用量严重偏离套餐限额时，顾客会产生升级或降级的动机。本书聚焦于服务使用过量（即实际使用量显著高于套餐限额）和服务使用不足（即实际使用量显著低于套餐限额）两种典型情境，探讨其对会员升级与降级决策的影响。这有助于深入理解连续型服务中顾客决策的关键驱动因素。

根据前面的描述，顾客在服务续订情况下如何做出会员服务升级或降级的选择，取决于服务使用量与会员套餐固定供给的匹配程度。显著超出或低于会员套餐固定供给都将产生套餐选择偏差。据此，本书将"使用过量"定义为顾客的服务使用量显著高于会员服务套餐供给水平。同样地，"使用不足"被定义为顾客的服务使用量显著低于会员服务套餐供给水平（"使用过量"与"使用不足"具体的测量见第四章的说明）。

Lemon 等（2002）认为，顾客下一期的预期服务使用量与本期实际使用量高度相关。当顾客当期服务使用量大幅超出会员套餐固定供给，则意味着顾客如果升级当前会员服务等级，那么在下一期可通过增加固定费用来更多地减少可变费用，这时顾客比较容易出现会员服务升级的行为。所以，服务使用过量增加会员服务升级的概率。同理，在服务续订情况下，当顾客认为自己的服务使用量将出现较大幅度的减少时，则意味着顾客如果降级当前会员服务，将可以节省会员套餐固定费用的支出（此时因为服务使用不足，无须支付可变费用），而这个固定套餐费用是过去的最低支出，因此会员服务降级相当于得到一笔"计划外的收入"，这时顾客可能出现会员服务降级的行为。所以，服务使用不足增加了会员服务降级的概率。

当顾客服务使用量较多地超出会员套餐的固定供给时，如果升级当前的会员服务套餐，虽然增加了固定费用的支出，但超出会员套餐外的可变费用支出大大减少。如果顾客没有升级当前会员服务套餐，则意味着会员套餐固定费用以外的可变费用支出增加很多，总支出将高于升级后的会员服务套餐，这是顾客没有选择升级会员套餐而带来的损失。当顾客服务使用量大大低于会员套餐的固定供给时，则意味着顾客如果降级当前会员服务套餐，将可以节省之前固定费用的支出（可变费用支出仍然为零），这意味着会员服务降级可以得到一笔"意外之财"，可以认为是一种获得。

根据前景理论，人们对损失比对获得更加敏感。相同金额的收益和损失对比，损失带来的痛苦感要大大超过获得带来的快乐感（Kahneman 和 Tversky，1979，1991；Tom 等，2007）。服务使用过量所致的可变成本支出在顾客眼中构成了一种需要积极应对的"损失"，顾客会员升级决策因此更有可能发生；而服务使用不足所导致的固定费用浪费并不会给顾客带来直接的经济损失，降级决策的紧迫性和必要性因此大打折扣。换言之，相较于服务使用不足，服务使用过量更有可能引发会员等级的调整。因此，服务使用过量导致会员服务升级的可能性大于服务使用不足导致会员服务降级的可能性。

基于上述分析，本书提出如下假设：

H1：交易因素对会员服务升级的影响程度大于对会员服务降级的影响程度。具体而言，服务使用过量对会员服务升级的影响程度大于服务使用不足对会员服务降级的影响程度。

（二）关系因素对会员服务升级与降级作用的差异

关系营销是现代营销理论与实践的重要组成部分，其核心在于通过构建和维护良好的客户关系，提升顾客的忠诚度和终生价值（Morgan 和 Hunt，1994）。已有研究表明，企业在关系营销方面的投入能够显著增强客户的合作意愿和行为，使双方形成利益共享、风险共担的战略伙伴关系（Palmatier，2008）。在会员制服务情境下，关系营销对顾客的升级和降级决策具有重要影响。公司的关系营销投入能够增加顾客的合作行为，即为了完成双方共同的目标，合作方会采取协同、互补的行为（Palmatier，2008）。顾客的合作意愿和行为对公司来说有很多好处，既可以增加顾客适应公司要求去改变的可能性，也可以增加其分享和披露信息给公司的意向，从而增加对公司营销投入互惠的意愿（Palmatier 等，2006；Palmatier，2008）。

关系营销对会员服务升级和降级的影响主要是通过影响顾客与公司的关系联结及依赖实现的，交易双方的相互依赖可以提升合作与绩效（Bucklin 和 Sengupta，1993；Kumar 等，1995）。当顾客同公司的双边关系较好时，顾客与公司的关系黏性越高，对公司的惯性依赖越强，越不容易产生会员服务降级行为或越容易产生会员服务升级行为。以往关系营销的研究表明，关系因素（如承诺、互惠、感谢、信任）能够反映顾客与公司的关系质量（Morgan 和 Hunt，1994；Rust 和 Chung，2006；Palmatier 等，2007；Lemon 和 Verhoef，2016）。从公司的视角来看，可以从关系营销获得的利益包括顾客的合作行为（Morgan 和 Hunt，1994）、顾客忠诚（Oliver，1999）以及顾客对公司犯错的容忍和怜悯（Palmatier，2008）。从顾客的角度看，关系联结可能带来转换成本，包括关系终止后失去认同而产生的心理或情感的不适（Burnham 等，2003）。例如，当顾客与公司的互惠关系形成以后，顾客会对自己将要实施的转换行为对未来的交易机会的损害感到焦虑。因此，关系因素对会员服务降级行为具有抑制作用、对会员服务升级具有正面影响。

在 Palmatier 等（2006）的顾客关系分析框架中，信任、承诺、关系认同、满意度等是属于影响关系营销结果的关系中间变量。现有文献对关系因素影响会员服务升级与降级的研究较少对关系前置变量的考察。因此，本书的关系因素研究主要考虑关系持续时间与关系利益这两个关系前置变量。

关系持续时间是交易双方之间的关系已经存续的时间（Anderson 和 Weitz，1989；Kumar 等，1995；Doney 和 Cannon，1997；Palmatier 等，2006）。关系持续时间越长，顾客与公司之间的关系越稳固，顾客形成的消费黏性越强，这种黏性进一步导致顾客对公司的依赖程度增加（Kumar 等，1995）。这种依赖关系在顾客的服务使用和会员服务套餐选择中表现得尤为明显。具体来说，当顾客的服务使用低于其会员服务套餐所包含的固定供给水平时，由于不会产生额外的可变费用，顾客在决策时的涉入程度相对较低。这种情况下，由于与公司的长期关系和所形成的消费习惯，顾客倾向于维持现有的会员服务套餐，从而显示出较强的服务维持惯性。因此，在这种低使用量的场景下，关系持续时间对抑制会员服务降级的行为表现出较大的影响力。相反地，当顾客的服务使用量超出会员服务套餐提供的固定水平，并因此产生较多的超出套餐外的可变费用时，顾客对费用的敏感性增加，决策涉入程度显著提高。这种情况下，即使存在较长的关系持续时间，其对会员服务升级决策的影响也相对较弱。因此，关系持续时间对会员服务降级的影响程度大于其对会员服务升级的影响程度。

关系利益则是顾客从与公司的关系中获得的利益，包括功能利益与社会利益、时间节省、方便、伙伴关系和决策的改善（Morgan 和 Hunt，1994；Reynolds 和 Beatty，1999；Hennig-Thurau 等，2002；Palmatier 等，2006）。根据 Bhattacharya（1998）的研究，高级别会员通常比低级别会员获得更多的关系利益，这些利益可能包括但不限于参加俱乐部活动、享受贵宾候机服务等各种有形和无形的好处。例如，电信公司通常会为其 VIP 客户提供一系列专属优惠和服务，这不仅提升了客户的满意度和忠诚度，也增强了客户对企业的承诺和信任（Palmatier 等，2006）。顾客为了保持已获得的关系利益，可能会选择维持现有的服务等级，即便实际使用量并未达到高级套餐所提供的范围。此外，由于这些关系利益增强了顾客对品牌的情感绑定和忠诚度，他们对服务降级的抗性显著增强。反观会员服务的升级决策，则主要受到交易因素的影响，如服务使用超出套餐设定的情形所带来的额外可变费用。在这种情况下，顾客可能对超出部分的费用非常敏感，因此在考虑升级时，决策涉入度较高，而关系利益的影响相对较弱。顾客在考虑升级服务时，更可能基于经济效益和个人需求的直接考虑，而非基于与公司的关系所获得的关系利益。因此，可以看出关系利益在会员服务的升级与降级决策中扮演着不同的角色。在降级决策中，关系利益的存在显著抑制了顾客的降级意愿，因为降级可能意味着失去与当前服务等级相关的额外好处。而在升级决策中，虽然关系利益仍可能起到一定的积极作用，但其影响相对较小，主要受交易因素的直接驱动。因此，关系利益对会员服务降级的影响程度大于其对会员服务升级的影响程度。

综上所述，本书提出假设：

H2：关系因素对会员服务降级的抑制作用大于其对会员服务升级的正向影响。具体而言：H2a 关系持续时间对会员服务降级的抑制作用大于其对会员服务升级的正向影响；H2b 关系利益对会员服务降级的抑制作用大于其对会员服务升级的正向影响。

（三）外部竞争冲击对会员服务升级与降级的影响

外部竞争冲击指公司外部的竞争对手提供更有吸引力的产品时，顾客有可能转换服务提供商或减少从现有服务供应商的购买，从而冲击公司现有的顾客群。Jones 等（2000）认为，尽管转换成本的存在，竞争性替代品仍然可以使用户出现转换服务供应商的行为。金立印（2008）研究表明，竞争性替代品的吸引力调节了转换成本对顾客忠诚的影响，当替代品吸引力较大时，转换成本对顾客忠诚的影响就会减弱。

在当今高度饱和的服务市场中，竞争对手的存在对顾客的会员决策行为具有重要影响。已有研究表明，当外部竞争对手提供更具吸引力的产品时，顾客转换服务提供商或减少既有供应商购买的可能性会显著提高（Jones 等，2000；Bansal 等，2005）。这一现象在会员制服务情境下尤为突出，直接导致了会员升级行为的减少和会员降级行为的增加。

外部竞争冲击对会员服务变更决策方面的影响方面，当外部竞争性产品（服务）性价比更高、吸引力更强，对公司现有产品（服务）具有较强的替代性时，顾客容易"喜新厌旧"，从而会导致顾客的流失（Jones 等，2000；Kim 等，2004）。

首先，竞争对手的优势产品会引发顾客的公平感知失衡，进而削弱对既有服务提供商的忠诚度。当顾客认为自己在当前关系中的投入与收益比不及竞争对手时，往往会产生不公平感，并采取行动以求补偿（Adams，1963）。具体到会员制服务情境，若竞争对手以更优惠的价格提供同等质量的服务，或以同等价格提供更高品质的服务，顾客获得的利益相对减少，继而引发心理和情感上的不平衡。为了消除这种失衡感，顾客可能会要求供应商提供更多让步，如降低价格、增加服务项目等（Samaha 等，2011）。当供应商无法满足这些要求时，顾客选择退出现有关系、转而青睐竞争对手的倾向将大大提高。

其次，竞争对手的营销努力会诱发顾客的试用动机，削弱原有服务关系的黏性。已有研究指出，竞争对手通过广告、促销等方式传递产品优势信息，能够有效吸引顾客的注意力，塑造正面的品牌形象（Rust 等，2004）。在会员制服务中，由于转换成本相对较高，顾客往往难以凭直觉判断不同服务方案的优劣。然而，当竞争对手频繁曝光并释放利益信号时，顾客的好奇心和试用欲望会被激发出来，尤其是对那些对现有服务不甚满意的顾客而言（Gustafsson 等，2005）。一旦顾客发现竞争对手的服务体验优于既有供应商时，降级服务套餐甚至退出的决定将不可避免。相反，面对更具吸引力的外部选择，原有供应商的升级邀约很容易被顾客视为"图利"的手段，难以得到积极响应。

最后，竞争对手提供的优质产品会强化顾客的机会主义倾向，降低其对既有关系的投资意愿。机会主义指追求自身利益最大化的行为倾向，往往以牺牲他人利益为代价（Williamson，1975）。当外部市场中存在性价比更高的服务选择时，理性的顾客自然会通过对比和权衡，以期实现效用最大化。这种机会主义思维容易催生出"反正还有更好的选择"的心理，削弱顾客对当前关系的依恋和投入（Ping，1993）。具体到会员升级决策，机会主义倾向会让顾客质疑升级的必要性，认为即便降级也不会损失太多。久而久之，顾客与既有供应商的关系基础将逐渐瓦解，降级行为更易发生。

需要注意的是，竞争冲击往往并不直接导致顾客立即出现转换行为。首先，顾客与公司的会员关系通常已经形成一段时间，顾客变更服务提供商需要付出转换成本（Wirtz 等，2014；Kurt 等，2015），如会员服务的特殊优惠、关系资产的丧失等；其次，顾客还需要花费精力对新产品（或服务）进行学习以加强认知理解，这个过程需要持续一些时间（Johnson 和 Russo，1984；Iyengar 等，2007）；最后，新产品（或服务）的扩散需要一个过程（Mahajan 等，1990；Rogers，2003；Peres 等，2010）。因此，顾客不会立即终止与公司的服务关系，而可能会逐渐减少对公司产品（或服务）的使用量，从而会员服务升级的可能性降低，会员服务降级的可能性升高。

因此，本书提出如下假设：

H3：与没有外部竞争冲击的情况相比，在外部竞争冲击的情况下，H3a 会员服务升级的概率降低；H3b 会员服务降级的概率提高。

（四）关系因素对外部竞争冲击影响会员服务降级的调节作用

前面的分析中强调，交易因素是影响会员服务升级决策的主导因素，而关系因素的影响相对较小。在面临外部竞争冲击时，关系因素可能在会员服务降级决策中发挥重要的抑制作用。现有文献普遍认为，与服务提供商建立紧密关系的忠诚顾客更有可能做出有利于企业的决策。Bolton 等（2006）研究发现，获取更多利益的忠诚项目成员对服务提供商怀有更强的感恩之情，因此更倾向于维护双方的合作关系。Wetzel 等（2014）指出，忠诚顾客与服务提供商之间的关系越紧密，他们对竞争性替代品的认知需求就越低。这些研究表明，当关系因素带来的顾客与企业之间的合作与依赖程度较高时，外部竞争冲击对会员服务降级的影响将会减弱。

此外，关系营销被认为是企业应对外部竞争冲击的重要手段（Berry，1995；Berry，2002）。Kumar 等（1995）研究表明，顾客与企业的关系持续时间越长，顾客对企业的黏性越高，对企业的惯性依赖越强。这意味着长期合作的顾客在面临购买决策时，其涉入程度通常较低，倾向于维持现状。因此，即使在面临外部竞争产品（服务）冲击时，这些顾客仍有较大可能性惯性地维持现有的会员服务套餐等级。由此可见，关系持续时间有助于减弱外部竞争冲击对会员服务降级的影响。

除了关系持续时间外，关系利益的高低也会影响外部竞争冲击的效果。Palmatier 等（2006）的元分析表明，关系利益水平与顾客对企业的承诺和信任水平呈正相关。当顾客从关系中获取的利益较高时，他们对企业的承诺和信任也会较高，从而能更好地抵御外部替代选择对双方关系的侵蚀。在面临外部竞争冲击时，由于转换成本等因素的影响，顾客通常不会立即流失，而更倾向于做出会员服务降级的决策。然而，对于关系利益较高的顾客而言，为了继续维持其关系利益，他们可能会选择继续保持当前的会员服务套餐等级，或者推迟做出会员服务降级的决策。可见，关系利益在一定程度上能够缓解外部竞争冲击对会员服务降级的影响。因此，顾客与企业之间的关系持续时间越长、关系利益水平越高，顾客在面临外部竞争产品（服务）冲击时，维持现有会员服务等级或推迟降级决策的可能性越大。

综上所述，本书提出如下假设：

H4：关系因素减弱了外部竞争冲击对会员服务降级的正向影响。具体而言，H4a 关系持续时间减弱了外部竞争冲击对会员服务降级的正向影响；H4b 关系利益减弱了外部竞争冲击对会员服务降级的正向影响。

二、会员服务升级的研究

在这部分的研究中，因为两种不同类型的会员服务升级在决策动机、信息搜寻方式和决策涉入度方面具有明显的不同，因此，在前因方面，本书将比较交易因素、关系因素对结构不变与结构变动的会员服务升级的影响差异。在作用后果方面，因为会员服务升级后的顾客通常流失概率都比较低，将不同类型的服务升级作比较没有太大意义。实际上，两种不同类型的会员服务升级，反映了顾客服务使用偏好上的差异，这可能对顾客后续的服务使用行为带来不同影响，所以在作用后果方面，本书重点关注不同类型的会员服务升级对顾客终生价值的影响差异。本部分研究的概念框架如图 3-3 所示。

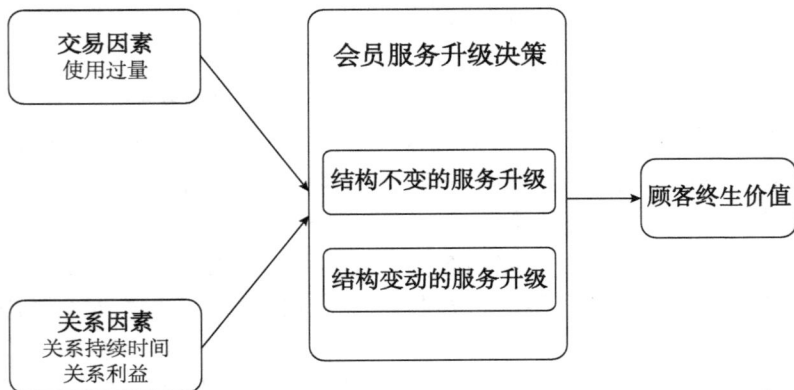

图 3-3　研究二概念模型框架

资料来源：本书整理。

（一）交易因素对两种不同的会员服务升级的作用差异

顾客的交易经验影响顾客对服务质量感知和未来交易意向（Bolton 等，2006；Dixon 和 Verma，2013；Sivakumar 等，2014）。相较于关系因素短期内相对稳定且易受服务提供商的影响，交易因素更加动态多变并主要由顾客亲自体验。过去的研究已经说明，服务使用过量将直接影响会员服务升级（Lemon 等，2002；Bolton 等，2008）。高等级的会员服务套餐通常有更高的价格，但同时伴随着更低的单价水平（Lambrecht 和 Skiera，2006；Ascarza 和 Hardie，2013），因而当顾客预期自己的服务使用量将较多地超出会员服务套餐的供给时，顾客很可能会升级当前服务等级，以节省支出，这是顾客对损失的厌恶（Tversky 和 Kahneman，1979，1991）。因此，服务使用过量正向影响会员服务升级（Bolton 等，2006，2008）。服务使用过量的情形下，顾客有可能会升级自己的会员服务套餐以匹配实际服务使用需求（Lemon 等，2002）。

本书不直接研究交易因素对服务升级的影响，而是比较交易因素（服务使用过量）对两种不同类型的会员服务升级（结构不变的会员服务升级 VS. 结构变动的会员服务升级）的影响差异。相比结构不变的会员服务升级，在结构变动的会员服务升级中，服务使用过量的正向影响更强。也就是说，当服务使用量较多地超出服务套餐的供给限额时，顾客主动寻求结构变动的会员服务升级的可能性更高。

首先，服务使用过量反映了当前会员服务套餐选择的缺陷，表明顾客面临过度的可变费用支出，需要寻求能够降低可变成本的新套餐。根据期望绩效反馈模型（Cyert 和 March，1963；Xu 等，2019），绩效不佳的压力会驱使决策者采取风险更高的行动以提升绩效水平（Greve，2003；Xu 等，2019）。在会员服务升级情境中，结构不变的升级仅涉及套餐价格的提升，而结构变动的升级还包括服务供给结构特征的改变，这反映了顾客使用偏好结构的调整，其决策过程更多地由内在动机所驱动。Ryan 和 Deci（2000）指出，内在动机驱动的行动目标在于满足个体的基本需求。对于会员服务升级决策而言，这种基本需求是实现会员套餐选择与实际需要的匹配。交易因素（即服务使用过量）是影响会员升级的内在动机，从而相比结构不变的升级，服务使用过量对结构变动的升级的正向作用应该更强。

其次，从搜寻问题解决方案的角度看，当决策绩效低于期望水平时，决策者倾向于在自身经验之外寻求解决方案，表现出非本地搜寻行为（Posen 等，2018；Choi 等，2019）。在会员服务升级情境中，结构不变的升级仅调整套餐价格，而结构变动的升级改变了套餐供给结构，超出了顾客原有的套餐使用经验，属于非本地搜寻行为，找到契合需求的解决方案的机会更大（Iyer 等，2019）。因此，相比结构不变的升级，服务使用过量的顾客选择结构变动的升级的可能性更高。

最后，从会员套餐选择的偏差校正看，结构变动型升级在价格和供给结构特征上的双重变化，为纠正使用偏差提供了更多可能。当顾客在会员升级决策中投入较多精力、决策涉入程度较高时，他们会更全面地权衡不同升级方案的利弊，服务使用过量的顾客更可能选择结构变动的服务升级。因为决策者投入的认知资源越多，越有可能发现并校正决策偏差（Payne 等，1993）。

总之，服务使用过量反映了当前套餐选择的缺陷，形成了提升会员套餐选择绩效的内在动机压力，这种压力会促使顾客从自身经验之外寻求解决方案，尤其是在决策涉入度较高时，顾客更可能通过结构变动的升级来纠正使用偏差。因此，相比对结构不变的会员服务升级的作用，交易因素（服务使用过量）对结构变动的会员服务升级正向影响会更大。

综上所述，本书提出服务使用过量对两种不同的会员服务升级的不平衡影响的假设：

H5：服务使用过量对结构变动的会员服务升级的影响大于其对结构不变的会员服务升级影响。

（二）关系因素对两种不同的会员服务升级的作用差异

对于会员服务升级与降级决策，过去的研究已经说明了关系因素（例如关系资产）的重要作用（Lemon 和 Verhoef，2016；Wetzel 等，2014）。关系资产蕴含着顾客与公司关系联结的质量以及关系的动态性（Palmatier，2008）。关系质量包括信任、承诺、互惠规范、感激等，它反映了顾客能够从公司的关系中获取的附加价值，即所谓关系利益。关系动态性包括关系速度、关系持续时间、关系生命周期等（Palmatier，2008）。关系资产能够增加消费者分享信息与互惠的意愿（Palmatier 等，2006；Palmatier，2008）。

这里考虑关系资产的两个维度：关系持续时间和关系利益。具体来说，关系持续时间表示从买卖双方关系开始所经过的时间长度（Anderson 和 Weitz，1989；Kumar 等，1995；Doney 和 Cannon，1997；Palmatier 等，2006）。关系利益则包含诸如时间节省、方便、伙伴关系和从过往关系中改善决策等利益的获取（Morgan 和 Hunt，1994；Reynolds 和 Beatty，1999；Hennig-Thurau 等，2002；Palmatier 等，2006；Palmatier 等，2006）。一般地，顾客与公司的关系持续时间越长，顾客越容易形成对公司的关系依赖（Kumar 等，1995）。而作为外部激励的关系利益通过外在动机影响顾客服务升级决策行为。顾客对公司较高的承诺水平有利于获取外部利益（Marinova 和 Singh，2014），这些利益包括与服务提供商的协作行为带来的关系资产与忠诚优待地位等（Morgan 和 Hunt，1994）。因此，顾客与公司的关系持续时间越久，关系利益越高，顾客越容易出现会员服务升级行为。

与交易因素类似，这里考察关系因素（关系持续时间与关系利益）对两种不同类型的会员服务升级（结构不变的会员服务升级 VS. 结构变动的会员服务升级）的作用差异。本书认为，相比结构变动的会员服务升级，关系因素（关系持续时间、关系利益）对结构不变的会员服务升级的正向作用更强。

首先，从决策动机看，外在动机指个体决策是为了满足外在的需求或得到外部给予的奖励（Deci，1971；Ryan 和 Deci，2000）。关系因素（如关系利益）可认为是影响决策的外部激励，是影响会员服务升级决策的外在动机（Deci，1971；Pate，1978）。在会员服务升级决策中，在交易因素主导的内在动机之外，顾客也会充分衡量关系因素（包括关系持续时间与关系利益）带来的额外利益。根据前述分析，结构变动的会员服务升级较多的是由内在动机驱使，外在动机作用较弱。相比之下，结构不变的会员服务升级中外在动机的作用更大一些。因此，相比结构变动的会员服务升级，关系因素对结构不变的会员服务升级作用更强。

其次，从搜寻行为看，为寻求服务套餐匹配问题的解决方案，结构变动的会员服务升级中，服务套餐供给结构特征改变，需要更多的非本地搜寻过程，顾客需要做更多的探索性工作，不易受外在激励因素的影响，从而关系因素对结构变动的会员服务升级作用较弱（Pate，1978；Posen 等，2018）。相比之下，结构不变的会员服务升级只是会员套餐价格提高，套餐供给结构特征不变，消费者决策过程中主要采用本地搜寻方式，较易受外在条件影响，从而关系因素对结构不变的会员服务升级作用较强。

最后，从决策涉入度看，结构不变的会员服务升级只是在数量上增加服务购买，供给结构保持不变，顾客可采取较为粗略的认知方式，细节涉入程度不高，会员升级后关系资产的增加容易成为关注重点。关系持续时间越长、关系利益越高，顾客越依赖关系资产带来的好处，关系因素对升级行为的促进作用越强。相反，结构变动的会员服务升级不仅在数量上提升服务供给，还涉及供给结构的调整，顾客需要更多地关注细节，投入更多认知资源，不易受关系因素的影响。这与精细加工可能性模型的观点吻合，即高涉入度的决策者更多地通过中心路径加工信息，而低涉入度的决策者更倾向于通过边缘路径加工外部线索（Petty 和 Cacioppo，1986）。

综合上述分析，关系因素通过塑造外在动机、影响搜寻行为和决策涉入度，对结构不变的会员服务升级的作用强于结构变动的会员服务升级。因此，本书提出关系因素（关系持续时间、关系利益）对两种不同类型的会员服务升级的不平衡影响的假设：

H6a：关系持续时间对结构不变的会员服务升级的影响大于其对结构变动的会员服务升级影响；H6b：关系利益对结构不变的会员服务升级的影响大于其对结构变动的会员服务升级影响。

（三）两种不同的会员服务升级对顾客终生价值的影响差异

顾客终生价值可从公司顾客群层面或顾客个体层面进行度量（Kumar 和 Reinartz，2016）。个体层面的顾客终生价值指公司的某一顾客在关系持续时间内为公司带来的利润的净现值（Reinartz 和 Kumar，2003；Venkatesan 和 Kumar，2004；Gupta 等，2006；Borle 等，2008；Braun 和 Schweidel，2011；Sunder 等，2016；成栋等，2019）。顾客终生价值是一种顾客价值前瞻性的测量，它考虑了多变的顾客行为以及公司根据顾客的利润贡献实施的差异化管理（Kumar 和 Reinartz，2016）。

关于顾客终生价值的驱动因素，Reinartz 和 Kumar（2003）将它们分为两类：一是交易特征；二是顾客异质性。交易特征包括许多用来定义和描述关系活动的变量，包括顾客消费水平、交叉购买行为、集中购买行为、平均购买间隔时间、忠诚项目参与、顾客回报、顾客发起的联系、营销联系频率、营销联系类型、多渠道购买、消费者交易使用密度、优惠券使用密度等（Kumar 和 Reinartz，2016；Palmatier 等，2006）。顾客异质性涉及有助于公司细分顾客和管理顾客关系的人口统计变量和心理统计指标，包括年龄、性别、收入、消费者地理位置等（Kumar 和 Reinartz，2016）。

会员服务升级是顾客调整其会员服务套餐以匹配其实际的使用量，因此属于交易特征的范畴。首先，通过会员服务升级，顾客可以避免因超出原有套餐限额而产生的大量可变费用（Bolton 和 Lemon，1999；Lambrecht 和 Skiera，2006）。当顾客的实际使用量超过其当前套餐规定的用量时，供应商通常会对超出部分收取较高的单位费用。而升级到更高等级的服务套餐后，顾客在同等使用量下支付的总费用反而更低。这种成本节约效应可以提升顾客效用，增加其留存率。同时，会员服务升级加深了顾客与公司的关系联结（Anderson，2002；Ascarza 和 Hardie，2013）。通过调整服务套餐以更好地满足自身需求，顾客对供应商的依赖程度上升，寻求外部替代选择的意愿下降，从而降低了顾客流失风险。其次，会员服务升级后，在套餐等级不变的情况下，顾客在后续生命周期内支付的固定费用将高于升级前（Lambrecht 和 Skiera，2006）。由于升级行为意味着顾客愿意为更优质的服务支付溢价，这反映出顾客对高等级套餐或服务过量使用的容忍度提高。顾客可接受的支付区间上限扩大，公司从顾客处获取的未来收入将提升。这不仅源于升级后套餐价格的上涨，更得益于顾客对价格或用量波动的敏感性降低。因此，会员服务升级行为蕴含着顾客终生价值提升的信号。最后，选择升级服务套餐的顾客通常与公司有着更为紧密的关系（Kumar 等，1995），表现出更高的信任和承诺水平（Marinova 和 Singh，2014）。这塑造了顾客对供应商利他动机的认知，相信升级行为符合自身长期利益。出于对公司的信任与承诺，顾客参与升级服务套餐的意愿更强。而在这些忠诚度较高的顾客身上，公司开展关系营销活动（如顾客忠诚项目）的支出相对更低。因而，会员服务升级提升了顾客终生价值。

比较两种不同类型的会员服务升级对顾客终生价值的影响。首先，结构变动型升级不仅考虑了服务使用量的变化，还顾及了顾客偏好结构的变动。通过调整服务套餐的属性组合，这类升级能够更精准地满足顾客多样化、个性化的需求。根据期望确认理论，当服务绩效超出预期时，顾客满意度将显著提升（Oliver，1980）。由于更高的需求匹配度，顾客对结构变动型升级后的服务套餐通常有更为积极的评价（Bolton等，2008），满意度水平相应更高。这种满意感进一步强化了顾客对供应商的信任和情感依恋，提升了顾客的关系承诺水平（Garbarino和Johnson，1999）。承诺水平的提高不仅表现为更高的续约意愿和更长的关系持续时间，还体现在更积极的协作行为上（Palmatier，2008）。因此，结构变动型升级带来的满意度和承诺水平提升，将显著拉动顾客未来购买，提升顾客终生价值。

其次，结构不变的会员服务升级仅关注服务使用量的变化，在会员服务套餐构成上维持现状。这类升级难以有效匹配顾客偏好结构的变动，顾客需求与供给服务的契合度相对较低（Fournier等，1998）。当顾客在原有套餐的使用过程中遭遇新的问题或激发新的需求时，结构不变的服务升级难以提供有针对性的解决方案，顾客满意度提升有限。同时，这类升级更多地受到交易因素（如价格优惠）的驱动，顾客缺乏与供应商建立深层关系联结的动机（Bhattacharya，1998）。承诺水平不足也使得顾客在后续更倾向于寻求外部替代，转换供应商的倾向更高（Bansal等，2005）。可见，结构不变的会员服务升级在满足顾客动态需求、培育忠诚度方面制约了顾客终生价值的提升空间。

因此，相比结构不变的会员服务升级，结构变动的会员升级通过更好地匹配顾客需求，在顾客满意度、关系承诺、未来购买意愿等方面具有更为积极的影响，能够更有效地提升顾客终生价值。

综上所述，本书提出以下假设：

H7：相比结构不变的会员服务升级，结构变动的会员服务升级对顾客终生价值的影响更大。

三、会员服务降级的研究

在结构变动的会员降级中，顾客在减少服务购买的同时，其偏好结构发生了变化。结构不变与结构变动的会员服务降级具有本质的区别，其驱动因素的作用以及后果影响可能都具有较大的不同。因此，在前因方面，本书将比较交易因素、关系因素对结构不变与结构变动的会员服务降级的影响差异。在作用后果方面，因为会员服务降级后的顾客，通常其终生价值都比较低。会员服务降级通常是顾客流失的先兆，结构不变与结构变动的会员服务降级在顾客偏好方面差异较大，可能对顾客的后续行为的影响差别也较大，所以在作用后果方面存在差异。所以，这部分的研究将比较两种不同类型的会员服务降级对顾客流失的影响差异。

本部分研究的概念框架如图3-4所示。

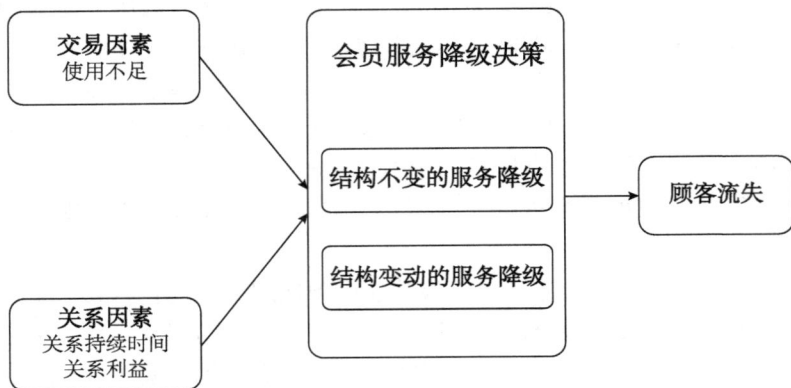

图3-4　研究三概念模型框架

资料来源：本书整理。

（一）交易因素对两种不同的会员服务降级的作用差异

顾客的交易经验直接影响其服务质量感知，进而影响顾客服务变更的意愿（Ross和Simonson，1991；Bolton等，2006；Dixon和Verma，2013）。与过去的研究一致（Bolton等，2006），本书预期顾客的极端使用经验（使用不足）将会影响顾客流失或服务降级（Roos，1999；Lin等，2023）。当顾客的实际使用量显著低于会员套餐的供给水平时，会产生使用不足的负面经验（Lin等，2023）。这种负向偏离会引发顾客对服务价值的质疑，进而导致降级或流失等应对行为（Roos，1999；Zhou等，2024）。使用不足经验对顾客服务变更意愿的影响主要通过两种机制实现。一方面，使用不足意味着顾客支付了超出实际需求的过高费用，从而会直接损害其效用感知。为了节省不必要的支出，顾客倾向于选择与实际使用量相匹配的较低等级套餐（Lambrecht和Skiera，2006；Zhou等，2024）。另一方面，使用不足经历会引起顾客对未来需求的反思。根据适应性学习理论（Denrell，2007），顾客会根据过往经验调整对未来的预期（Lemon等，2002）。当发现实际使用持续低于预期时，顾客会相应地降低对未来使用量的评估，进而寻求更符合其需求的低档套餐（Lin等，2023）。可见，使用不足通过影响顾客的成本感知和需求预期，最终驱动其产生会员服务降级行为。

与会员服务升级的情形类似，本书不直接研究交易因素对会员服务降级的影响，而是比较交易因素对两种不同类型的会员服务降级（结构不变的会员服务降级 VS. 结构变动的会员服务降级）的作用差异。本书认为，相比结构不变的会员服务降级，在结构变动的会员服务降级中，服务使用不足的正向影响更强。也就是说，当服务使用量显著低于会员服务套餐的供给限额时，相比结构不变的会员服务降级，顾客主动寻求结构变动的会员服务降级的概率更高。

首先，从决策动机看，服务使用不足意味着顾客服务使用显著地低于会员套餐的供给限额，使顾客需要支付过多的会员套餐固定费用，顾客会因此更加注意评估其他可用的服务套餐，以期能够降低固定费用支出。这是顾客服务降级的直接动机（Simon，1959）。相比结构不变的会员降级（只有会员套餐价格的下降），结构变动的会员降级还包括会员套餐结构的变化，这是由于顾客使用偏好的改变，其决策过程更多地由内在动机驱使，因为内在动机触发的行动目的之一在于满足个体的自主需要（Ryan 和 Deci，2000）。在会员服务降级决策中，这个自主需要是使会员服务套餐选择在满足实际需要的情况下，支付费用尽可能低。类似于会员服务升级部分的分析，交易因素（服务使用不足）是影响会员服务降级的内在动机。而结构变动的会员降级受内在动机的影响更大，因此相比结构不变的会员降级，服务使用不足对结构变动的会员降级的正向作用更强。

其次，从搜寻问题解决方案看，会员服务套餐选择与实际需要匹配可以认为是会员套餐决策的参照点，也就是"期望水平"（Cyert 和 March，1963；Katona，1968）。当会员服务套餐决策绩效低于期望水平时，决策者将使用非本地搜寻和寻求更大的改变以提高绩效（Cyert 和 March，1963；Posen 等，2018；Choi 等，2019）。使用不足说明顾客服务使用量低于会员服务套餐规定的"期望水平"，从而顾客会积极地搜寻其他更好地替代选择以避免较贵的会员服务套餐，节约固定费用的支出。在会员服务降级决策中，相比结构不变的会员服务降级只是降低了服务套餐价格，结构变动的会员服务降级还进一步改变了服务套餐供给结构，新的会员套餐与原有会员套餐可比性较弱，所以其决策过程属于非本地搜寻行为，找到服务套餐与需求匹配问题解决方案的机会更高（Iyer 等，2019）。因此，相比结构不变的会员服务降级，服务使用不足的顾客选择结构变动的会员服务降级的可能性更高。实证研究中，Baum 和 Dahlin（2007）发现，当一个铁路公司的事故率较高时，铁路公司决策者从自己的运营经验中得到的收益较少，而从其他铁路公司运营和事故经验中获得的收益更多。在顾客会员服务套餐选择决策情境下，结构不变的会员服务降级后的新服务套餐与之前的更加相似，搜寻过程倾向于本地化，提供多样化的信息和有用的解决方案的机会较低（Iyer 等，2019）。因此，顾客不易在结构不变的会员服务降级中找到匹配实际需求的会员服务套餐。相比结构变动的会员服务降级，服务使用不足对结构不变的会员服务降级的影响较弱。

最后，从决策涉入度看，结构变动型与结构不变型会员服务降级对使用不足偏差的纠正效果存在显著差异。当面临结构变动的会员服务降级选择时，顾客需要重新评估自身需求特点，并权衡不同服务属性的相对重要性，以找到最佳的套餐组合（Bettman 等，1998）。这一过程涉及更全面的信息搜寻和更复杂的方案比较，决策涉入度较高（Dhar，1997）。正是得益于更多的认知资源投入，顾客能够更精准地识别与自身偏好和使用模式相匹配的服务套餐，进而有效纠正此前使用不足造成的供需偏差（Simonson，2005）。相比之下，结构不变型降级的决策涉入度相对较低。由于套餐的内部构成保持不变，顾客只需考虑价格等级的选择，认知负荷较小。这种基于单一属性的简化决策虽然便于操作，但也限制了顾客对服务细节的思考深度（Levav 等，2010）。因此，服务使用不足的影响相对较小。

综上所述，本书提出服务使用不足对两种不同类型的会员服务降级的不平衡影响的假设：

H8：服务使用不足对结构变动的会员服务降级的影响大于其对结构不变的会员服务降级的影响。

（二）关系因素对两种不同的会员服务降级的作用差异

对于服务变更，过去的研究已经说明了关系资产的重要作用（Wetzel 等，2014；Lemon 和 Verhoef，2016）。关系资产带来的额外利益作为外部激励通过外在动机影响会员服务降级行为。顾客拥有较高的关系资产（例如承诺水平）有利于获取更多的利益（Marinova 和 Singh，2014），这些利益包括与服务提供商的协作行为带来的收益（Morgan 和 Hunt，1994）、忠诚优待地位和对错误的移情心的反应（Palmatier，2008）。同时，服务提供商也给予那些倾向于减少当前关系承诺水平的消费者以较大的压力。顾客以实现自身经济利益而降级当前会员套餐时，会感到对互惠原则的亏欠，对降级行为可能损害当前关系、破坏未来交易机会感到焦虑（Burnham 等，2003）。因此，关系资产降低了会员服务降级的概率。考虑关系资产的两个重要维度：关系持续时间和关系利益。一般地，顾客与服务提供商的关系持续时间越长、关系利益越大，则越不容易出现会员服务降级行为。

同样地，本书不直接研究关系因素对会员服务降级的影响，而是考察关系因素对两种不同类型的会员服务降级（结构不变的会员服务降级与结构变动的会员服务降级）的作用差异。本书认为，相比结构变动的会员服务降级，在结构不变的会员服务降级中，关系因素（关系持续时间、关系利益）的抑制作用更强。

首先，从决策动机来看，结构变动型和结构不变型会员服务降级在内在动机和外在动机的相对重要性上存在差异。根据自决理论，内在动机反映了个体出于自身兴趣和价值追求而采取行动的倾向，而外在动机强调行为是为了获得外部奖励或避免惩罚（Ryan 和 Deci，2000）。在服务降级情境中，顾客的内在动机主要源于对交易效用的追求，即希望通过调整套餐降低成本、缓解使用不足问题（Lambrecht 和 Skiera，2006）。关系因素，如关系利益，可视为一种外部激励，旨在通过维系良好关系获得超出经济利益的额外回报（Deci，1971）。当外在动机显著时，顾客可能会暂时抑制降级冲动，以免损害与供应商的关系（Pate，1978）。结构变动的会员服务降级涉及服务内容的重构，顾客需要投入更多认知资源权衡新旧方案的利弊（Iyengar 和 Lepper，2000），这一过程主要由寻求最优交易的内在动机驱动。相比之下，结构不变的会员服务降级的决策复杂度较低，认知投入相对有限（Levav 等，2010），顾客更容易受到关系利益等外部因素的影响。这种外在激励虽然不会完全取代降级的内在动机，但会在一定程度上降低其行动倾向（Deci 等，1999）。可见，相比结构变动的会员服务降级，关系因素对结构不变的会员服务降级的抑制作用更为显著。

其次，从解决方案的搜寻行为来看，两类降级在信息搜寻模式上存在一定差异。决策者在应对新问题时往往会进行探索性的非本地搜寻，而对熟悉的问题则倾向于利用性的本地搜寻（Posen 等，2018）。结构变动的会员服务降级引入了新的套餐属性组合，顾客需要拓宽信息搜寻范围，深入比较不同方案的适用性更客观地评估会员降级的必要性和合理性，从而降低外部因素的干扰（Pate，1978）。相反，结构不变的会员服务降级并未改变会员服务套餐的结构，顾客主要通过有限的本地搜寻来快速锁定最优价位（Gabaix 等，2006），这种基于经验的简化决策更容易受到既有印象的影响。决策过程受外部信息和既有经验主导，关系因素作用更为显著。综上所述，结构变动的会员服务降级以追求交易效用最大化为主要动机，采取广泛的非本地搜寻来评估新旧方案的利弊，较少受到关系利益等外部诱因的干扰。而结构不变的会员服务降级在兼顾经济利益的同时，更重视维系良好关系带来的附加价值，决策过程主要依赖有限的本地搜寻，更容易受到关系因素的影响。

最后，从决策涉入度看，结构不变与结构变动的会员服务降级在决策过程和关系资产敏感性上存在显著差异。结构不变的会员服务降级仅涉及服务数量的减少，会员套餐结构保持不变，顾客无须投入过多认知资源权衡利弊，决策过程相对粗放、侧重整体感知（Swait 和 Adamowicz，2001）。在这种情况下，顾客往往更关注服务降级对既有关系的潜在损害。具体地，关系持续时间越长、双方投入越多，关系资产的价值越高，顾客从中获得的互惠利益越大，当面临降级决策时，这些关系投资可能成为顾客的重要顾虑，抑制其降级意愿（Lin 等，2023；Zhou 等，2024）。相比之下，结构变动的会员服务降级不仅削减了服务数量，也改变了套餐的配置方式，顾客需要评估新旧方案在各细分属性上的差异，决策过程更加细致入微（Levav 等，2010）。这种系统性的方案比选需要大量的认知资源投入，顾客的决策动机主要源自降级带来的成本节约（Bolton 和 Lemon，1999），而非对关系利益的考虑。此外，从损失厌恶的角度看，由于结构变动涉及更多的属性变化，顾客面临的决策不确定性更大，可能高估潜在损失、低估未来收益（Kahneman 和 Tversky，1979），进而削弱关系因素的影响。

因此，本书提出关系因素对结构不变的会员服务降级与结构变动的会员服务降级的不平衡抑制作用的假设：

H9a：相比结构变动的会员服务降级，关系持续时间对结构不变的会员服务降级的抑制作用更大；H9b：相比结构变动的会员服务降级，关系利益对结构不变的会员服务降级的抑制作用更大。

（三）两种不同类型的会员服务降级对顾客流失的影响差异

顾客流失/保留直接关联着顾客终生价值，从而影响企业当前和未来的利润水平（Reinartz 和 Kumar，2003）。现有研究已经说明了顾客保留是公司绩效的重要驱动因素，并一再将其作为顾客利润贡献模型的关键组成部分（Rust 等，2004；Villanueva 和 Hanssens，2007）。过去已经有大量的文献探讨了顾客保留的驱动因素，这些因素包括使用经验、过往关系水平（如信任、满意、承诺等）、顾客社会网络、计划推荐等（Rust 等，2004；Nitzan 和 Libai，2011；Ascarza 和 Hardie，2013；Min 等，2016）。会员服务降级后，其每期的会员服务套餐固定费用减少，关系利益等关系资产水平也会降低，其转换服务提供商的成本降低，因此，会员服务降级的顾客更容易流失。Dwyer 等（1987）认为，顾客与公司关系的生命周期可以分为 5 个不同的阶段：认知、探察、扩展、承诺与解体。在最后一个阶段的关系解体（即顾客流失）前，由于转换成本的存在，通常首先伴随着购买量的减少。另外，会员服务降级反映了顾客对公司满意度的改变，顾客可能从其他服务提供商处去寻求替代选择（Bhattacharya，1998），从而产生流失行为。因此，会员服务降级是流失前的信号，其对顾客流失的影响非常显著（Lin 等，2023；Zhou 等，2024）。

本书不直接研究会员服务降级对顾客流失的影响，而是探讨会员服务降级的不同类型（结构不变的会员服务降级与结构变动的会员服务降级）对顾客流失的影响。本书认为，相比于经历过结构不变的会员服务降级的顾客，经历过结构变动的会员服务降级的顾客流失的概率更高。

首先，从决策动机的角度来看，结构变动和结构不变的会员服务降级在顾客行为驱动力上存在显著差异。结构变动的会员服务降级不仅涉及价格调整，还包括服务内容和套餐结构的重构，顾客需要重新评估自身需求与服务属性的匹配度，决策过程更多地由寻求最优方案的内在动机所驱动（Ryan 和 Deci，2000）。这种自主性动机源自顾客对服务领域知识的掌握和理性思考，体现了其在降级决策中的主动性和能动性。Capraro 等（2003）研究显示，负面经历可以激发顾客主动获取相关知识，而这些知识积累反过来强化了其在未来流失中的决定作用。相比之下，结构不变的会员服务降级虽然在数量上减少了服务供给，但并未改变顾客的消费偏好。这种情况下，服务提供商通过忠诚计划等外部激励手段塑造的受控性动机可能占据主导（Henderson 等，2011），而顾客对供给结构和替代方案的了解相对有限，更容易受到既有服务关系的羁绊，从而表现出较低的流失倾向（Bhattacharya，1998；Lin 等，2023）。

其次，从信息搜寻方式的角度看，结构不变的会员服务降级的顾客倾向于采取本地搜寻策略，较少考虑外部市场的替代选择。这种搜寻模式源自顾客在既有消费场景中形成的思维定式和行为惯性（Gourville 和 Soman，2005），其决策过程通常遵循"满意原则"，即在有限的信息基础上快速锁定一个可接受的次优方案，而非致力于寻求全局最优。因而顾客对供应商转换的预期收益和机会成本评估不足，进而表现出较强的关系黏性和较低的流失风险。反观结构变动的会员服务降级，顾客面临的决策任务复杂度较高，单纯依赖内部信息难以形成全面判断。为降低不确定性和认知负荷，顾客往往采取更开放、更全面的非本地搜寻策略（Posen 等，2018），拓宽信息源和比较视角，积极评估外部服务提供商的差异化优势（Choi 等，2019）。这种探索性学习有助于顾客及时发现和把握服务替代方案，最终导致更高的流失率。

最后，从决策涉入度来看，结构不变的会员服务降级通常是一个渐进的、局部的调整过程，虽然服务数量有所减少，但供给结构的稳定降低了顾客的认知投入。在这种"微调"情境下，惯性思维和情境依赖性判断占据主导地位（Coupey 等，1998），顾客很少从根本上反思既有消费模式的合理性，对外部信息的主动搜寻和利用意愿相对较弱。可以说，结构不变的会员服务降级很大程度上延续了顾客原有的偏好体系，故而流失概率较低。相比之下，结构变动的会员服务降级则变更了会员套餐结构，顾客投入更多的时间和精力，全面梳理自身需求、细致权衡各种服务属性组合的效用（Simonson，2005）。此外，决策高涉入度意味着顾客对外部信息的依赖提高，更有可能从外部竞争性替代品中发现契合点，进而引发需求迁移和供应商替换（Puccinelli 等，2009）。因此，结构变动的会员服务降级蕴含着更高的流失风险。

基于上述讨论，提出以下假设：

H10：相比结构不变的会员服务降级，结构变动的会员服务降级对顾客流失的正向影响更大。

第四章 研究一：会员服务升级与降级驱动因素研究

本书的实证部分将分成三个研究，本章的研究一主要检验会员服务升级与降级的驱动因素。检验的具体假设有 H1、H2、H3 和 H4。具体地，首先比较交易因素（服务使用过量、服务使用不足）、关系因素（关系持续时间、关系利益）对会员服务升级与降级的影响差异。其次探讨外部竞争冲击对会员服务升级与降级的影响，以及关系因素（关系持续时间、关系利益）对外部竞争冲击影响会员服务降级的调节作用。

第一节 数据样本

一、研究背景

本章的研究背景是电信行业，数据来自中国一家世界 500 强的通信服务公司。该公司在全球电信行业中拥有第四大的用户规模，在电信行业内具有较大影响力。本书的研究样本来自该公司位于中国南方某沿海城市的分公司，样本数据为每个用户（移动电话号码）的月度消费数据。这种数据形式不仅能够反映用户的消费习惯和偏好，还能够揭示用户对不同电信资费套餐的选择。

电信公司根据市场需求和自身的营销策略，制定了数十种不同的电信资费套餐。这是电信行业的通用市场策略，旨在满足不同用户群体的多样化需求。每一种资费套餐通常对应不同的价格水平和套餐内容，包括一定数量的语音、流量、短信等服务。用户可以根据自己的实际需求和预算，选择最适合自己的资费套餐。这种多样化的套餐设置不仅能够满足用户的个性化需求，也为电信公司提供了更多的营销机会和盈利空间。

在电信公司的客户结构中，顾客类型按是否有合约分为合约顾客和非合约顾客两大类。合约顾客与公司签订一个较长的合约期限，大部分是 1~3 年。在合约期限内，顾客不能变更自己每个月的资费套餐，意味着合约顾客在一定时期内与电信公司形成了稳定的服务关系。而对于非合约顾客，在服务续订的情况下，既可以每个月维持当前的资费套餐不变，也可以选择变更为不同的资费套餐。非合约顾客拥有更大的自由度和灵活性，可以根据自己的需求变化随时调整资费套餐。

本书的研究聚焦于会员服务（在这里是电信资费套餐）升级与降级行为。由于合约用户在合约期内不能变更资费套餐，因此不在研究范畴内。本书的研究样本只选择公司的非合约用户，这点非常重要。非合约用户的资费套餐升级与降级行为更能反映其真实的需求变化和对电信服务的满意度，对于电信公司优化资费套餐设置、改进服务质量具有重要的参考价值。通过对非合约用户的月度消费数据进行深入分析，可以揭示用户对不同资费套餐的偏好，以及影响其升级或降级行为的关键因素。这些研究结果不仅有助于电信公司更好地了解用户需求，优化资源配置，提高服务质量，也为其他服务型企业提供了宝贵的经验和启示。

二、数据的基本构成情况

本书的样本数据记录了 36003 名非合约用户在 2013 年 1 月到 2014 年 12 月共 24 个月（期）的实际消费记录。这一时间窗口的选择具有一定的代表性和合理性，能够较好地反映用户消费行为的动态变化趋势。

2013 年 1 月，该分公司的移动服务客户总数为 988519 个，其中合约用户与非合约用户大约各占一半。这一客户结构与整个电信行业的情况普遍相似，表明该分公司在客户结构方面具有一定的典型性。本书从非合约用户中随机抽取了 36003 个用户（移动电话号码）作为样本，这一样本量足够大，能够保证研究结果的可靠性和稳健性。通过对 36003 个用户在 24 个月内的消费数据进行汇总，本书共获得了 $36003 \times 24 = 864072$ 个用户个体-月度面板消费数据。面板数据的优势在于既能反映个体差异，又能揭示时间趋势，是当前社会科学研究中广泛使用的数据形式。运用面板数据进行分析，可以深入探究影响用户消费行为的各种因素，并揭示这些因素在不同时期的动态变化规律。需要特别说明的是，在 24 个月的时间窗口内，有部分用户因各种原因离网流失，原始数据呈现出一种非平衡面板数据的特征。非平衡面板数据的处理和分析较为复杂，需要采用一些特殊的计量经济学方法。但同时，非平衡面板数据也蕴含着丰富的信息，能够更全面地理解用户流失的影响因素和规律。

在本书研究的时间窗口内，公司一共提供了 51 种不同类型的电信资费套餐。这些套餐的设置体现了电信公司在产品策略方面的多样性和灵活性，旨在满足不同用户群体的差异化需求。然而，在实际数据处理过程中，研究者发现一部分资费套餐存在数据完整性和特殊性的问题。首先，有些套餐是在研究时间窗口的中途加入或退出的，导致其数据未能完整地贯穿整个时间窗口。这类套餐的数据缺失或不完整，可能会对研究结果的准确性和可靠性产生影响。其次，一部分套餐具有特殊性，如流量专用套餐和增值服务套餐等。这类套餐的定位和功能与普通套餐存在较大差异，将其纳入分析可能会引入噪声和干扰。基于以上考虑，研究者决定删除这两种类型的套餐，共计 23 个，以确保数据的完整性和一致性。在删除操作后，本书最终保留了 28 个资费套餐作为分析对象。其中，iPhone 手机专属资费套餐有 9 个，不限手机型号的 WCDMA 套餐共有 19 个。iPhone 专属套餐是针对苹果手机用户推出的特定套餐，与普通套餐在定价、功能等方面存在差异。考虑到非 iPhone 手机用户无法使用这些专属套餐，为了排除手机型号的潜在影响，本书进一步删除了包括 iPhone 套餐在内的用户数据，只保留在整个时间窗口期都使用 WCDMA 资费套餐的用户。最后保留的 19 个 WCDMA 资费套餐的具体情况见附录二，包括套餐名称、价格、语音通话、数据流量、短信、增值服务等各项电信服务的供给详情。通过对这些套餐的横向比较和纵向分析，可以深入了解不同套餐在定价策略、服务内容等方面的差异。

经过以上一系列的数据筛选和样本删除操作，本书最终获得了 23754 个用户数据，共计 23754×24＝570096 个用户-月度消费数据的观测值。这一大样本数据为深入分析用户消费行为奠定了坚实的基础。尽管在数据处理过程中删除了部分特殊套餐和用户，但通过严格的筛选标准，本书仍然能够较好地代表整体用户群体的消费特征和行为规律。

对于数据样本中的每一个用户，在每个月结束前都面临着决策：是选择服务续订，继续购买当前服务提供商的电信服务；还是选择离开，不再购买当前服务提供商的电信服务。这一决策关乎用户与服务提供商间的关系维系，反映了用户对当前服务的满意度和忠诚度。如果用户选择服务续订，那么他们需要进一步决定是继续选择原有的资费套餐，还是对原有套餐进行升级或降级。升级套餐意味着用户选择了一个价格更高的套餐，通常伴随着更多的语音通话、数据流量、短信等服务供给。这可能反映了用户对当前套餐的使用量已经饱和，需要更高级别的服务来满足其不断增长的需求。而降级套餐意味着用户选择了一个价格更低的套餐，通常服务供给量相应减少。这可能反映了用户对当前套餐的使用量相对较少，希望通过降级而节约支出，或者是用户对当前套餐的性价比不够满意。值得注意的是，如果用户在月末不做任何操作，则默认情形是原有资费套餐自动续期。这意味着惰性或忠诚度较高的用户可能会长期使用同一套餐，而不会主动进行升级或降级。这一默认设置一定程度上降低了用户的决策成本，但也可能导致部分用户错失更优的套餐选择。

　　对于在时间窗口第 1 期 2013 年 1 月随机选定样本中的所有 23754 个非合约的 WCDMA 用户，本书跟踪观察了他们在之后两年内的服务使用情况。从数据中发现，在时间窗口末期 2014 年 12 月，共有 12657 个用户仍然在网，一直使用公司提供的服务。这部分用户在两年的时间里始终保持着与公司的服务关系。然而，令人意外的是，在第 2 期至第 24 期内，共有 11097 个用户相继离网，不再使用公司提供的服务。这意味着将近一半的用户在两年内流失，转向了其他服务提供商或放弃了移动通信服务。具体在第 2 期至第 24 期离网流失的用户数量分布如表 4-1 所示。

表 4-1　各期顾客流失数量频数分布

时期	频数	百分比（%）	累计百分比（%）
2	543	2.29	2.29
3	404	1.70	3.99
4	334	1.41	5.39
5	333	1.40	6.79
6	351	1.48	8.27
7	311	1.31	9.58
8	241	1.01	10.60
9	232	0.98	11.57
10	283	1.19	12.76
11	296	1.25	14.01
12	275	1.16	15.17
13	238	1.00	16.17
14	232	0.98	17.15
15	435	1.83	18.98
16	310	1.31	20.28
17	362	1.52	21.81
18	669	2.82	24.62
19	534	2.25	26.87
20	671	2.82	29.70

续表

时期	频数	百分比（%）	累计百分比（%）
21	713	3.00	32.70
22	704	2.96	35.66
23	779	3.28	38.94
24	1847	7.78	46.72

资料来源：本书整理。

在本书中，样本数据的变量根据研究目的被划分为以下五大类：

第一类变量是用户每个月的电信资费套餐信息，包括资费套餐名称、套餐类型、套餐价格以及套餐内各种服务（语音、数据流量、短信、增值服务等）的供给量。这类变量反映了电信公司的产品策略和定价策略，是理解用户消费行为的关键。通过分析不同资费套餐的特点和吸引力，可以洞察用户对价格、服务量等因素的敏感度。同时，套餐内不同服务的供给量信息能够反映出用户的偏好和需求特点。

第二类变量是用户电信服务使用情况数据，包括消费者对核心业务（即语音和数据流量）的使用量，以及使用量超过资费套餐后的额外费用。这类变量直接反映了用户的实际消费行为和需求满足程度。通过分析用户的使用量数据，可以了解每个用户的消费特点，识别出高价值用户和潜在风险用户。同时，额外费用数据能够反映出用户对套餐的满意度和适配度。

第三类变量是顾客与公司关系方面的数据，包括用户入网时间、离网销户时间、用户等级、用户类型、用户所属渠道等信息。这类变量反映了用户的生命周期特征，是预测用户行为和价值的重要依据。例如，通过分析用户的入网时间和离网时间，可以计算用户的生命周期长度，识别出高忠诚度用户和高流失风险用户。

第四类变量是公司对顾客的促销激励方面的数据，包括消费者奖励、优惠等信息。这类变量反映了公司的营销策略和投入力度，是影响用户行为的重要因素。通过将促销激励数据与用户行为数据结合分析，能够揭示不同用户群体对促销活动的反应差异。

第五类变量是顾客的流失与资费套餐变更信息，包括顾客是否已离网流失、资费套餐是不变、升级还是降级（该信息可从第一类信息中获取）。资费套餐变更信息反映了用户对当前套餐的满意度和需求变化。

遗憾的是，由于涉及消费者隐私权益的保护，本书无法获取消费者的人口统计变量信息，如性别、年龄、居住地、学历等。这些变量本可以为用户行为分析提供更丰富的维度和解释力。但即使缺少这些信息，本书所拥有的五大类变量仍然构成了一个全面而细致的数据集，足以支持深入、多角度的用户行为分析。

三、样本数据选择原因

本书选择电信行业作为研究背景的原因有三个：一是电信行业具有典型连续性服务的特征；二是数据自身的特点符合本书的需要；三是会员服务（电信资费套餐）升级与降级对电信企业的现金收入影响极大，进而很大程度上决定了企业绩效。

（一）电信服务具有典型的连续型服务特征

Bolton 和 Lemon（1999）对连续型服务与交易型服务进行了明确的区分，并指出在连续型服务的背景下，用户会与服务提供商建立正式的合同关系，并在随后一段固定期限内消费或使用服务提供商的服务产品。这种正式的合同关系通常涉及复杂的支付计划，包括初始费用、固定费用和可变费用三个主要组成部分。初始费用通常是用户在建立合同关系时需要支付的一次性费用，如会员费、保号费或注册费等。这部分费用可以被视为用户获得服务权利的"入场券"，反映了服务提供商的初始成本投入和用户的进入壁垒。固定费用是用户在合同期内定期支付的费用，通常以月服务费的形式出现。这部分费用保证了服务提供商的基本收入，也为用户提供了一定量的基础服务。可变费用与用户的实际使用量相关，体现了服务的弹性和灵活性。当用户的使用量超出套餐的固定供给时，需要支付额外的可变费用（Bolton 和 Lemon，1999；Lambrecht 和 Skiera，2006；Lin 等，2023；Zhou 等，2024）。

电信行业研究情境中，电信服务消费者每月需要支付的费用结构与上述连续型服务的典型特征高度吻合。首先，消费者需要支付每月的资费套餐固定费用，这部分费用确保用户能够获得一定量的基础电信服务，如通话分钟数、流量和短信条数等。即使用户实际使用量不足，这部分费用通常不予退还，体现了服务提供商的成本回收和风险分摊机制。其次，当用户的实际使用量超出资费套餐的固定供给时，需要支付额外的可变费用。这部分费用让用户能够根据自身需求灵活调整服务使用量，也为服务提供商提供了捕捉高使用量用户价值的机会。最后，电信服务中还存在一些特殊功能，如增值业务服务等，使用这些功能也会产生额外的费用。这些服务丰富了电信服务的内容，满足了用户的多元化需求，也为服务提供商创造了新的收入来源。因此，电信服务消费者每月支付的费用包括资费套餐固定费用、使用量超出套餐固定供给外的可变费用以及使用特殊功能产生的费用，这些特点完全符合典型连续型服务的要求。正是基于这种高度契合，本书选择了电信行业作为研究情境，以期通过对电信服务用户行为的深入分析，为连续型服务领域的理论发展和实践应用提供新的视角和洞见。同时，电信行业作为连续型服务的典型代表，其用户规模庞大、数据丰富，为开展实证研究提供了理想的样本基础。

（二）数据特点符合研究需要

本书的数据样本具有四个显著的特点，为检验第三章的研究假设提供了极为有利的条件。

首先，在数据的时间窗口内，可以清晰地观测到用户每一期的会员服务续订行为，以及在会员服务续订情况下的会员服务套餐变更行为。这些行为包括会员套餐维持不变、会员套餐升级和会员套餐降级三种典型情形。

其次，在数据的时间窗口内，可以全面观测到可能影响会员服务升级与降级驱动因素的各类变量。其中，交易因素主要包括顾客每个月的使用量变动，通过分析使用量的动态变化，可以判断用户是否处于使用过量或使用不足的状态，进而预测其对套餐升级或降级的潜在需求。关系因素涉及关系持续时间、关系利益等维度。公司的促销激励可以刺激用户的升级行为，提高用户的消费水平和黏性。而外部的竞争冲击，如本数据样本中 2014 年 6 月竞争对手中国移动通信公司率先推出 4G 资费套餐，则可能对用户的套餐选择产生显著影响，需要重点关注和应对。

再次，在数据时间窗口内，可以实时观测到顾客在每一期的流失情况，以及每一期的顾客出账值（即顾客实际支付金额）。通过对流失用户的特征分析，可以识别出高风险用户。而顾客出账值可以作为衡量会员服务经济效益的重要指标，通过分析其动态变化，可以评估不同会员服务策略的收入贡献。

最后，本数据样本属于面板数据的形式，尽管是非平衡面板，但仍然具备面板数据的诸多优势。面板数据可以有效地解决遗漏变量偏差的问题，控制个体异质性对估计结果的影响（陈强，2014）。同时，面板数据可以提供更多的个体动态信息，揭示个体行为的时间趋势和变化规律。此外，面板数据通常具有更大的样本容量，有助于提高估计结果的稳健性。这些特点都为运用计量经济学模型进行深入分析创造了有利条件，为检验研究假设提供了坚实的数据基础。

（三）用户的电信资费套餐升级与降级显著影响企业绩效

电信行业的顾客具有"双高"的特征，即较高的顾客流失率和较高的顾客获取成本（Bolton，1998），这一特点对电信公司的经营策略提出了严峻挑战。本书样本在第 1 期（2013 年 1 月）随机抽取的 WCDMA 非合约用户，在随后两年 24 期内共流失了 46.72%。面对如此高的顾客流失率，电信公司亟须加强顾客维系管理工作，采取有效措施留住现有顾客。另外，电信行业单纯依靠获取新顾客来提升公司利润的传统增长模式面临困境。一方面，电信行业内的产品和业务同质化问题日益严重，不同运营商之间的服务差异逐渐缩小，用户选择的空间受到限制；另一方面，电信市场的饱和程度不断提高，新用户的增量空间逐步收窄。在这种情况下，通过高昂成本获取新用户的方式，其投入产出效益越来越低。面对这一挑战，电信公司必须转变经营理念，从传统的"增量经营"转向"存量经营"，即将工作重心从获取新顾客转移到提升现有顾客价值上来。而在"存量经营"的实践中，如何促使顾客升级服务套餐、最大限度地防止顾客降级服务套餐，将成为决定公司收入和利润的关键因素。

顾客升级服务套餐意味着更高的月租费和更丰富的服务内容，能够直接提高公司的现金收入和利润水平。相反，顾客降级服务套餐则意味着月租费的减少和服务内容的缩水，将对公司的收入和利润产生负面影响。因此，电信公司需要在深入了解客户需求的基础上，通过精准营销和个性化服务等手段，引导和激励客户升级服务套餐，提高客户的消费水平和黏性。对于可能降级服务套餐的客户，电信公司需要提前预警，通过针对性地挽留措施和服务优化，最大限度地防止客户降级行为的发生。因此，促进顾客升级服务套餐和防止顾客降级服务套餐的"双管齐下"，很大程度上决定了电信公司现在和未来的现金收入，并显著影响公司的经营绩效。

综上所述，电信行业的研究情境不仅符合理论研究的需要，也符合实证检验所需要的数据支撑，并具有重要的实践意义。

第二节　测量

本书的数据分析单位是个体消费者的月度数据。本书的因变量有两个：会员服务升级、会员服务降级。本书中聚焦的自变量包括交易因素中的使用过量、使用不足，关系因素中的关系持续时间、关系利益，外部因素中的外部竞争冲击。控制变量则包括顾客类型、促销激励、会员套餐价格、会员套餐类型、顾客获取渠道、时间虚拟变量等。

（一）因变量

会员服务升级指顾客在服务续订的情况下，是否选择一个价格更高的会员服务套餐。该变量是一个二元变量，如果选择一个价格更高的服务套餐，该变量的值为1，否则为0（Marinova 和 Singh，2014）。

会员服务降级指顾客在服务续订的情况下是否选择一个价格更低的会员服务套餐。该变量是一个二元变量，如果选择一个价格更低的服务套餐，该变量的值为1，否则为0（Marinova和Singh，2014）。

例如，当顾客从上个月的46元的资费套餐转换到这个月的96元的资费套餐即可被定义为会员服务升级，变量会员服务升级取值为1。当顾客从上个月的126元的资费套餐转换到这个月的66元资费套餐即被定义为会员服务降级，变量会员服务降级取值为1。当顾客上个月的套餐与本月相同时，则变量会员服务升级取值为0，会员服务降级取值也为0。

在本书的样本数据中，因为第1期前的数据看不到，所以无法确定顾客第1期的资费套餐是升级还是降级，抑或不变。另外，在数据窗口第2期开始的每1期都能观测到部分顾客流失，具体流失情况如表4-1所示。扣除第1期以及流失的样本数据外，各期的观测数据中，会员服务（资费套餐）变更行为（不变、升级、降级）的分布情况如表4-2所示。

表4-2　样本数据会员服务变更情况分布

会员服务变更类型	频数（次）	百分比（%）
资费套餐价格不变	438738	98.77
资费套餐升级	1954	0.44
资费套餐降级	3504	0.79
累计	444196	100

资料来源：本书整理。

（二）自变量

1. 交易因素

在连续型会员服务的研究情境中，顾客最为关注的是会员服务套餐等级与其实际使用量的匹配程度。这一关注点源于顾客对自身效用最大化的追求，因为匹配程度越高，顾客的实际支付费用越少，消费满意度越高。然而，在实际消费过程中，顾客的服务使用量与会员服务套餐的供给水平往往难以实现完美匹配，由此产生两个极端情形：使用过量与使用不足。

所谓"使用过量"，指顾客的服务使用量显著高于会员服务套餐的供给水平。在这种情况下，顾客不得不支付大量的可变费用，这部分费用超出了会员套餐的固定收费，导致顾客的实际支付费用大幅上升，降低了消费满意度。而"使用不足"则恰恰相反，指顾客的服务使用量显著低于会员服务套餐的供给水平。这种情况下，尽管顾客的可变费用较低，但由于会员套餐的固定费用偏高，导致顾客的单位服务成本过高，同样降低了消费满意度。可以看出，"使用过量"和"使用不足"都会导致顾客实际支付费用的上升，削弱顾客的消费体验，进而影响顾客的套餐选择和长期忠诚度。

然而，在顾客服务使用量与会员服务套餐的匹配关系中，并非所有的偏离都会促使顾客变更服务套餐。相对于会员服务套餐的供给，当顾客的实际使用量超出或不足的幅度较小时，顾客通常认为当前的会员套餐选择是合适的，不会轻易考虑变更。只有当"使用过量"或"使用不足"的程度较大时，顾客才会产生更换消费套餐的强烈动机。这主要是因为，套餐变更本身会给顾客带来一定的转换成本和学习成本，只有当套餐不匹配带来的效用损失超过了转换和学习的成本时，顾客才会选择变更。

由此带来的问题是，究竟服务使用量超过或未达服务套餐供给的比例要达到多少，才能被界定为"使用过量"或"使用不足"呢？这一界定标准直接影响到本书研究对顾客行为的判断和模型设定。根据研究样本所在公司市场研究部门的长期经验，通常将50%作为"使用过量"和"使用不足"的评判标准。也就是说，当顾客的实际使用量超过会员套餐供给水平的150%时，则被认为是"使用过量"；而当顾客的实际使用量低于会员套餐供给水平的50%时，则被认为是"使用不足"。这一标准虽然建立在市场经验的基础之上，具有一定的合理性，但仍不可避免地带有一定的主观性。为了提高研究结论的稳健性，后续的稳健性检验将考虑这一标准收紧和放宽的不同情形，以验证结果的稳健性。

需要指出的是，电信资费套餐的核心供给内容主要是语音通话服务和数据流量服务两大部分，在样本的时间窗口2013年与2014年，二者的替代关系不是很明显，因此，本书首先定义电信套餐两大核心服务语音通话与数据流量的使用过量与使用不足：

语音使用过量指顾客当月的实际语音使用量是否超出资费套餐语音供给量的50%以上。该变量是一个二元变量，如果顾客当月的语音使用量超出资费套餐语音供给量的50%以上，该变量的值为1，否则为0。

语音使用不足指顾客当月的语音使用量是否不足资费套餐语音供给量的50%。该变量是一个二元变量，如果顾客当月的语音使用量不足资费套餐语音供给量的50%，该变量的值为1，否则为0。

流量使用过量指顾客当月的数据流量使用量是否超出资费套餐中数据流量供给的50%以上。该变量是一个二元变量，如果顾客当月的数据流量使用超出资费套餐供给的50%以上，该变量取值为1，否则为0。

流量使用不足指顾客当月的数据流量使用量是否不足资费套餐中数据流量供

给的 50%。该变量是一个二元变量，如果顾客当月的数据流量使用不足资费套餐供给的 50%，该变量取值为 1，否则为 0。

根据上述定义，用户每月语音与数据流量使用情况都存在使用过量、使用不足与使用正常 3 种情形，交互后共形成 9 种不同的复杂情形。这 9 种不同的情形下，本书对用户电信资费套餐消费的使用过量与使用不足的测量的操作定义如表 4-3 所示。

表 4-3　使用过量与使用不足的可操作性定义

	语音使用过量	语音使用不足	语音使用正常
流量使用过量	使用过量 = 2 使用不足 = 0	使用过量 = 1 使用不足 = 0	使用过量 = 1 使用不足 = 0
流量使用不足	使用过量 = 1 使用不足 = 0	使用过量 = 0 使用不足 = 2	使用过量 = 0 使用不足 = 1
流量使用正常	使用过量 = 1 使用不足 = 0	使用过量 = 0 使用不足 = 1	使用过量 = 0 使用不足 = 0

资料来源：本书整理。

本书对表 4-3 给出的使用过量与使用不足的测量说明如下：

首先，当用户语音与流量同时使用过量或使用不足时，二者对用户资费套餐选择决策的影响具有加强的效果，其影响强度大于单一的语音（或流量）使用过量或使用不足，因此当语音与流量同时使用过量时，定义使用过量 = 2，使用不足 = 0；当语音与流量同时使用不足时，定义使用过量 = 0，使用不足 = 2。

其次，当出现只有单一的语音（或流量）使用过量时，另一个服务使用正常时，可以简单地定义使用过量 = 1，使用不足 = 0；当出现只有单一的语音（或流量）使用不足时，另一个服务使用正常时，可以简单地定义使用过量 = 0，使用不足 = 1。

再次，当语音与流量当中某一个使用过量、另一个使用不足时，用户会关注使用过量的那个服务（语音或流量），而对使用不足的服务关注很少，使用过量主导了用户的关注，此时定义使用过量 = 1，使用不足 = 0。

最后，当语音和流量使用都在正常范围时，此时可以定义使用过量 = 0，使用不足 = 0。

2. 关系因素

关系持续时间是交易双方之间的关系已经存续的时间（Anderson 和 Weitz，1989；Kumar 等，1995；Doney 和 Cannon，1997；Palmatier 等，2006）。关系利益是

顾客从与公司的关系中获得的利益，包括功能与社会利益、时间节省、方便、伙伴关系和决策的改善（Morgan 和 Hunt，1994；Bitner 等，1998；Reynolds 和 Beatty，1999；Hennig-Thurau 等，2002；Palmatier 等，2006）。

根据上述概念，结合电信行业的研究情境，本书对两个关系因素的测量操作定义如下：

关系持续时间指用户从入网时间所在月份开始，到观测数据所在月份经过的月数。

本书用顾客等级变量度量关系利益，因为高级别用户可以获得更多的有形额外服务，例如免费增值服务（阅读、音乐等）、俱乐部活动、机场的贵宾候机厅等，以及无形的较高身份、地位象征的感知。在样本数据的时间窗口内，顾客等级可以分为一般用户、银卡、金卡、钻石卡 4 个级别。该变量为有序多分类变量，一般用户取值为 1、银卡取值为 2、金卡取值为 3、钻石卡取值为 4。为便于数据分析，本书进一步将顾客等级变量重新编码为 0~1 变量，一般用户（即非 VIP 用户）取值为 0，银卡、金卡或钻石卡用户（即 VIP 用户）取值为 1。

关系利益用顾客等级来进行度量，并设置为 0~1 变量。当顾客等级为一般用户时，取值为 0，当顾客等级为银卡、金卡或钻石卡用户时，取值为 1。

3. 外部竞争冲击

在本书的样本数据时间窗口内，公司的主要业务是 3G 网络通信服务。3G 技术在当时已经相对成熟，能够满足大多数消费者的通信需求。然而，随着移动互联网的快速发展和智能手机的普及，消费者对网络速度和质量提出了更高的要求。在这种背景下，公司的竞争对手中国移动公司于 2014 年 6 月率先推出了移动 4G 电信套餐产品。相较于 3G 技术，4G 技术在网络速度和质量方面都有了显著提升。4G 网络的理论下载速度可达 100Mbps，远高于 3G 网络的 14Mbps，这意味着消费者可以享受更加流畅的上网体验，特别是在观看在线视频、玩大型网络游戏等高带宽需求的应用场景下。此外，4G 网络还具有更低的延迟和更高的稳定性，大大改善了用户的使用体验。因此，中国移动公司推出的 4G 套餐产品对消费者而言更具吸引力，对以 3G 业务为主的本公司构成了巨大的竞争压力。一方面，现有 3G 用户可能会被 4G 产品的优势所吸引，选择转网到中国移动，导致公司的客户流失；另一方面，中国移动凭借技术领先优势，在吸引新用户方面占据有利地位，影响公司的新客户拓展。这种外部竞争冲击对公司的现有顾客群造成了严重冲击，公司面临着客户保留和市场份额下降的双重风险。

基于上述分析，本书将外部竞争冲击定义为基于时间的虚拟变量。如果样本数据的时间点在 2014 年 6 月前，该变量的值取为 0；如果样本数据时间点在 2014 年 6 月之后，则取值为 1。

（三）控制变量

顾客类型指在该顾客类型是属于个体公众客户还是集团客户。如果该顾客属于公众顾客，取值为 0；如果是集团客户，则取值为 1。

公司的促销激励指公司为保留和拓展顾客而提供的价值奖励。

促销激励公司提供的金额奖励或减免。在本书中促销激励被操作定义为奖励和优惠这两个变量之和。

套餐价格指顾客在当月所选用的资费套餐的价格。它是顾客每月的固定费用，是所支付的最低金额，如果实际使用超过套餐固定供给则需另外付费，使用不足则不予退费。

套餐类型是指顾客在当月所使用的套餐型号。在研究样本的全部 19 个 WCD-MA 消费套餐中，共分为 A、B、C 三种型号。A 型资费套餐侧重数据流量的供给，语音供给较少；B 型资费套餐侧重语音的供给，数据流量供给较少；C 型资费套餐侧重本地语音的供给，对非本地语音和数据流量供给都较少。对应于三种型号的套餐，本书定义两个虚拟变量 WCDMA_B 与 WCDMA_C。

WCDMA_B 是 0 ~ 1 变量，当顾客选择的资费套餐是 B 型号时，该变量的值为 1，否则为 0。

WCDMA_C 是 0 ~ 1 变量，当顾客选择的资费套餐是 C 型号时，该变量的值为 1，否则为 0。

渠道类型指在该顾客的获取渠道。公司的渠道类型包括电子渠道、集团渠道、卖场渠道、实体渠道和营业渠道 5 类。因此这里设置 4 个虚拟变量 $place2$、$place3$、$place4$、$place5$。

$place2$ 是 0 ~ 1 变量，当顾客获取来自集团渠道，该变量的值为 1，否则为 0。

$place3$ 是 0 ~ 1 变量，当顾客获取来自卖场渠道，该变量的值为 1，否则为 0。

$place4$ 是 0 ~ 1 变量，当顾客获取来自实体渠道，该变量的值为 1，否则为 0。

$place5$ 是 0 ~ 1 变量，当顾客获取来自营业渠道，该变量的值为 1，否则为 0。

时间虚拟变量是为了控制数据所在的月份对分析结果的影响。为了解决随时间而变、不随个体而变的遗漏变量偏差问题（陈强，2014），在涉及多期短面板样本数据的分析过程中，本书都将设置（数据期数-1）个 0 ~ 1 变量，以控制时间效应的影响。

上述定义的各因变量、自变量、控制变量的均值、标准差以及它们之间的相关系数如表 4-4 所示。

表4-4 本书涉及的主要变量的均值、标准差和相关系数

相关系数

变量名称	均值	标准差	1	2	3	4	5	6	7	8	9	10	11	12	13	14	15	16
会员升级	0.004	0.064	1.000															
会员降级	0.007	0.086	-0.006*	1.000														
使用过量	0.602	0.687	0.055*	-0.032*	1.000													
使用不足	0.467	0.710	-0.036*	0.018*	-0.575*	1.000												
关系持续时间	35.498	34.717	0.006*	0.005*	-0.072*	0.052*	1.000											
关系利益	0.547	0.498	0.024*	0.023*	0.049*	-0.076*	0.030*	1.000										
顾客类型	0.228	0.420	-0.010*	-0.013*	-0.004*	0.059*	-0.037*	-0.102*	1.000									
促销激励	15.486	20.525	-0.007	-0.015*	0.094*	-0.114*	-0.058*	-0.060*	-0.101*	1.000								
套餐价格	81.217	35.420	-0.010*	0.073*	-0.212*	0.069*	0.076*	0.438*	-0.022*	0.201*	1.000							
套餐类型B	0.668	0.471	0.017*	0.011	0.067*	-0.045*	0.082*	-0.071*	0.039*	0.035*	-0.082*	1.000						
套餐类型C	0.047	0.212	0.012*	-0.007*	-0.057*	0.064*	0.141*	-0.073*	-0.013*	-0.062*	-0.147*	-0.316*	1.000					
集团渠道	0.099	0.299	-0.005*	-0.010*	0.072*	-0.002*	-0.045*	-0.031*	0.536*	-0.021*	0.005*	0.021*	-0.004*	1.000				
卖场渠道	0.362	0.481	-0.006*	0.010*	-0.120*	0.070*	-0.253*	0.004*	-0.101*	-0.005*	0.008*	-0.056*	-0.021*	-0.250*	1.000			
实体渠道	0.427	0.495	0.008*	-0.004*	0.033*	-0.045*	0.287*	0.036*	-0.173*	0.021*	0.007*	0.050*	0.021*	-0.286*	-0.650*	1.000		
营业渠道	0.094	0.291	0.000	-0.003	0.069*	-0.034*	0.007*	-0.038*	-0.065*	-0.004*	-0.039*	0.010*	-0.005*	-0.107*	-0.242*	-0.277*	1.000	
外部竞争冲击	0.236	0.425	-0.001	0.000	0.079*	0.004*	0.174*	-0.104*	-0.026*	-0.031*	-0.043*	0.022*	0.020*	0.000	-0.024*	0.024*	0.003	1.000

注：* 表示 p<0.05。

第三节 实证模型与方法

一、方法选择

（一）方法选择原因

本书的因变量为会员服务变更，反映了顾客在连续型会员服务中的决策行为。具体而言，顾客面临三种选择：保持当前的会员服务套餐不变、升级到更高等级的服务套餐或降级到更低等级的服务套餐。由于三种选择是互斥且无序的，因此会员服务变更是一个具有 3 个类别的多分类变量。在建模时，需要运用多元逻辑回归模型刻画自变量对这一多分类因变量的影响。然而，在某些研究情境下，研究者可能只关注会员服务升级与非升级（或降级与非降级）间的影响差异。在这种情况下，因变量可以转化为一个 0~1 变量，即升级为 1，非升级为 0（或降级为 1，非降级为 0）。此时，研究者可以使用二元逻辑回归模型探究自变量对二元因变量的影响。二元逻辑回归相较于多元逻辑回归更加简洁，在解释和应用上也更加直观。

需要特别注意的是，顾客的会员服务变更决策实际上是一个两阶段的选择过程。第一阶段，顾客决定是否续订会员服务；只有在决定续订的情况下，顾客才会进入第二阶段，考虑是维持套餐不变、升级还是降级。这意味着研究者只能观测到续订会员服务的顾客的变更行为，而无法观测到未续订顾客的潜在变更倾向。如果研究者直接使用续订顾客的样本数据研究会员服务变更决策，可能面临样本选择偏差的问题。这是因为由于某些无法观测的因素同时影响顾客的续订决策和变更决策，导致续订顾客样本在变更决策的解释变量上出现系统性差异，进而导致模型估计结果出现偏差，从而导致内生性问题（Heckman，1979；Clougherty 等，2016）。

为了解决样本选择偏差问题，本书将使用纠正样本选择偏差的多元逻辑回归方法（Greene，2018）。这一方法在多元逻辑回归的基础上引入了一个选择方程，用于刻画顾客的续订决策，从而将续订决策的影响从升级与降级决策中分离出来。通过同时估计选择方程和结果方程，该方法能够有效纠正样本选择偏差，提高模型估计的一致性和可靠性。

纠正样本选择偏差的多元逻辑回归方法是一种用于处理顾客两阶段决策问题的有效策略。在连续型会员服务的情境下，顾客的决策过程可以分为两个阶段：首先是会员服务续订决策；其次是在续订的前提下进行会员服务变更决策（包括套餐不变、套餐升级或套餐降级）。这一方法的基本思想是对顾客的两阶段决策模型同时进行极大似然估计，从而在考虑续订决策的同时，准确刻画影响会员服务变更的各种驱动因素。

在市场营销学的文献中，Thomas（2001）率先将两阶段同时估计的策略应用于顾客获得与顾客保留的实证研究。通过同时估计顾客获得和顾客保留的模型，Thomas（2001）揭示了两个决策阶段之间的内在联系，为后续研究奠定了理论和方法基础。本书之所以选择纠正样本选择偏差的多元逻辑回归方法，主要基于以下两个原因：

首先，顾客的会员服务续订决策和会员服务变更决策间具有明显的相互依赖关系。只有在顾客决定续订会员服务的情况下，才会产生后续的会员服务变更决策，即套餐升级、降级或维持不变。如果研究者分别独立地估计会员服务续订模型和会员服务变更模型，会忽略两个决策阶段之间的依赖关系，导致模型估计结果出现偏差（Greene，2018）。而两阶段同时估计的策略通过在续订决策和变更决策的模型设定中引入相关的解释变量，能够准确刻画两个决策阶段之间的依赖关系，从而得到会员服务续订和会员服务变更的驱动因素影响的无偏估计（Thomas，2001）。

其次，两阶段同时估计的策略能够有效解决不可观测的顾客异质性在两阶段决策模型中的相关问题。在现实情境中，顾客的续订决策和变更决策都可能受到某些无法观测的因素影响，如顾客的偏好、习惯或对服务的主观评价等。如果这些不可观测因素同时影响续订决策和变更决策，且在两个决策阶段的影响具有相关性，会导致续订样本在变更决策的解释变量上出现系统性差异，进而导致变更决策模型的估计结果出现偏差。这一问题在过去有关顾客获取和保留的研究中已经得到关注。研究者证实，通过在模型估计中引入样本选择校正项，可以有效解决不可观测的顾客异质性在两个决策阶段相关的问题（Blattberg 和 Deighton，1996；Thomas，2001；Thomas 等，2004）。

（二）实证方法描述

本书假定第 i 个观测的顾客选择第 j 种会员服务变更行为得到的效用如下（$j=0$，套餐不变；$j=1$，套餐升级；$j=2$，套餐降级）：

$$U_{ij}=\delta_j'x_i+\kappa_j v_i+\varepsilon_{ij} \qquad (4-1)$$

式中，x_i 是多元逻辑回归模型的解释变量向量，它包括影响会员服务变更决策的一系列自变量与控制变量。δ_j' 是以顾客套餐不变（$j=0$）为基准估计出的会员服务升级（$j=1$）与降级（$j=2$）解释变量参数向量。$\kappa_j v_i$ 是不可观测的异质性对会员服务变更决策的影响，设 $v_i \sim N$（0，1），ε_{ij} 服从 I 型极值分布，设 y_i

表示第 i 个观测的顾客的会员服务变更行为。则会员服务升级的模型可以表示为：

$$P(y_i=1 \mid x_i,\ v_i)=P(U_{i1}>U_{ik} \mid v_i,\ k=0,\ 2)=\frac{\exp\ (\delta_1' x_i+\kappa_1 v_i)}{\exp(\delta_0' x_i+\kappa_0 v_i)+\exp\ (\delta_2' x_i+\kappa_2 v_i)}$$

$$(4-2)$$

则会员服务降级的模型可以表示为：

$$P(y_i=2 \mid x_i,\ v_i)=P(U_{i2}>U_{ik} \mid v_i,\ k=0,\ 1)=\frac{\exp\ (\delta_2' x_i+\kappa_2 v_i)}{\exp(\delta_0' x_i+\kappa_0 v_i)+\exp\ (\delta_1' x_i+\kappa_1 v_i)}$$

$$(4-3)$$

使用 Probit 模型对会员服务续订的决策进行建模。对于顾客的会员服务续订的二值选择行为，可以通过一个潜变量 θ^* 分析会员服务续订行为（用 θ_i 表示）的净收益，如果净收益大于 0，则 $\theta_i=1$，会员服务续订；否则 $\theta_i=0$，不续订会员服务，顾客流失。假定第 i 个观测的顾客的净收益为 $\theta^*=z_i'\beta+\eta_i$（其中，$z_i$ 是影响会员服务续订的解释变量向量，β 是解释变量对应的参数向量，$\eta_i \sim N(0,\ 1)$），从而会员服务续订模型可以表示为：

$$\theta_i=\begin{cases}1,\ 若\ \theta^*_i=z_i'\beta+\eta_i>0 \\ 0,\ 若\ \theta^*_i=z_i'\beta+\eta_i\leq 0\end{cases}$$

$$(4-4)$$

得到会员服务续订与会员服务变更决策的模型后，可以将两阶段的模型联合做极大似然估计，具体的模型估计过程见附录三。

上述纠正样本选择偏差的多元逻辑回归模型估计方法与传统的 Heckman 纠正样本选择偏差的两阶段估计方法相比，在估计方法和统计性质上存在显著差异。

首先，在残差项的分布假设上，两种模型有所不同。纠正样本选择偏差的多元逻辑回归模型的残差项是 0 或 1 的极值，反映了因变量的二元或多分类特征。这种残差项分布与传统 Heckman 模型假设的正态分布残差项存在明显区别。Heckman 模型假设第一阶段选择方程和第二阶段结果方程的残差项都服从正态分布，并允许两个残差项之间存在相关性。然而，这一假设在多元逻辑回归的情境下并不成立，因为因变量的取值是离散的，残差项必然呈现极值分布。

其次，在估计量的统计性质上，Heckman 两阶段模型通过在第二阶段引入修正项——反米尔斯比（Inverse Mills Ratio）来纠正样本选择偏差，其估计结果虽然一致，但并非是有效的。这是因为第二阶段的修正项是基于第一阶段选择方程的估计值计算得到的，这种分阶段估计会导致第二阶段估计量方差的上升。相比之下，纠正样本选择偏差的多元逻辑回归模型通过同时估计选择方程和结果方程，能够得到一致的估计结果。联合估计考虑了两个方程残差项的相关性，消除了分阶段估计引入的额外方差，也提高了估计量的有效性。

最后，在估计策略上，纠正样本选择偏差的多元逻辑回归模型通过对两个阶段模型同时做极大似然估计，避免了传统 Heckman 模型存在的分阶段估计偏差问题。在 Heckman 两阶段模型中，研究者先估计第一阶段的选择方程，然后基于第一阶段估计值计算的修正项代入第二阶段的结果方程进行估计。这种分阶段估计会将第一阶段估计中可能存在的偏差带入到第二阶段，影响第二阶段估计的准确性（Heckman，1979；Bourguignon 等，2007；Greene，2018）。而纠正样本选择偏差的多元逻辑回归模型采用联合估计的策略，通过同时估计两个阶段的模型参数，在估计过程中考虑了两个方程之间的相关性，有效地避免了分阶段估计可能引入的偏差，提高了模型估计的可靠性。

二、实证模型

尽管本书未提出会员服务续订的相关研究假设，但由于顾客的会员服务升级与降级决策是在会员服务续订的前提下做出，因此，首先要考虑影响会员服务续订的因素。会员服务续订研究使用的逻辑回归模型如下：

1. 模型 1

Probability（会员服务续订）$_{i,t+1}$ = Φ（β_{10} + β_{11} 使用过量$_{it}$ + β_{12} 使用不足$_{it}$ + β_{13} 关系持续时间$_{it}$ + β_{14} 关系利益$_{it}$ + Control）　　　　　　　　（4-5）

由于顾客的会员服务续订或变更决策大多是基于上一期的使用数据做出，因此因变量往后 1 期。Probit 模型的连接函数 $\Phi(X'\beta) = \int_{-\infty}^{X'\beta} \phi(t)\, dt$，其中，$\phi(t)$ 为标准正态分布的概率密度函数。Control 是控制变量向量，包括顾客类型、促销激励、套餐价格、套餐类型、顾客获取渠道类型、时间虚拟变量等，以下各模型类同。

本书涉及的假设 H1、假设 H2 通过模型 2 与模型 3 来共同检验。

2. 模型 2

Probability（会员服务升级）$_{i,t+1}$ = Λ（β_{20} + β_{21} 使用过量$_{it}$ + β_{22} 使用不足$_{it}$ + β_{23} 关系持续时间$_{it}$ + β_{24} 关系利益$_{it}$ + Control）　　　　　　　　（4-6）

3. 模型 3

Probability（会员服务降级）$_{i,t+1}$ = Λ（β_{30} + β_{31} 使用过量$_{it}$ + β_{32} 使用不足$_{it}$ + β_{33} 关系持续时间$_{it}$ + β_{34} 关系利益$_{it}$ + Control）　　　　　　　　（4-7）

式中，Logit 模型的连接函数 $\Lambda(X'\beta) = \dfrac{e^{X'\beta}}{1 + e^{X'\beta}}$。

本书涉及的假设 H3、假设 H4 通过模型 4 与模型 5 来进行检验。模型 4 与模型 5 也可用于进一步检验假设 H1 与假设 H2。

4. 模型 4

Probability（会员服务升级）$_{i,t+1}$ = Λ（β_{40}+β_{41} 使用过量$_{it}$+β_{42} 使用不足$_{it}$+β_{43} 关系持续时间$_{it}$+β_{44} 关系利益$_{it}$+β_{45} 外部竞争冲击$_{it}$+β_{46} 关系持续时间$_{it}$×外部竞争冲击$_{it}$+β_{47} 关系利益$_{it}$×外部竞争冲击$_{it}$+Control）

$$(4-8)$$

5. 模型 5

Probability（会员服务降级）$_{i,t+1}$ = Λ（β_{50}+β_{51} 使用过量$_{it}$+β_{52} 使用不足$_{it}$+β_{53} 关系持续时间$_{it}$+β_{54} 关系利益$_{it}$+β_{55} 外部竞争冲击$_{it}$+β_{56} 关系持续时间$_{it}$×外部竞争冲击$_{it}$+β_{57} 关系利益$_{it}$×外部竞争冲击$_{it}$+Control）

$$(4-9)$$

第四节　模型检验结果

研究一涉及的假设 H1、假设 H2 以及相应的顾客服务续订模型的检验结果如表 4-5 所示（注：模型 2 与模型 3 是在同一个多元逻辑回归模型里，该模型里将基准组设置为会员套餐不变组）。

表 4-5　模型 1~模型 3 回归分析结果

模型名称 因变量		模型 1 服务续订	模型 2 升级	模型 3 降级
自变量	假设			
使用过量	H1	−0.0243 ***	0.8281 ***	−0.3830 ***
		(0.0077)	(0.0428)	(0.0380)
使用不足	H1	−0.2669 ***	−1.0561 ***	0.4193 ***
		(0.0067)	(0.1133)	(0.0659)
关系持续时间	H2a	0.0020 ***	0.0037 ***	−0.0049 ***
		(0.0002)	(0.0008)	(0.0007)
关系利益	H2b	0.2884 ***	0.9369 ***	−0.4256 ***
		(0.0100)	(0.0926)	(0.0714)
外部竞争冲击		−0.5808 ***		
		(0.0192)		
控制变量				
顾客类型		−0.0318 ***	−0.3045 ***	−0.4254 ***
		(0.0110)	(0.0811)	(0.0638)

模型名称 因变量		模型 1 服务续订	模型 2 升级	模型 3 降级
促销激励		0.0041*** (0.0002)	-0.0073*** (0.0020)	-0.0218*** (0.0014)
套餐价格		-0.0023*** (0.0001)	-0.0042*** (0.0012)	0.0184*** (0.0007)
套餐类型 B		0.1607*** (0.0088)	1.1049*** (0.0842)	0.3899*** (0.0594)
套餐类型 C		0.2300*** (0.0222)	1.7703*** (0.1196)	0.0415 (0.1248)
集团渠道		0.1932*** (0.0297)	-0.6385*** (0.2200)	-0.8000*** (0.1634)
卖场渠道		0.1261*** (0.0261)	-0.3214* (0.1851)	-0.3102** (0.1319)
实体渠道		0.1395*** (0.0263)	-0.3341* (0.1863)	-0.5147*** (0.1347)
营业渠道		0.0971*** (0.0285)	-0.5691*** (0.2023)	-0.4719*** (0.1438)
时间固定效应		控制	控制	控制
N		546342	444196	
Pseudo R^2		0.086	0.074	
Log-Likehood		-49576.283	-30539.317	

注：①模型2、模型3同属于一个多元逻辑回归模型。②括号内为回归系数的面板聚类标准误；＊表示 $p<0.10$，＊＊表示 $p<0.05$，＊＊＊表示 $p<0.01$。

资料来源：本书整理。

（一）顾客会员服务续订的驱动因素

模型1考察了交易因素、关系因素以及外部竞争冲击对顾客会员服务续订的影响。尽管本书第三章未对会员服务续订提出明确的研究假设，但考虑到会员服务升级与降级决策是在服务续订的前提下做出的，因此有必要全面考察交易因素、关系因素以及外部竞争冲击对会员服务续订的影响。

交易因素方面，表4-5的实证结果表明，使用过量和使用不足均会对会员服务续订产生显著的负向影响（$\beta_{11}=-0.0243$，$p<0.01$；$\beta_{12}=-0.2669$，$p<0.01$）。这一发现揭示了顾客实际服务使用量与其会员套餐固定供给匹配程度的重要性。当顾客的使用量与其选择的会员套餐不相匹配时，无论是使用过量还是使用不足，都意味着顾客没有选择最合适的套餐，导致额外支付可变费用或浪费固定费

用，从而降低了会员服务续订的概率，增加了顾客流失的风险。值得注意的是，使用不足对会员服务续订的负面影响更加显著。这表明顾客使用量的减少是预示顾客流失的重要警讯，需要引起企业的高度重视。同时，这一发现进一步凸显了本书研究三的必要性和价值，即深入探讨服务使用不足对两种不同类型的顾客会员服务降级的影响，并比较其对顾客未来流失的影响。

关系因素方面，关系持续时间和关系利益都对会员服务续订产生显著正向影响（$\beta_{13} = 0.0020$，$p < 0.01$；$\beta_{14} = 0.2884$，$p < 0.01$）。这一结果表明，关系持续时间越长，顾客与企业之间建立的信任和承诺越强，越倾向于维持当前的会员服务关系，续订概率越高。同时，顾客从会员服务关系中获得的利益越多，如经济利益、社会利益和结构性利益等，会增强其对企业的依赖和忠诚度，减少流失的可能性。这些发现与传统关系营销文献的研究结论高度一致（Rust 和 Zahorik，1993；Berry，2002；Verhoef，2003；Gustafsson 等，2005；Palmatier 等，2006；Palmatier，2008；Lin 等，2023；Zhou 等，2024）。此外，模型1的实证结果还揭示了外部竞争冲击对会员服务续订的负面影响（$\beta_{15} = -0.5808$，$p < 0.01$）。这说明，激烈的市场竞争环境会加剧顾客流失的风险。当竞争对手推出更具吸引力的产品或服务方案时，顾客转换服务提供商的倾向会显著上升，对企业现有的会员服务关系构成冲击和威胁（Keaveney，1995；Bansal 等，2005；Ranganathan 等，2006；金立印，2009；Chuang 和 Tai，2016）。这一发现与理论预期相符，凸显了企业在动态竞争环境中开展顾客关系维系的困难和挑战。

（二）交易因素对顾客会员服务升级与降级的影响差异

模型2与模型3考察了交易因素、关系因素对会员服务升级与降级的不同影响。

交易因素方面，从表4-5的结果可以看出，服务使用过量对会员服务升级具有显著的正向影响（$\beta_{21} = 0.8281$，$p < 0.01$），服务使用不足也正向影响会员服务降级（$\beta_{32} = 0.4193$，$p < 0.01$）。这一发现初步支持了假设H1，即使用过量对会员服务升级的影响大于使用不足对会员服务降级的影响。

然而，考虑到逻辑回归属于非线性模型，边际效应的大小会随着解释变量的变化而变化，单纯比较逻辑回归系数并不能完全反映两个自变量影响的差异。为了进一步验证假设H1，本书参考 Norton 和 Dowd（2018）以及 Bartus（2005）的建议，采用了多个边际效应指标进行比较。具体而言，研究比较了使用过量对会员服务升级与使用不足对顾客会员服务降级的平均边际效应，以及在自变量（使用过量与使用不足）取值为均值减一个标准差、均值、均值加一个标准差时的边际效应（具体结果见表4-6）。由表4-6可知，服务使用过量对会员服务升级影响的平均边际效应为0.0036，$p < 0.01$，服务使用不足对会员服务降级影响的平均边际效应为0.0032，$p < 0.01$，前者大于后者；当自变量处于均值减一个标准差

时，服务使用过量对会员服务升级影响的边际效应为 0.0025，p<0.01，服务使用不足对会员服务降级影响的边际效应为 0.0024，p<0.01，前者大于后者；当自变量处于均值时，服务使用过量对会员服务升级影响的边际效应为 0.0028，p<0.01，服务使用不足对会员服务降级影响的边际效应为 0.0024，p<0.01，前者大于后者；当自变量处于均值加一个标准差时，服务使用过量对会员服务升级影响的边际效应为 0.0047，p<0.01，服务使用不足对会员服务降级影响的边际效应为 0.0043，p<0.01，前者大于后者。因此，无论是平均边际效应，还是 3 个代表性取值点的边际效应，使用过量对会员服务升级的影响都明显大于使用不足对会员服务降级的影响。

表 4-6　交易因素对会员服务升级与降级的效应比较

	平均边际效应	均值低一个标准差	均值处	均值高一个标准差
使用过量的会员升级效应	0.0036 *** （0.0002）	0.0025 *** （0.0000）	0.0028 *** （0.0001）	0.0047 *** （0.0003）
使用不足的会员降级效应	0.0032 *** （0.0005）	0.0024 *** （0.0003）	0.0024 *** （0.0004）	0.0043 *** （0.0009）
支持假设 H1	√	√	√	√

注：* 表示 p<0.10，** 表示 p<0.05，*** 表示 p<0.01。
资料来源：本书整理。

尽管边际效应的比较结果与逻辑回归系数的结果一致，但仍需谨慎下结论。为了严谨地检验假设 H1，有必要在统计学上比较两个逻辑回归系数差异的显著性。借鉴 Allison（1999）和 Fiebig 等（2010）关于多元逻辑回归系数比较的思想，以及 Long 和 Freese（2006）介绍了在 Stata 软件中实现系数比较的方法，本书检验了解释变量使用过量在会员服务升级组和使用不足在会员服务降级组的系数是否相等，以会员套餐不变组为基准。系数等同性检验的结果表明，$\chi^2（1）$ = 28.01，p<0.001，即两个系数差异显著。这一检验结果进一步确认了假设 H1，表明使用过量对会员服务升级的影响确实显著大于使用不足对会员服务降级的影响。

综合逻辑回归系数、边际效应比较以及系数差异显著性检验的结果，假设 H1 得到了强有力的实证支持。

（三）关系因素对顾客会员服务升级与降级的影响差异

关系持续时间方面，从表 4-5 的实证结果可以看出，关系持续时间对会员服务升级具有显著的正向影响（β_{23} = 0.0037，p<0.01），而对会员服务降级具有显著的负向影响（β_{33} = -0.0049，p<0.01）。这一结果初步支持了假设 H2a，即关系持续时间对会员服务降级的抑制作用大于其对会员服务升级的促进作用。

　　然而，由于逻辑回归模型的非线性特征，边际效应的大小会随着解释变量的取值而变化。为了更全面地检验假设 H2a，本书同样采用了多个边际效应指标进行比较。具体而言，研究比较了关系持续时间对会员服务升级与降级的平均边际效应，以及在关系持续时间取值为均值减一个标准差、均值、均值加一个标准差时的边际效应大小（见表4-7）。从表4-7 的结果可知，关系持续时间对会员服务升级影响的平均边际效应为 0.000016，p<0.01，服务使用不足对会员服务降级影响的平均边际效应为-0.000038，p<0.01，后者绝对值更大；当关系持续时间处于均值减一个标准差时，关系持续时间对会员服务升级影响的边际效应为 0.000014，p<0.01，关系持续时间对会员服务降级影响的边际效应为-0.000045，p<0.01，后者绝对值更大；当关系持续时间处于均值时，关系持续时间对会员服务升级影响的边际效应为 0.000018，p<0.01，关系持续时间对会员服务降级影响的边际效应为-0.000027，p<0.01，后者绝对值更大；当关系持续时间处于均值加一个标准差时，关系持续时间对会员服务升级影响的边际效应为 0.000018，p<0.01，关系持续时间对会员服务降级影响的边际效应为-0.000033，p<0.01，后者绝对值更大。因此，无论是平均边际效应，还是 3 个不同的代表性取值点的边际效应，都支持了假设 H2a，表明关系持续时间对会员服务降级的抑制作用强于对会员服务升级的促进作用。

表4-7　关系因素对会员服务升级与降级的效应比较

	平均边际效应	均值低一个标准差	均值处	均值高一个标准差
关系持续时间的会员升级效应	0.000016*** (3.52e-06)	0.000014*** (2.69e-06)	8.28e-06*** (1.81e-06)	0.000018*** (4.44e-06)
关系持续时间的会员降级效应	-0.000038*** (5.12e-06)	-0.000045*** (7.28e-06)	-0.000027*** (3.64e-06)	-0.000033*** (3.84e-06)
支持假设 H2a	√	√	√	√
关系利益的会员升级效应	0.0041*** (0.0004)	0.0024*** (0.0001)	0.0021*** (0.0002)	0.0060*** (0.0008)
关系利益的会员降级效应	-0.0033 (0.0006)	-0.0043*** (0.0009)	-0.0024*** (0.0004)	-0.0029*** (0.0004)
支持假设 H2b	×	√	√	×

注：＊表示 p<0.10，＊＊表示 p<0.05，＊＊＊表示 p<0.01。
资料来源：本书整理。

　　然而，值得注意的是，会员服务升级与降级的平均边际效应绝对值都非常接近于 0，且两者间的差距并不明显。这说明不能仅凭边际效应的比较就轻易下结论，需要进一步在统计学上检验逻辑回归系数差异的显著性。为此，本书借鉴了

Allison（1999）、Fiebig 等（2010）以及 Long 和 Freese（2006）关于多元逻辑回归系数比较的思想和实现方法，检验了不同组别之间回归系数的等同性。具体做法是以会员套餐不变组为基准，检验解释变量关系持续时间在会员服务升级组和降级组中的系数是否相等。系数等同性检验的结果显示，$\chi^2(1) = 2.899$，$p < 0.1$。这表明关系持续时间在会员服务升级组和降级组中的系数差异达到了边缘显著水平（Marginal Significance）。尽管差异并不十分显著，但仍然可以认为关系持续时间对会员服务降级的抑制作用大于其对会员服务升级的促进作用，从而为假设 H2a 提供了基本支持。

关系利益方面，由表 4-5 可见，关系利益正向影响会员服务升级（$\beta_{24} = 0.9369$，$p < 0.01$），负向影响会员服务降级（$\beta_{34} = -0.4256$，$p < 0.01$）。同样，由于逻辑回归的非线性和边际效应大小的动态性，根据相关文献建议的做法（Norton 和 Dowd，2018；Bartus，2005），比较了关系利益的平均边际效应、关系利益在比均值小一个标准差、等于均值、比均值大一个标准差时的边际效应大小（见表 4-7）。通过关系利益对会员服务降级影响的效应量绝对值与其对会员服务升级影响的效应量绝对值比较发现，在均值处与均值低一个标准差时，前者更大，平均边际效应与在均值高一个标准差时，后者更大，因此假设 H2b 能否获得支持尚需进一步检验。根据多元逻辑回归模型系数比较的理论思想（Allison，1999；Fiebig 等，2010）与具体实现方法（Long 和 Freese，2006），本书检验了关系利益在会员服务升级组中的系数与在会员服务降级组中的系数是否相等（基准组为会员套餐不变）。系数等同性检验的结果为 $\chi^2(1) = 16.59$，$p < 0.001$。说明关系利益在会员服务升级组中的系数与在会员服务降级组中的系数差异显著，特别需要注意的是，这个显著差异指关系利益对会员服务升级的正向促进作用大于对其会员服务降级的抑制作用（$\beta_{24} = 0.9369$，$p < 0.01$；$\beta_{34} = -0.4256$，$p < 0.01$）。这个结果与假设 H2b 刚好相反，从而假设 H2b 未被支持。

研究一涉及的假设 H3、假设 H4 以及假设 H1、假设 H2 的进一步验证的结果以及相应的顾客服务续订模型的检验结果如表 4-8 所示（注：模型 4 与模型 5 是在同一个多元逻辑回归模型里）。模型 4、模型 5 与模型 2、模型 3 相比，解释变量增加了外部竞争冲击以及其与关系持续时间、关系利益的交乘项（此处不再列出模型 1 的结果）。

（四）外部竞争冲击的影响

模型 4 和模型 5 分别探讨了外部竞争冲击对会员服务升级和降级的影响以及关系因素的调节作用。

从表 4-8 模型 4 的实证结果可以看出，外部竞争冲击对会员服务升级具有显著的负向影响（$\beta_{45} = -0.6123$，$p < 0.01$），而对会员服务降级具有显著的正向影

响（$\beta_{55}=1.7669$，$p<0.01$）。这一结果支持了假设 H3a 和假设 H3b，表明外部竞争冲击确实会抑制顾客升级会员服务的倾向，同时增加了其降级会员服务的可能性。值得注意的是，外部竞争冲击对会员服务升级和降级的影响在效应量上存在明显差异。从回归系数的数值可以看出，外部竞争冲击对会员服务降级的正向影响（$\beta_{55}=1.7669$）远大于其对会员服务升级的负向影响（$\beta_{45}=-0.6123$）。这意味着，在竞争冲击发生时，顾客选择降级会员服务的倾向要明显强于其放弃升级会员服务的倾向。

表 4-8　模型 4~模型 5 回归分析结果

模型名称 因变量		模型 4 升级	模型 5 降级
自变量	假设		
使用过量	H1	0.8423 *** (0.0436)	-0.3808 *** (0.0381)
使用不足	H1	-0.9605 *** (0.1199)	0.4407 *** (0.0654)
关系持续时间	H2a	0.0033 *** (0.0008)	-0.0051 *** (0.0007)
关系利益	H2b	0.8684 *** (0.0994)	-0.4512 *** (0.0713)
外部竞争冲击	H3	-0.6123 ** (0.3123)	1.7669 *** (0.2019)
关系持续时间×外部竞争冲击	H4a	-0.0003 (0.0014)	-0.0066 *** (0.0013)
关系利益×外部竞争冲击	H4b	-0.4253 *** (0.1266)	-0.0291 (0.0887)
控制变量			
顾客类型		-0.2934 *** (0.0813)	-0.4179 *** (0.0640)
促销激励		-0.0082 *** (0.0020)	-0.0222 *** (0.0014)
套餐价格		-0.0036 ** (0.0013)	0.0186 *** (0.0007)
套餐类型 B		1.0619 *** (0.0862)	0.3721 *** (0.0594)
套餐类型 C		1.7131 *** (0.1225)	0.0230 (0.1245)

模型名称 因变量		模型 4 升级	模型 5 降级
集团渠道		−0. 6902 *** （0. 2221）	−0. 8262 *** （0. 1630）
卖场渠道		−0. 3561 * （0. 1860）	−0. 3259 ** （0. 1311）
实体渠道		−0. 3731 ** （0. 1877）	−0. 5337 *** （0. 1339）
营业渠道		−0. 5979 *** （0. 2031）	−0. 4896 *** （0. 1432）
时间固定效应		控制	控制
N		444196	
Pseudo R^2		0. 075	
Log−Likehood		−30519. 596	

注：①模型 4、模型 5 同属于一个多元逻辑回归模型。②括号内为回归系数的面板聚类标准误；＊表示 p<0. 10，＊＊表示 p<0. 05，＊＊＊表示 p<0. 01。

资料来源：本书整理。

模型 5 的结果揭示了关系因素在外部竞争冲击影响会员服务降级决策中的调节作用。从表 4−8 可以看出，外部竞争冲击与关系持续时间的交乘项系数为负且显著（β_{56} = −0. 0066，p<0. 01），表明关系持续时间负向调节了外部竞争冲击对会员服务降级的影响，假设 H3a 获得支持。然而，模型 5 中外部竞争冲击与关系利益的交乘项系数虽然为负，但并不显著（β_{57} = −0. 0291，p>0. 10），意味着关系利益对外部竞争冲击影响会员服务降级的负向调节效应并不明显，假设 H4b 未能获得支持。

为了进一步说明关系持续时间对外部竞争冲击影响会员服务降级的调节作用，按照文献介绍的逻辑回归中交互效应说明的一般方法（Aiken 等，1991；Ai 和 Norton，2003；Karaca−Mandic 等，2012；Dawson，2014），画出二者交互效应图（见图 4−1）。可以看出，当关系持续时间较低时，外部竞争冲击对会员服务降级的影响较大（斜率更高）；当关系持续时间较高时，外部竞争对会员服务降级的影响变小（斜率虽仍未正，但值更小）；并且两条线存在交叉，这再次说明了调节效应的存在，假设 H4a 得到支持。

同理，为了说明关系利益对外部竞争冲击影响会员服务降级是否有调节作用，按照相同的方法画出二者交互效应图（见图 4−2）。可以看出，两条线并不存在交叉，调节效应不显著，假设 H4b 未得到支持。但这里高关系利益的线更低，低关系利益的线更高，说明关系利益负向影响会员服务降级，这与研究假设的预期方向一致（虽然不显著）。

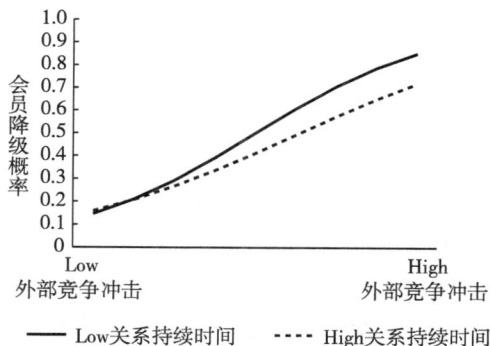

图 4-1　关系持续时间与外部竞争冲击对会员服务降级影响的交互效应

资料来源：本书整理。

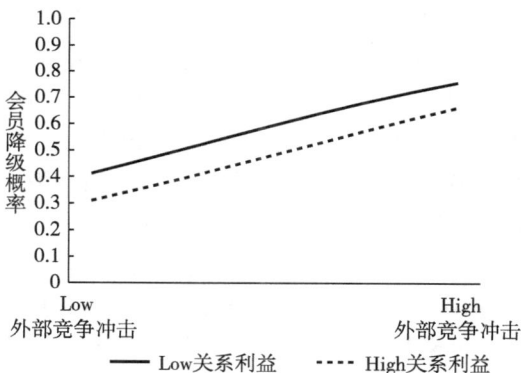

图 4-2　关系利益与外部竞争冲击对会员服务降级影响的交互效应

资料来源：本书整理。

第五节　稳健性分析

本节采用两种主要方法对实证分析结果进行稳健性检验，以确保研究发现的可靠性。一是使用变量"使用过量"与"使用不足"两种不同的测量（分别放宽和收紧其可操作性定义），重新拟合原有的纠正样本选择偏差的多元逻辑回归模型；二是采用两个二元逻辑回归模型，即分别以会员服务升级和会员服务降级为因变量，再次检验各自变量的影响效应。与多元逻辑回归不同，二元逻辑回归将因变量简化为二分类变量，能够更直观地呈现自变量对因变量的影响。

一、更换测量

本章前面的分析中对交易因素"使用过量"和"使用不足"测量的具体做法是将顾客实际使用的语音（或流量）超出其套餐提供标准的50%定义为语音（或流量）使用过量，而将实际使用的语音（或流量）不足套餐提供标准的50%定义为语音（或流量）使用不足。在此基础上，参照表4-3以及表后的说明，通过整合语音和流量的使用情况，最终形成了"使用过量"和"使用不足"这两个变量的测量指标。这一测量方法的核心在于选取50%作为判断使用过量和使用不足的临界标准。尽管这一标准是根据电信行业的市场经验和惯例设定的，具有一定的合理性和现实基础，但不可否认，其中仍然存在一定程度的主观性。

为了检验研究结果的稳定性，排除测量标准选取的主观性可能带来的影响，本节采用两种不同的方法对原有测量标准进行调整，并重新进行实证分析。首先，将原有的50%标准提高一倍，即将语音（或流量）超出套餐供给的100%定义为使用过量，将语音（或流量）不足套餐供给的25%定义为使用不足。通过大幅度提高测量标准，可以更加严格地界定使用过量和使用不足的情形，排除一些可能的随机波动和测量误差。其次，本节尝试将原有的50%标准减半，即将语音（或流量）超出套餐供给的25%定义为使用过量，将语音（或流量）不足套餐供给的75%定义为使用不足。通过降低测量标准，可以更宽泛地纳入一些可能被原有标准忽略的使用过量和使用不足情形，提高测量的敏感性和包容性。

在重新操作化定义了使用过量和使用不足的测量标准后，按照与原有模型相同的步骤和方法，形成了交易因素变量"使用过量"和"使用不足"新的测量，并重新按照之前的方法进行实证分析。

（一）使用倍增的标准

这里对交易因素"使用过量"和"使用不足"的测量标准进行了重新定义和调整。具体而言，将语音（或流量）使用量超出资费套餐固定供给100%的情况界定为"使用过量"，而将语音（或流量）使用量不足资费套餐固定供给25%的情况界定为"使用不足"。根据这一新的评判标准，重新计算了语音和流量分别在"使用过量"和"使用不足"两个维度上的取值。对于语音服务，如果顾客实际使用的语音分钟数超过其资费套餐提供的免费通话时长的100%，则将其归类为语音使用过量；如果顾客实际使用的语音分钟数不足其资费套餐提供的免费通话时长的25%，则将其归类为语音使用不足。同样地，对于流量服务，如果顾客实际使用的流量超过其资费套餐提供的免费流量的100%，则将其归类为流量使用过量；如果顾客实际使用的流量不足其资费套餐提供的免费流量的25%，则将其归类为流量使用不足。在得到语音和流量在"使用过量"和"使用不足"两个维度上的重新测量结果后，参照表4-3以及表后的说明，对语音和流量的情况进行整合，最终形成了调整后的"使用过量"和"使用不足"变量的测量指标。

为了检验这一测量标准调整对实证结果的影响，将新的"使用过量"和"使用不足"变量代入前文纠正样本选择偏差的多元逻辑回归模型中，重新进行估计。重新拟合模型后的具体结果如表4-9所示。

表4-9　使用倍增标准的测量后模型2~模型5回归结果

模型名称 因变量	模型2 升级	模型3 降级	模型4 升级	模型5 降级
自变量				
使用过量	0.7233*** (0.0407)	-0.4514*** (0.0408)	0.7330*** (0.0411)	-0.4518*** (0.0408)
使用不足	-1.1352*** (0.1313)	0.4881*** (0.0778)	-1.0351*** (0.1370)	0.5124*** (0.0776)
关系持续时间	0.0034*** (0.0008)	-0.0050*** (0.0007)	0.0031*** (0.0008)	-0.0053*** (0.0007)
关系利益	0.9603*** (0.0876)	-0.4610*** (0.0688)	0.9053*** (0.0932)	-0.4818*** (0.0687)
外部竞争冲击			-0.3662 (0.2895)	1.8125*** (0.1902)
关系持续时间×外部竞争冲击			-0.0004 (0.0014)	-0.0069*** (0.0013)
关系利益×外部竞争冲击			-0.4302*** (0.1254)	-0.0098 (0.0883)
控制变量				
顾客类型	-0.3071*** (0.0814)	-0.4250*** (0.0636)	-0.2991*** (0.0815)	-0.4181*** (0.0638)
促销激励	-0.0071*** (0.0019)	-0.0221*** (0.0014)	-0.0078*** (0.0019)	-0.0224*** (0.0014)
套餐价格	-0.0053*** (0.0012)	0.0189*** (0.0007)	-0.0048*** (0.0013)	0.0192*** (0.0007)
套餐类型B	1.0793*** (0.0827)	0.3804*** (0.0575)	1.0437*** (0.0843)	0.3647*** (0.0576)

续表

模型名称 因变量	模型 2 升级	模型 3 降级	模型 4 升级	模型 5 降级
套餐类型 C	1.6768 *** (0.1182)	0.0599 (0.1224)	1.6305 *** (0.1205)	0.0439 (0.1222)
集团渠道	−0.6646 *** (0.2196)	−0.8127 *** (0.1630)	−0.7080 *** (0.2215)	−0.8365 *** (0.1628)
卖场渠道	−0.3585 * (0.1850)	−0.3196 ** (0.1311)	−0.3889 ** (0.1857)	−0.3339 ** (0.1306)
实体渠道	−0.3455 * (0.1857)	−0.5305 *** (0.1334)	−0.3785 ** (0.1868)	−0.5478 *** (0.1329)
营业渠道	−0.5885 *** (0.2022)	−0.4778 *** (0.1433)	−0.6134 *** (0.2029)	−0.4938 *** (0.1428)
时间固定效应	控制	控制	控制	控制
N	444196		444196	
Pseudo R^2	0.069		0.070	
Log-Likehood	−30708.161		−30686.917	

注：①模型 2、模型 3 同属于一个多元逻辑回归模型，模型 4、模型 5 同属于一个多元逻辑回归模型。②括号内为回归系数的面板聚类标准误；＊表示 $p<0.10$，＊＊表示 $p<0.05$，＊＊＊表示 $p<0.01$。

资料来源：本书整理。

交易因素方面，根据表4-9的实证分析结果，使用过量对会员服务升级的正向影响显著（模型 2，$\beta_{21}=0.7233$，$p<0.01$），使用不足对会员服务降级也具有显著正向影响（模型 3，$\beta_{32}=0.4881$，$p<0.01$），单纯从回归系数来看，使用过量对会员服务升级的影响大于使用不足对会员服务降级的影响。为进一步验证这一结论的统计显著性，采用前文介绍的方法，对多元逻辑回归模型中使用过量在会员服务升级组中的系数与使用不足在会员服务降级组中的系数进行了等同性检验（以会员套餐不变组作为基准组）。通过计算卡方统计量和对应的 p 值，得到了系数等同性检验的结果：卡方统计量为 7.52，在 1% 的水平上显著 $[\chi^2(1)=7.52$，$p<0.01]$。这一结果表明，使用过量在会员服务升级中的作用与使用不足在会员服务降级中的作用存在显著差异，前者显著大于后者，从而支持了研究假设 H1。

关系因素方面，关系持续时间显著正向影响会员服务升级（模型 2，$\beta_{23}=0.0034$，$p<0.01$），同时显著负向影响会员服务降级（模型 3，$\beta_{33}=-0.0050$，$p<0.01$），直接比较两个回归系数绝对值的大小可以发现，关系持续时间对会员服务降级的影响程度大于其对会员服务升级的影响程度。同样地，这一结论需要进行统计显著性检验，根据前面介绍的多元逻辑回归模型中系数比较的思想与实现方法，检

验关系持续时间在会员服务升级组中的系数与在会员服务降级组中的系数是否相等（基准组为会员套餐不变）。检验的结果为边缘显著 $[\chi^2(1) = 2.80$，$p < 0.1]$。这个结果说明关系持续时间对会员服务降级的抑制作用大于其对会员服务升级的促进作用。从而假设 H2a 基本获得支持。此外，关系利益对会员服务降级的影响程度并不大于其对会员服务升级的影响程度（模型 2，$\beta_{24} = 0.9603$，$p < 0.01$；模型 3，$\beta_{34} = -0.4610$，$p < 0.01$）。多元逻辑回归模型中回归系数比较的结果 $[\chi^2(1) = 17.23$，$p < 0.001]$ 表明，关系利益在会员服务升级组中的系数与在会员服务降级中的系数差异显著，但这个显著差异指关系利益对会员服务升级的促进作用大于对其会员服务降级的负面效应，这与假设 H2b 预计的结果正好相反，从而假设 H2b 未得到支持。

在模型 4 中，外部竞争冲击对会员服务升级的回归系数为 -0.3662，虽然符号为负，表明竞争冲击对顾客升级行为具有一定的抑制作用，但这一影响在统计上并不显著（模型 4，$\beta_{45} = -0.3662$，$p > 0.10$），意味着无法在数据层面确认外部竞争冲击对会员服务升级的负向影响，研究假设 H3a 未获得支持。与对会员服务升级的作用不同，外部竞争冲击对会员服务降级的影响表现出了显著的正向效应。在模型 5 中，外部竞争冲击的回归系数为 1.8125，且在 1% 的水平上统计显著（模型 5，$\beta_{55} = 1.8125$，$p < 0.01$），支持研究假设 H3b。

在模型 5 中，考察了关系持续时间和关系利益这两个关系因素对外部竞争冲击影响会员服务降级的调节效应。对于关系持续时间，发现其对外部竞争冲击与会员服务降级间的关系具有显著的负向调节作用，回归系数为 -0.0069，且在 1% 的水平上统计显著（$\beta_{56} = -0.0069$，$p < 0.01$）。这一结果支持了研究假设 H4a，表明顾客与运营商间的关系持续时间越长，外部竞争冲击对其会员服务降级行为的正向影响越弱。相比之下，关系利益对外部竞争冲击影响会员服务降级的调节作用不显著。在模型 5 中，相应的交互项系数为 -0.0098，但在统计上并不显著（$\beta_{57} = -0.0098$，$p > 0.10$）。这意味着研究假设 H4b 未能得到支持。

综上所述，在使用倍增标准重新测量"使用过量"和"使用不足"后，发现绝大部分研究假设的检验结果与原始模型保持一致。具体而言，使用过量对会员服务升级的正向影响以及使用不足对会员服务降级的正向影响仍然显著，且前者的影响强度大于后者，支持了假设 H1；关系持续时间对会员服务降级的负向影响程度大于其对会员服务升级的正向影响程度，支持了假设 H2a；关系利益没有相同效应，假设 H2b 未获支持，这与之前的分析一致；外部竞争冲击对会员服务降级的正向影响得到了再次确认，为假设 H3b 提供了有力支撑；关系持续时间对竞争冲击影响服务降级的负向调节效应依然稳健，假设 H4a 再次得到支持；关系利益的调节作用仍不显著，假设 H4b 也未获得支持。唯一的例外在于假设 H3a，即外部竞争冲击对会员服务升级的负向影响在新模型中不再显著。但值得注意的是，尽管该假设在统计意义上未获得支持，但相应回归系数的符号方向仍然与理论预期保持一致，表明竞争冲击对升级行为可能存在一定的抑制效应，只是这种效应在本书样本中没有达到统计显著性水平。

（二）使用减半的标准

这里对交易因素"使用过量"和"使用不足"的测量标准进行了重新界定，使用了"减半"的标准。新的评判标准规定，当顾客的语音（或流量）使用量超出其资费套餐固定供给的 25% 时，即被视为"使用过量"；当顾客的语音（或流量）使用量不足其资费套餐固定供给的 75% 时，被视为"使用不足"。根据这一新标准，分别从语音和流量两个维度重新评估了顾客的使用情况。对于语音服务，如果顾客实际使用的通话分钟数超过其套餐免费时长的 25%，将其归入语音使用过量组；如果顾客实际使用的通话分钟数不足其套餐免费时长的 75%，将其归入语音使用不足组。同理，对于流量服务，如果顾客实际使用的数据流量超过其套餐免费额度的 25%，将其归入流量使用过量组；如果顾客实际使用的数据流量不足其套餐免费额度的 75%，将其归入流量使用不足组。在得到语音和流量在"使用过量"和"使用不足"两个维度上的重新测量结果后，遵循表 4-3 及其附注说明的方法，将语音和流量的评估结果进行了整合，从而得到了调整后的"使用过量"和"使用不足"变量的最终测量指标。

为了检验这一测量标准调整对实证结果的影响，本书将新的"使用过量"和"使用不足"变量代入前文的纠正样本选择偏差的多元逻辑回归模型中，并重新进行了估计。具体结果如表 4-10 所示。

表 4-10 使用减半标准的测量后模型 2~模型 5 回归结果

模型名称 因变量	模型 2 升级	模型 3 降级	模型 4 升级	模型 5 降级
自变量				
使用过量	0.8621 *** （0.0466）	-0.3529 *** （0.0393）	0.8733 *** （0.0470）	-0.3511 *** （0.0393）
使用不足	-0.9763 *** （0.1019）	0.3739 *** （0.0552）	-0.8905 *** （0.1065）	0.3951 *** （0.0547）
关系持续时间	0.0036 *** （0.0008）	-0.0052 *** （0.0007）	0.0030 *** （0.0009）	-0.0055 *** （0.0007）
关系利益	0.9379 *** （0.0990）	-0.4807 *** （0.0771）	0.8517 *** （0.1074）	-0.5168 *** （0.0770）
外部竞争冲击			-0.5702 * （0.3390）	1.9634 *** （0.2123）

模型名称 因变量	模型 2 升级	模型 3 降级	模型 4 升级	模型 5 降级
关系持续时间×外部竞争冲击			−0.0003 (0.0014)	−0.0067*** (0.0013)
关系利益×外部竞争冲击			−0.4159*** (0.1285)	−0.0596 (0.0887)
控制变量				
顾客类型	−0.3008*** (0.0813)	−0.4127*** (0.0641)	−0.2856*** (0.0816)	−0.4031*** (0.0643)
促销激励	−0.0070*** (0.0021)	−0.0230*** (0.0015)	−0.0082*** (0.0022)	−0.0236*** (0.0015)
套餐价格	−0.0044*** (0.0012)	0.0186*** (0.0007)	−0.0038*** (0.0013)	0.0190*** (0.0007)
套餐类型 B	1.1028*** (0.0862)	0.3592*** (0.0613)	1.0505*** (0.0888)	0.3356*** (0.0613)
套餐类型 C	1.7702*** (0.1206)	−0.0048 (0.1263)	1.7011*** (0.1244)	−0.0301 (0.1259)
集团渠道	−0.6328*** (0.2195)	−0.8282*** (0.1629)	−0.6922*** (0.2217)	−0.8608*** (0.1624)
卖场渠道	−0.3378* (0.1846)	−0.3173** (0.1304)	−0.3757** (0.1855)	−0.3362** (0.1294)
实体渠道	−0.3460* (0.1859)	−0.5230*** (0.1335)	−0.3900** (0.1873)	−0.5463*** (0.1326)
营业渠道	−0.5625*** (0.2016)	−0.4839*** (0.1426)	−0.5942*** (0.2025)	−0.5050*** (0.1418)
时间固定效应	控制	控制	控制	控制
N	444196		444196	
Pseudo R^2	0.077		0.078	
Log-Likehood	−30442.802		−30422.666	

注：①模型 2、模型 3 同属于一个多元逻辑回归模型，模型 4、模型 5 同属于一个多元逻辑回归模型。②括号内为回归系数的面板聚类标准误；* 表示 $p<0.10$，** 表示 $p<0.05$，*** 表示 $p<0.01$。

资料来源：本书整理。

交易因素方面，根据表 4-10 的实证分析结果，使用过量对会员服务升级具有显著正向影响（模型 2，$\beta_{21}=0.8621$，$p<0.01$），使用不足对会员服务降级也具有显著正向影响（模型 3，$\beta_{32}=0.3739$，$p<0.01$），单纯从回归系数来看，使用过量对会员服务升级的影响大于使用不足对会员服务降级的影响。为了进一步

验证这一结论的统计显著性，对多元逻辑回归模型中使用过量在会员服务升级组中的系数与使用不足在会员服务降级组中的系数进行了等同性检验（以会员套餐不变组作为基准组）。系数等同性检验的卡方统计量为 45.25，在 1% 的水平上显著 $[\chi^2(1) = 45.25, p < 0.01]$。这一结果说明，使用过量对会员服务升级的作用大于使用不足对会员服务降级的影响，从而研究假设 H1 得到支持。

关系因素方面，关系持续时间对顾客会员服务升级的正向作用显著（模型 2，$\beta_{23} = 0.0036, p < 0.01$），同时对顾客会员服务降级的负向影响也显著（模型 3，$\beta_{33} = -0.0052, p < 0.01$），通过直接比较这两个回归系数绝对值的大小可以发现，关系持续时间对会员服务降级的影响程度大于其对会员服务升级的影响程度。与之前类似，这一结果仍需要进行统计显著性检验，根据之前提到的多元逻辑回归模型中系数比较的思想与实现方法，检验关系持续时间在会员服务升级组中的系数与在会员服务降级组中的系数是否相等（基准组为会员套餐不变组）。检验的结果为边缘显著 $[\chi^2(1) = 2.81, p < 0.1]$。这说明关系持续时间对会员服务降级的抑制作用大于其对会员服务升级的促进作用。研究假设 H2a 得到支持。关系利益对会员服务降级的影响程度小于其对会员服务升级的影响程度（模型 2，$\beta_{24} = 0.9379, p < 0.01$；模型 3，$\beta_{34} = -0.4807, p < 0.01$）。多元逻辑回归模型中回归系数比较的结果 $[\chi^2(1) = 11.71, p < 0.001]$ 表明，关系利益在会员服务升级组中的系数与在会员服务降级中的系数差异显著，即关系利益对会员服务升级的促进作用大于对其会员服务降级的负面效应，这与假设 H2b 预期的结果相反，从而假设 H2b 未获得支持。

在模型 4 中，外部竞争冲击对顾客会员服务升级的影响系数为 -0.5702，并在 10% 的水平上统计显著，表明外部竞争冲击对顾客升级行为具有一定的抑制作用（模型 4，$\beta_{45} = -0.5702, p < 0.1$），因而研究假设 H3a 得到支持。另外，外部竞争冲击对会员服务降级的影响则表现出了显著的正向效应。在模型 5 中，外部竞争冲击的回归系数为 1.9634，且在 1% 的水平上统计显著（模型 5，$\beta_{55} = 1.9634, p < 0.01$），从而研究假设 H3b 获得支持。

模型 5 同时考察了关系持续时间和关系利益这两个关系因素对外部竞争冲击影响会员服务降级的调节效应。关系持续时间对外部竞争冲击与会员服务降级之间的关系具有显著的负向调节作用，回归系数为 -0.0067，且在 1% 的水平上统计显著（模型 5，$\beta_{56} = -0.0067, p < 0.01$）。这一结果支持了研究假设 H4a，表明顾客与运营商之间的关系持续时间越长，外部竞争冲击对其会员服务降级行为的正向影响越弱。相比之下，关系利益对外部竞争冲击影响会员服务降级的调节作用不显著。在模型 5 中，相应的交互项系数为 -0.0596，但在统计上并不显著（模型 5，$\beta_{57} = -0.0596, p > 0.10$）。这意味着研究假设 H4b 未能得到支持。

综上分析，在使用减半标准重新测量"使用过量"和"使用不足"后，重新估计回归模型，发现所有研究假设的检验结果与原始模型完全一致。具体来说，使用过量对会员服务升级的正向影响以及使用不足对会员服务降级的正向影响仍然显著，且前者的影响强度大于后者，支持了假设 H1；关系持续时间对会员服务降级的负向影响程度大于其对会员服务升级的正向影响程度，支持了假设 H2a；关系利益则没有相同作用，假设 H2b 未获支持，这与之前的分析结果一致；外部竞争冲击负向影响会员服务升级，假设 H3a 获得支持；外部竞争冲击正向影响会员服务降级，假设 H3b 获得支持；关系持续时间对竞争冲击影响服务降级的负向调节作用依然显著，假设 H4a 再次获得支持；关系利益的调节作用仍不显著，假设 H4b 未能得到支持。

二、更换模型

本节将采用两个独立的二元逻辑回归模型来替代之前使用的多元逻辑回归模型（整合模型 2、模型 3 以及整合模型 4、模型 5），以重新检验本书提出的各项假设。具体做法是分别构建一个会员服务升级二元逻辑回归模型和一个会员服务降级二元逻辑回归模型。在建模过程中，仍然采用纠正样本选择偏差的两阶段联合极大似然估计法。第一阶段估计会员服务续订决策的影响因素，以期校正可能存在的样本选择偏差；第二阶段分别估计会员服务升级和降级行为的影响因素，并结合第一阶段的估计结果，得到具有一致性的参数估计值。

对于因变量的设置，采取如下处理：在会员服务升级逻辑回归模型中，如果顾客的资费套餐等级出现提升，则将因变量"会员服务升级"的值设为 1，否则设为 0；在会员服务降级逻辑回归模型中，如果顾客的资费套餐等级出现下降，则将因变量"会员服务降级"的值设为 1，否则设为 0。通过这样的设置，可以分别考察各个解释变量对会员服务升级和降级行为的影响，并与理论假设进行对比和检验。根据上述模型设定和估计方法，重新对数据进行了拟合，得到的实证分析结果如表 4-11 所示。

表 4-11　二元逻辑回归分析结果

模型名称 因变量	模型 2 升级	模型 3 降级	模型 4 升级	模型 5 降级
自变量				
使用过量	0.8299*** (0.0428)	-0.3838*** (0.0369)	0.8441*** (0.0436)	-0.3857*** (0.0380)
使用不足	-1.0588*** (0.1132)	0.1583*** (0.0425)	-0.9635*** (0.1198)	0.4431*** (0.0654)

续表

模型名称 因变量	模型 2 升级	模型 3 降级	模型 4 升级	模型 5 降级
关系持续时间	0.0037*** (0.0008)	-0.0021*** (0.0005)	0.0033*** (0.0008)	-0.0051*** (0.0007)
关系利益	0.9399*** (0.0925)	-0.1852*** (0.0546)	0.8714*** (0.0994)	-0.4549*** (0.0713)
外部竞争冲击			-0.6199** (0.3121)	1.7723*** (0.2017)
关系持续时间×外部竞争冲击			-0.0003 (0.0014)	-0.0066*** (0.0013)
关系利益×外部竞争冲击			-0.4257*** (0.1265)	-0.0283 (0.0886)
控制变量				
顾客类型	-0.3024*** (0.0810)	-0.4741*** (0.0635)	-0.2914*** (0.0812)	-0.4171*** (0.0639)
促销激励	-0.0072*** (0.0020)	-0.0183*** (0.0013)	-0.0081*** (0.0020)	-0.0222*** (0.0014)
套餐价格	-0.0043*** (0.0012)	0.0157*** (0.0006)	-0.0038*** (0.0013)	0.0186*** (0.0007)
套餐类型 B	1.1023*** (0.0842)	0.5352*** (0.0519)	1.0594*** (0.0862)	0.3689*** (0.0594)
套餐类型 C	1.7688*** (0.1195)	0.2175* (0.1185)	1.7118*** (0.1224)	0.0162 (0.1244)
集团渠道	-0.6353*** (0.2195)	-0.5838*** (0.1639)	-0.6868*** (0.2217)	-0.8249*** (0.1626)
卖场渠道	-0.3192* (0.1846)	-0.1639 (0.1357)	-0.3538* (0.1855)	-0.3251** (0.1306)
实体渠道	-0.3309* (0.1859)	-0.3863*** (0.1386)	-0.3698** (0.1872)	-0.5329*** (0.1335)
营业渠道	-0.5667*** (0.2018)	-0.3670** (0.1481)	-0.5954*** (0.2027)	-0.4878*** (0.1428)
时间固定效应	控制	控制	控制	控制
N	444196	444196	444196	444196
Pseudo R^2	0.086	0.061	0.087	0.068
Log-Likehood	-11469.116	-19214.019	-11463.394	-19068.185

注：括号内为回归系数的面板聚类标准误；＊表示 p<0.10，＊＊表示 p<0.05，＊＊＊表示 p<0.01。
资料来源：本书整理。

交易因素方面，从表 4-11 可以发现，使用过量对会员服务升级的作用显著大于使用不足对会员服务降级的影响（模型 2，$\beta_{21}=0.8299$，p<0.01；模型 3，$\beta_{32}=0.1583$，p<0.01）。这一结果初步支持了研究假设 H1。然而，由于这两个系数估计值分别来自两个独立的二元逻辑回归模型，无法直接对其进行比较和推断。为了克服这一困难，本书借助 Bootstrap 方法的思想（Efron，1982；Wu，1986；Davison 和 Hinkley，1997）对系数进行比较。Bootstrap 方法是一种基于重抽样的统计推断方法，通过从原始样本中重复抽取样本并估计统计量，可以获得统计量的经验分布，进而对总体参数进行推断。具体的 Bootstrap 程序如下：首先，从原始样本数据中进行随机重抽样，得到与原始样本等量的 Bootstrap 样本；其次，在每一个 Bootstrap 样本上分别估计会员服务升级模型和会员服务降级模型，并求得使用过量对会员服务升级的影响系数与使用不足对会员服务降级的影响系数之差；最后，重复上述重抽样和估计过程 5000 次，可以得到系数差异的 Bootstrap 分布。根据 Bootstrap 分布，可以计算系数差异的均值、标准误、Z 统计量及其显著性水平、95% 置信区间等统计量，从而对总体的系数差异进行统计推断。参照 Roodman 等（2019）的 Bootstrap 方法在 Stata 软件中的实现过程，对使用过量在会员服务升级模型的系数与使用不足在会员服务降级模型的系数之差进行了检验，同时对关系持续时间和关系利益在两个模型中的系数绝对值之差进行了检验，具体结果如表 4-12 所示。由此可知，使用过量对会员服务升级的系数与使用不足对会员服务降级的系数之差值显著大于 0（diff=0.6716，p<0.001；置信区间 [0.5252，0.8180] 不包含 0），从而假设 H1 得到支持。

关系因素方面，这里主要考察了关系持续时间和关系利益对顾客会员服务升级和降级的影响。其中，关系持续时间对会员服务降级的影响系数为 -0.0021（p<0.01），而其对会员服务升级的影响系数为 0.0037（p<0.01），因此关系持续时间对会员服务降级的影响程度并没有大于其对会员服务升级的影响程度（模型 2，$\beta_{23}=0.0037$，p<0.01；模型 3，$\beta_{33}=-0.0021$，p<0.01）。上述用 Boostrap 方法进行系数比较的结果同样列于表 4-12 中，效应差值没有显著异于 0（diff=0.0016，p>0.05；置信区间 [-0.0001，0.0033] 包含 0），表明关系持续时间对会员服务降级的影响程度并不显著大于其对会员服务升级的影响程度，假设 H2a 没有得到支持。此外，关系利益对会员服务降级的影响系数为 -0.1852（p<0.01），而其对会员服务升级的影响系数为 0.9399（p<0.01），关系利益对会员服务降级的影响程度并不大于其对会员服务升级的影响（模型 2，$\beta_{24}=0.9399$，p<0.01；模型 3，$\beta_{34}=-0.1852$，p<0.01），同样在表 4-12 中用 Boostrap 方法得到的系数比较结果说明效应差值显著大于 0（diff=0.7547，p<0.001；置信区间 [0.5550，0.9544] 不包含 0），这意味着关系利益对会员服务升级的正向影响程

度显著大于其对会员服务降级的负向影响程度，这与假设 H2b 的预期恰恰相反。因此，假设 H2b 也未能得到支持。

表 4-12　交易因素与关系因素效应比较的 Bootstrap 分析结果

	均值系数	标准误	Z 统计量	显著水平	95%置信度置信区间
使用过量升级效应与使用不足降级效应差值	0.6716	0.0747	8.9900	0.0000	[0.5252, 0.8180]
关系持续时间的升级效应与降级效应差值	0.0016	0.0009	1.8200	0.0690	[−0.0001, 0.0033]
关系利益的升级效应与降级效应差值	0.7547	0.1019	7.4100	0.0000	[0.5550, 0.9544]

注：表中效应大小比较均使用绝对值，Bootstrap 重抽样 5000 次。
资料来源：本书整理。

在模型 4 中，外部竞争冲击对会员服务升级的回归系数为 −0.6199，符号为负，表明竞争冲击对顾客升级行为具有一定的抑制作用，这一影响在统计上显著（模型 4，$\beta_{45} = -0.6199$，$p < 0.05$），因而研究假设 H3a 得到支持。此外，外部竞争冲击对会员服务降级的影响表现出显著的正向效应。在模型 5 中，外部竞争冲击的回归系数为 1.7723，且在 1% 的水平上统计显著（模型 5，$\beta_{55} = 1.7723$，$p < 0.01$），支持研究假设 H3b。

模型 5 同时考察了关系持续时间和关系利益这两个关系因素对外部竞争冲击影响会员服务降级的调节效应。对于关系持续时间，发现其对外部竞争冲击与会员服务降级之间的关系具有显著的负向调节作用，回归系数为 −0.0066，且在 1% 的水平上统计显著（模型 5，$\beta_{56} = -0.0066$，$p < 0.01$）。这一结果支持了研究假设 H4a，表明顾客与运营商之间的关系持续时间越长，外部竞争冲击对其会员服务降级的影响就越弱。相比之下，关系利益对外部竞争冲击影响会员服务降级的调节作用不显著。在模型 5 中，相应的交互项系数为 −0.0283，系数符号上符合理论预期，但在统计上并不显著（模型 5，$\beta_{57} = -0.0283$，$p > 0.10$）。这意味着研究假设 H4b 未能得到支持。

综上所述，在使用了两个二元逻辑回归代替多元逻辑回归后，重新估计模型，发现绝大部分研究假设的检验结果与原始模型一致。具体来说，使用过量对会员服务升级的正向影响以及使用不足对会员服务降级的正向影响仍然显著，且前者的影响强度大于后者，假设 H1 得到支持；关系持续时间对会员服务降级的负向影响程度没有大于其对会员服务升级的正向影响程度，假设 H2a 未能获得支持；关系利益也是相似结果，假设 H2b 未得到支持，这与之前的分析结果一致；外部竞争冲击负向影响会员服务升级，假设 H3a 获得支持；外部竞争冲击正向影响会员服务降级，假设 H3b 获得支持；关系持续时间对竞争冲击影响服务降级的负向调节作用依然显著，假设 H4a 再次获得支持；关系利益的调节作用仍不显著，假设 H4b 也未能得到支持。因此，使用两个二元逻辑回归代替多元逻辑回归得到的结果，除假设 H2a 外，其余结论与前文完全一致，再次说明本书结论的稳健性。

第六节　小结

本章采用实证研究方法，对理论推导出的研究假设进行了严格的经验检验。

首先，本章详细介绍了研究情境的选择、样本数据的收集过程以及各个变量的测量方法。在研究情境方面，本章选取了电信服务行业作为研究背景，因为该行业具有服务合约形式多样、可以观测到顾客资费套餐调整等特点，为研究顾客服务升级和服务降级行为提供了理想的情境。在样本数据方面，本章通过某大型电信运营商的客户数据库管理系统，随机抽取了较大数量的用户样本。

其次，在实证模型的构建上，由于因变量（即服务升级、维持现状和服务降级）是一个三分类变量，传统的二元逻辑回归模型难以直接应用，且会员服务变更决策是在服务续订的前提下做出的，是一个两阶段决策问题，因而本章采用了纠正样本选择偏差的多元逻辑回归模型。

再次，基于上述实证模型，本章对第三章提出的前 4 个研究假设（假设 H1、假设 H2、假设 H3、假设 H4）进行了系统的检验。从检验结果看，除假设 H2b 和假设 H4b 外，其余假设均得到了支持（见表 4-13）。

表 4-13　研究一假设检验结果汇总

	研究假设	验证结果
H1	交易因素对会员服务升级的影响程度大于对会员服务降级的影响程度。具体而言，服务使用过量对会员服务升级的影响程度大于服务使用不足对会员服务降级的影响程度	支持
H2a	关系持续时间对会员服务降级的抑制作用大于其对会员服务升级的正向影响	支持
H2b	关系利益对会员服务降级的抑制作用大于其对会员服务升级的正向影响	不支持
H3a	与没有外部竞争冲击的情况相比，在外部竞争冲击的情况下，会员服务升级的概率降低	支持
H3b	与没有外部竞争冲击的情况相比，在外部竞争冲击的情况下，会员服务降级的概率提高	支持
H4a	关系持续时间减弱了外部竞争冲击对会员服务降级的正向影响	支持
H4b	关系利益减弱了外部竞争冲击对会员服务降级的正向影响	不支持

资料来源：本书整理。

　　最后，为了检验实证结果的稳健性，本章进行了一系列稳健性分析。一方面，本章采用了交易因素"使用过量"和"使用不足"倍增与减半的替代性测量指标，重新对模型进行了估计，结果表明，核心变量的回归系数符号和显著性水平均保持稳定，这表明不同的测量方式并不会实质性地改变研究结论。另一方面，本章尝试用两个二元逻辑回归模型分别考察服务升级行为和服务降级行为，以替代原有的多元逻辑回归模型，重新对各研究假设进行了检验，结果同样证实了原有发现的稳健性。这些稳健性检验进一步增强了本章实证研究结果的说服力。

第五章　研究二：会员服务升级研究

研究二进一步深入探讨了交易因素和关系因素对顾客会员服务升级的影响，在区分两种不同类型的会员服务升级——结构不变的会员服务升级和结构变动的会员服务升级的基础上，考察了它们在影响机制和结果变量上的差异。

具体而言，本书首先检验交易因素（使用过量）对两种会员服务升级类型的影响差异，即研究假设 H5——服务使用过量对结构变动的会员服务升级的影响大于其对结构不变的会员服务升级影响。其次，检验关系因素（关系持续时间和关系利益）对两种会员服务升级类型的作用差异。具体包括 H6a——关系持续时间对结构不变的会员服务升级的影响大于其对结构变动的会员服务升级影响，以及假设 H6b——关系利益对结构不变的会员服务升级的影响大于其对结构变动的会员服务升级的影响。最后，比较两种不同类型的会员服务升级对顾客终生价值的影响差异，即假设 H7——结构变动的会员服务升级比结构不变的会员服务升级带来更高的顾客终生价值。

第一节　样本与测量

一、研究样本

研究二的样本数据同样来源于研究一所使用的电信公司用户数据库，包括用户的移动电话号码、月度电信资费套餐、电信服务使用情况以及用户特征等方面的信息。然而，与研究一不同的是，研究二的目的在于比较交易因素和关系因素对两种不同类型的会员服务升级的影响差异，以及两种升级类型对顾客终生价值的不同影响。为了更准确地检验相关假设（假设 H5、假设 H6 和假设 H7），本书需要在原有样本的基础上，进一步筛选出两组特定的样本观测。参照 Harmeling 等（2015）和 Ailawadi 等（2010）的做法，先从原始样本中识别出所有在观测时间窗口内发生过会员服务套餐升级的顾客，将其定义为会员服务升级组，这是本书关注和分析的重点对象。与此同时，本章识别出一组在整个观测期内从未发生过任何套餐变更行为的顾客，将其定义为参照对比组，以便更好地比较与评估会员服务升级的前因和后果。

在初步识别出会员服务升级组后，进一步采取了一系列数据筛选和清洗措施，以提高样本的针对性和有效性。具体而言，由于部分顾客在观测期内存在多次套餐升级或其他套餐变更行为（如降级），这些复杂的行为模式可能会对主效应的识别和估计造成干扰。为了消除这种混淆效应，本书决定只保留那些在整个观测期内仅发生过一次会员套餐升级且其余各期会员套餐均保持不变的顾客样本。这确保了能够更精确地捕捉单次会员服务升级的行为，而不受其他月份会员套餐升级或降级行为的干扰。经过以上筛选和清洗，最终获得了两组样本：一组是只有一次会员服务升级行为的顾客；另一组是在整个观测期内没有任何套餐变更行为的顾客。

在上述样本筛选过程中，本书从原始数据集中识别出了 651 个发生过套餐升级的用户和 18076 个套餐保持不变的用户。进一步分析发现，在 651 个套餐升级的用户中，有 471 位属于结构不变的会员服务升级，即升级后的套餐在服务内容结构与原有套餐保持一致；另有 180 位属于结构变动的会员服务升级，即升级后的套餐在服务内容结构与原有套餐存在较大差异。

考虑到用户可能在不同时期多次变更套餐，为了排除重复变更的干扰效应，本书进一步筛选出在观测时间窗口内只发生过一次套餐升级的用户，将其升级发生的那一期观测作为研究样本。对于 18076 个从未发生过套餐变更的用户，本书采纳了 Krishnaswami 和 Subramaniam（1999）的建议，随机选取其中一期观测作为研究样本，以避免同一用户不同期数据之间的相关性问题。通过以上筛选，最终得到了 18727 个横截面研究样本，其中 651 个为会员服务升级观测，是本书的核心分析对象。需要说明的是，用户做出会员服务升级决策通常是基于对上期服务使用情况和其他因素的综合评估，因此本书中的解释变量和控制变量均取自每个观测的上一期数据。这一做法有助于厘清变量间的时间逻辑关系，减少反向因果的可能性，提高因果推断的可靠性。

此外，由于假设 H7 涉及比较两种会员服务升级类型对顾客终生价值的影响差异，而顾客终生价值的计算需要使用面板数据，因此本书在筛选横截面研究样本前，先对各组观测的顾客终生价值进行了测算。具体计算方法和过程见下面的变量测量部分。

二、测量

本书涉及的大部分变量，如会员服务升级、会员服务降级，交易因素中的使用过量、使用不足，关系因素中的关系持续时间和关系利益，外部竞争冲击，以及一系列控制变量等，其测量方法已经在第一个研究中详细阐述，具体可参见本书第四章的相关内容。然而，本研究二还涉及三个新的变量，即结构不变的会员服务升级、结构变动的会员服务升级以及顾客终生价值，这里需要对其进行明确的定义和测量。

（一）结构不变的会员服务升级和结构变动的会员服务升级

过往对会员服务升级的研究，如 Ngobo（2005）、Bolton 等（2008）、Jin 等（2012）、Marinova 和 Singh（2014）、胡珍苗等（2016），大多将会员服务升级视为一个同质的行为，忽略了升级前后会员套餐特征的变化。然而，会员套餐特征的变化往往预示着消费者偏好结构的改变，这种偏好结构的改变可能导致顾客在会员服务升级决策过程中表现出与单纯套餐价格变动型升级不同的行为模式。具体而言，当顾客面临结构不变的会员服务升级决策时，其升级前后的套餐在服务内容、资源配比等核心要素上基本保持一致，只是在资源用量或价格标准上有所提升。在这种情况下，顾客对原有套餐的使用体验和偏好结构没有发生根本性变化，升级决策主要是基于对更高资源配额和更优服务内容的需求，因此决策过程相对简单和连续，与原有套餐的使用信息高度相关。与之相对，当顾客面临结构变动的会员服务升级决策时，其升级后的套餐在服务内容、资源搭配等方面与原有套餐存在较大差异，甚至是一种全新的服务组合。在这种情况下，顾客对原有套餐的使用体验和偏好结构可能已经发生了系统性改变，原有信息的参考价值降低，决策过程需要对新套餐的各种属性进行重新评估和权衡，过程相对复杂，与原有套餐的可比性和相似性相比较低。基于以上分析，本书以会员套餐结构特征是否发生改变作为区分标准，将会员服务升级细分为结构不变的会员服务升级和结构变动的会员服务升级。

结构不变的会员服务升级指顾客在会员服务升级中转换到了一个价格更高、主要功能（或特征）与之前保持一致的会员套餐；结构变动的会员服务升级指顾客在会员服务升级中转换到了一个价格更高、主要功能（或特征）与之前不同的会员套餐。具体到研究情境中，具体测量如下：

结构不变的会员服务升级指顾客在服务续订的情况下，是否选择一个价格更高且与上期类型相同的服务套餐。该变量是一个 0~1 变量，如果选择一个价格更高的服务套餐，且套餐类型与上期相同，则该变量的值为 1，否则为 0。

本书的研究样本共包含 A、B、C 三种套餐类型。A 型套餐侧重流量供给，语音供给较少；B 型套餐侧重语音供给，流量供给较少；C 型套餐侧重本地语音供给，对非本地语音和流量供给都较少。因此，本书把同一套餐类型的升级定义为结构不变的会员服务升级，把不同套餐类型间的升级定义为结构变动的会员服务升级。例如，当顾客从上个月的"WCDMA（3G）-46元基本套餐A"转换到当月的"WCDMA（3G）-66元基本套餐A"，或是从"WCDMA（3G）-46元基本套餐B"转换到"WCDMA（3G）-96元基本套餐B"即属于结构不变的会员服务升级，变量结构不变的会员服务升级取值为1；当顾客从上个月的"WCDMA（3G）-46元基本套餐A"转换到当月的"WCDMA（3G）-66元基本套餐B"，或是从"WCDMA（3G）-46元基本套餐B"转换到"WCDMA（3G）-96元基本套餐C"即属于结构变动的会员服务升级，变量结构变动的会员服务升级取值为1。

需要说明的是，本书部分实证中，如果样本只包含会员服务升级的观测，这时定义会员服务升级类型为0~1变量。当观测属于结构不变的会员服务升级时，取值为0；当观测属于结构变动的会员服务升级时，取值为1。

（二）顾客终生价值

顾客终生价值是衡量客户在整个交易关系期间内为企业创造的全部价值的重要指标，可以从顾客个体层面或者公司顾客群体层面进行度量（Kumar和Reinartz，2016）。由于本书的实证分析单位是顾客个体，因此这里聚焦于顾客个体层面的顾客终生价值。根据Reinartz和Kumar（2003）、Venkatesan和Kumar（2004）、Gupta等（2006）、Borle等（2008）、Braun和Schweidel（2011）、Sunder等（2016）、成栋等（2019）、Zeithaml等（2020）、Sun等（2023）的定义，顾客个体层面的顾客终生价值指公司的某个顾客在整个关系持续时间内为公司带来的利润的净现值。它综合考虑了客户关系的持续时间、交易强度、利润贡献等多个维度，反映了客户在整个生命周期内对企业的长期价值贡献。

在顾客终生价值的测量方面，传统上主要采用回溯性的方法，如RFM（Recency-Frequency-Monetary）分析法、顾客过去价值（Past Customer Value）、钱包份额（Share of Wallet）和关系持续时间（Tenure/Duration）等指标。其中，RFM分析法考察客户最近一次购买的时间间隔（Recency）、购买的频率（Frequency）和购买的金额（Monetary），通过对这三个维度进行加权平均，得到一个综合的客户价值得分；顾客过去价值指客户在过去一定时期内（如过去一年）为企业贡献的利润总额；钱包份额反映了客户在某一类产品或服务上的支出中，在本企业的占比；关系持续时间衡量了客户与企业保持交易关系的时间长度。这些回溯性指标主要适用于已经流失的客户，因为对于这类客户，能够观测到其在整个关系生命周期内的完整购买行为数据，据此估算出其对企业的终生价值贡献。

然而，对于公司的现存客户，由于无法观测到其未来的购买行为，因此顾客终生价值的测量需要采用前瞻性的预测方法。与回溯性方法不同，预测性方法需要在已有数据的基础上，对客户未来的购买行为进行推断和估计，从而得出一个对客户终生价值的预期值。这种前瞻性测量需要考虑到客户行为的动态变化特征，以及公司可能根据客户的利润贡献实施差异化管理等因素（Kumar 和 Reinartz，2016）。

现有文献中关于存量客户的顾客终生价值测量方法主要包括以下几类：

（1）独立估计法。该方法先将顾客终生价值分解为几个独立的模块分别进行估计，然后将各模块的结果组合起来得到最终的顾客终生价值（Niraj 等，2001；Venkatesan 和 Kumar，2004）。例如，Niraj 等（2001）先计算来自顾客的总收入，将其减去向客户销售商品的成本（包括销售和直接营销成本、订单处理与履行成本、向客户运送订单和应收账款成本、购买与仓储成本等），再减去顾客服务成本，即可得到从顾客获取的利润，然后把每一期的利润贴现后相加的总和减去顾客关系投资的现值，即得到单个顾客的终生价值。此外，Venkatesan 和 Kumar（2004）使用广义伽玛分布来模拟购买间隔时间，并采用面板数据回归方法模拟贡献率。他们将各种供应商特定因素（渠道沟通）和客户特征（参与度、转换成本和先前行为）作为购买频率和贡献率的前因变量。

独立估计法的优点是可以针对不同模块选择最适合的模型，提高局部预测的精度；缺点是可能忽略了各模块之间的相关性，导致整体估计出现偏误。

（2）同步估计法。顾客终生价值的计算涉及多个变量（例如购买频率、营销成本和毛利贡献等），当这些变量分别独立估计时，就会产生内生性问题（Allenbyd 等，1999）。同步估计方法试图在一个联立方程组中同时估计各个模块，然后整合到顾客终生价值计算公式中，得到顾客终生价值估计值（Chintagunta，1993；Boatwright 等，2003；Venkatesan 等，2007）。例如，Venkatesan 等（2007）使用贝叶斯决策理论解决 B2B 环境中客户对营销行为的不确定反应。笔者在估计模型中同时模拟了购买时机、购买数量与顾客反应三个参数的形成过程。Boatwright 等（2003）使用康威—麦克斯韦—泊松分布来联合模拟在线杂货零售商的购买时间和购买数量。类似地，Chintagunta（1993）模拟了顾客在每个时间间隔内的购买发生率和购买数量，这些顾客定期频繁地光顾杂货店。通过同时模拟这些参数，可以获得客户购买间隔时间和购买数量突然变化的早期预警指示。

同步估计法通过引入联立方程，在一定程度上克服了独立估计法的局限性，但由于模型复杂度高，对数据和计算的要求也相应提高。

（3）品牌转换法。该方法关注客户在不同品牌间的转换行为，通过马尔可夫链等模型预测客户对各品牌的选择概率，进而估算相应的市场份额和利润贡献。例如，Rust 等（2004）在品牌转换的背景下模拟顾客的获取和保留，采用了"转入—转出"矩阵的框架，刻画了客户在本品牌与竞品间的流动模式。这种方法需要收集顾客先前购买场合购买的品牌、购买不同品牌的概率以及顾客的个人特定顾客资产驱动因素评级的信息。通过马尔可夫转换矩阵，模拟了基于个人层面效用的个别客户从一个品牌转换到另一个品牌的概率。将计算出的概率乘以每次购买的贡献，得出客户对每个品牌未来每次购买的预期贡献。在对货币的时间价值进行调整后，将固定时期内的预期贡献相加，得出客户在不同品牌下的期望终生价值。最后，他们用蒙特卡洛模拟的方法对顾客终生价值进行了估算。

品牌转换法引入了竞争的视角，能够反映客户选择行为的动态变化，但其局限性在于需要详细的客户品牌选择数据，且需假设品牌转换满足一阶马尔可夫过程。

（4）蒙特卡洛模拟法。蒙特卡洛模拟法利用随机模拟的思想，在给定的概率分布假设下，通过多次重复抽样，生成大量可能的客户购买行为路径，然后对这些路径的财务结果进行求和平均，得到顾客终生价值的模拟估计值。例如，Rust 等（2011）在其动态规划模型的基础上，采用蒙特卡洛模拟法对客户在不同策略组合下的终生价值进行了预测。需要提及的是，模型复杂度与预测精度没有直接联系。例如，Campbell 和 Frei（2004）发现，即使对同一利润等级的客户，预测某些客户的未来盈利能力也比其他客户更容易。类似地，Donkers 等（2007）研究发现，他们测试的最简单模型表现最好，并提供比其他模型更好的预测。

蒙特卡洛模拟法的优点可以纳入复杂的随机性假设，较好地反映客户行为的不确定性；缺点是计算量大，且模拟结果依赖于概率分布的正确设定。

（5）顾客迁移模型。该方法借鉴了人口统计学中的迁移模型，将客户在不同状态（如新客、活跃、休眠、流失等）间的转移视为一个动态系统。通过估计状态间的转移概率矩阵，预测客户在未来各期的状态分布，并对应到相应的盈利状况，即可得到顾客终生价值。Dwyer（1997）较早地将迁移模型引入顾客终生价值的研究中，刻画了客户在获取、保持、流失等不同阶段的动态特征。

顾客迁移模型的优势在于能够描述客户关系演进的整个生命周期，但其局限性在于状态的划分和转移概率的估计有较大主观性。

（6）确定性模型。确定性模型是一种用于研究顾客价值的重要工具。这类模型基于一系列预先设定的参数、关系状态和初始条件，精确地模拟和预测结果。与其他类型的模型不同，确定性模型更加关注输入和输出间的确定性关系，较少考虑随机性和变异性的影响。例如，Jain 和 Singh（2002）描述了用于模拟客户终生价值的确定性方法的基本形式。这一基本形式考虑了客户的收入贡献、客户保留率和折现率等关键因素，但没有考虑客户获取成本的影响。此外，一些其他的确定性模型假设毛利率和营销成本是固定不变的（Berger 和 Nasr，1998），这些假设在一定程度上简化了模型，但也可能影响模型的可用性。

确定性模型的优点是简单易用，易于解释，但可能过于理想化，忽略了客户行为的随机波动。

（7）概率模型。在概率模型中，观察到的行为被视为由潜在（未观察到的）行为特征所支配的基本随机过程的实现，而这些特征在不同个体之间又有所不同。这类模型的重点是描述观察到的行为，而不是试图解释观察到的行为差异如何作为协变量的函数。这类模型假设消费者的行为根据某种概率分布在总体中变化（Gupta等，2006）。Dreze和Bonfrer（2009）将顾客终生价值定义为发送给客户的电子邮件联系时间间隔的函数，并使用娱乐行业的数据，估计了时间间隔与顾客终生价值之间的关系。

概率模型能够有效地捕捉客户行为的内在随机性，但对数据的质量和数量提出了更高的要求。

（8）结构模型。该类模型力图从客户行为的深层动因出发，刻画其内在的决策机制，并在此基础上对顾客终生价值进行估算。在顾客终生价值的研究中，多重离散性（即顾客在一次购买中可能购买多个品牌）的问题已经受到文献的关注（Manchanda等，1999；Kim等，2002）。然而，实证结果并不理想，因为无法获得可靠有效的量化数据。Sunder等（2016）采用直接效用方法构建多重离散性模型，同时在需求模型中考虑了顾客包装商品环境下评估顾客终生价值时的多样性寻求行为。同时，该研究是在纵向交易数据库上进行的，并允许预算随时间推移确定性的变化。此外，这是第一项将选择、时间和数量决策统一在一个方程中的研究，从而为评估顾客终生价值提供了一种直接的方法。

结构模型有助于揭示客户行为的内在机理，提供更具洞察力和前瞻性的预测，但对建模者的理论视野和技术能力要求较高，且理论假设检验也面临一定困难。

（9）机器学习。近年来，随着大数据和人工智能技术的发展，一些学者开始尝试用机器学习的方法预测顾客终生价值。与传统的统计模型相比，机器学习方法能够从海量的客户行为数据中自动提取有效特征，发现复杂的非线性关系，从而提高预测的精度。例如，Sun等（2023）基于顾客生命周期价值理论，从价值视角开展顾客价值测量和顾客细分研究。作者首先进行特征工程，如数据选择、数据预处理、数据转换和知识发现；其次基于机器学习算法和客户关系管理分析模型进行客户价值细分，构建非合同关系条件下的客户价值细分识别模型；最后利用实际网上购物平台的真实客户交易数据进行实证分析，验证了客户细分方法和价值计算方法的有效性和适用性。成栋等（2019）深入研究了非合约客户终生价值度量领域中的两类主流方法：经典概率模型和机器学习算法。文中选取了 Pareto/NBD 和 BG/NBD 作为经典概率模型的代表，GAM 和 SVM 作为机器学习算法的典型。通过在两个数据集上进行实证分析，比较了四种方法的特点和预测能力。研究结果表明，经典概率模型得到的预测值相对平稳，GAM 模型则展现出了捕捉和跟踪数据中极端变化的强大能力。

机器学习方法在顾客终生价值预测中展现了广阔的应用前景，但其局限性在于模型的可解释性相对较差，且对数据质量和样本量有较高要求，在缺乏足够大数据支撑的情况下可能会出现过拟合等问题。此外，从训练到部署也存在一定的技术门槛和实现成本。

综上所述，现有文献中关于存量客户顾客终生价值的测量方法可以分为独立估计法、同步估计法、品牌转换法、蒙特卡洛模拟法、顾客转移模型、确定性模型、概率模型、结构模型和机器学习，各有其理论基础、适用条件和局限性。独立估计法和同步估计法侧重于客户购买行为各环节的量化分解和整合；品牌转换法和顾客转移模型从客户在不同选项间流动的视角刻画其价值贡献；蒙特卡洛模拟法和机器学习通过构建灵活的非参数模型，捕捉客户行为的复杂性和不确定性；确定性模型和概率模型则在特定参数分布假设下给出客户价值的解析表达式；结构模型则力图从客户决策的内在机制出发，对其行为给出前瞻性的解释和预测。这些方法并非相互排斥，而是各有侧重，在实际应用中可以根据数据条件、模型假设、决策目的等因素进行选择和整合。

在提供连续型服务的行业中，顾客与公司之间的关系通常以定期会员合同的形式存在。这种情况下，公司更加关注对顾客未来行为的预测，包括每一期的购买情况以及顾客流失的可能性等。与其他行业不同，连续型服务行业的顾客在不同时期（特别是相邻期）的购买使用行为往往具有一定程度的关联性。这一特点在 Lemon 等（2002）的研究中得到了验证，他们发现在服务关系中，顾客当期的服务使用量与上期使用量密切相关。正是由于连续型服务行业的这些特殊性，在计算顾客终生价值时，同步估计法成为了一种常用的方法（Venkatesan 和 Kumar，2004；Kumar 和 Reinartz，2016）。同步估计法考虑了顾客在不同时期的购买行为之间的关联性。与传统的分步估计法相比，同步估计法能够更全面、准确地刻画顾客的动态购买行为，提高顾客终生价值估计的可靠性。

本书聚焦于电信行业的研究情境，这一情境恰好符合连续型服务行业的特征。顾客在不同时期的通话、上网等使用行为也存在一定的相关性和连续性。基于这些特点，本书将按照 Venkatesan 和 Kumar（2004）提出的同步估计法计算电信行业顾客的终生价值。具体而言，将从电信运营商的业务系统中提取顾客的历史交易数据，包括每一期的通话时长、上网流量、套餐金额等指标。在此基础上，建立联立方程组，同时估计顾客在各个时期的购买概率和购买金额，并据此计算出顾客终生价值的估计值。

电信行业里，顾客的消费都是按月支出的，顾客终生价值可以用顾客在关系持续期间的每个月的支出（对公司来讲是收入）减去公司投入到该顾客的营销成本（因电信行业的特殊性，除营销成本外的其他成本都可以认为是固定支出）后的净现值累加获得。具体的计算公式如下：

$$CLV_i = \sum_{t=1}^{n_i} \frac{(Revenue_{it} - Cost_{it})}{(1+r)^t} \tag{5-1}$$

式中，CLV_i 表示第 i 个顾客的终生价值；t 表示时间；n_i 表示第 i 个顾客的存续时间；$Revenue_{it}$ 表示第 i 个顾客在第 t 期给公司带来的收入；$Cost_{it}$ 表示公司在第 t 期投入到第 i 个顾客的成本；r 表示贴现率。

在本书的电信公司样本数据中，计算顾客终生价值有以下几个问题需要克服，具体说明如下：

一是收入与成本的数据问题。在计算顾客终生价值时，由于数据的复杂性和多样性，获取精确的收入和成本数据常常面临诸多挑战。在本书的样本数据中，一个特殊的变量"出账值"提供了一种近似估计收入和成本的思路。"出账值"指用户每个月的实际支出，即消费金额扣除各种优惠和奖励后的净额。这些优惠和奖励通常来自顾客办理入网、大额充值等活动，公司会在后期以返现、增值服务费用减免、短期优惠措施等形式回馈给顾客。从会计的角度看，这些消费金额扣除的部分可以被视为公司投入到该顾客身上的营销成本，因而可以合理地假设"出账值"近似等于公司从顾客处获取的净收入，即式（5-1）中分子部分的值。这一假设简化了收入和成本的估计过程，使我们能够直接利用"出账值"这一变量计算顾客终生价值，而无须对收入和成本进行烦琐的分解和估算。当然，使用"出账值"作为净收入的近似值也有一定的局限性。首先，它可能低估了公司的实际营销成本，因为一些间接的营销投入（如品牌建设、渠道维护等）无法直接体现在顾客的消费金额扣除中。其次，顾客的实际支付金额可能受到多种因素的影响，如账单时间、支付方式等，这些因素可能导致"出账值"与真实净收入存在一定的偏差。尽管存在这些局限性，"出账值"仍然提供了一种简便、可行的收入估计方法。在缺乏详细的收入和成本数据时，利用"出账值"近似净收入是一种权衡数据可获得性和计算成本后的次优选择。通过这种方法，可以在保证一定估计精度的同时，大大简化顾客终生价值的计算过程。

二是时间窗口的问题。首先，由于数据时间窗口的限制，无法观测到用户2013年1月（时间窗口第1期）以前的消费数据，而且本书关注的是不同的会员服务升级对顾客后续行为的影响，时间窗口前的消费数据不太重要。因此，顾客终生价值的计算都统一从2013年1月（时间窗口第1期）开始。其次，截至数据时间窗口末期（2014年12月），对于之前已经流失的顾客，在固定的贴现率中，可以较准确地计算其终生价值；对于到最后一期尚未流失的顾客，需要做两项工作：①预测顾客未来的保留情况；②预测其未来每一期的支出情况（Reinartz 和 Kumar，2003）。本书使用同组顾客在数据时间窗口中每一期的平均生存率作为其时间窗口之后的每一期的生存率。对于顾客时间窗口后的每一期的支出，则用其最后 3 期的平均值来进行代替。在此基础上，结合贴现率，计算出数据时间窗口之后的顾客价值。具体的计算公式如下：

$$Post\_CLV_i = \sum_{k=1}^{\infty}\left(\frac{Expenditure_i}{(1+r)^k} \times \prod_1^k P_i\right) \tag{5-2}$$

式中，$Post\_CLV_i$ 表示第 i 个顾客在时间窗口之后的终生价值；k 表示时间；$Expenditure_i$ 表示第 i 个顾客在时间窗口之后每一期支出的预测值，这里用该顾客在数据时间窗口最后 3 期的平均值来进行代替；P_i 表示第 i 个顾客在数据时间窗口后每一期的生存率，它用同组顾客在数据时间窗口中每一期的平均生存率来代替；r 表示贴现率。上述计算公式可进一步转化为：

$$Post\_CLV_i = Expenditure_i \times \frac{P_i}{1+r-P_i} \tag{5-3}$$

另外，由于贴现率 r 是人为设定的，本书参照 Gupta 等（2004）与 Borle 等（2008）的做法，以 $r=12\%$ 为基准年贴现率。求出时间窗口后的顾客价值后，再加上时间窗口内顾客价值的净现值，即可得到顾客终生价值的估计值。本章的稳健性分析部分同时考虑了另外两个增大与减小的年度贴现率（$r=14\%$，10%）。所以，总共需要估算出三个不同的年度贴现率（$r=10\%$，12%，14%）下的顾客终生价值的具体数值。

除上述 3 个变量外，本书用到自变量交易因素（使用过量、使用不足）、关系因素（关系持续时间、关系利益）以及一系列的控制变量定义与研究一相同，在此不再赘述。

第二节　实证方法与模型

一、实证方法

本书中的假设 H5 和假设 H6 分别探讨了交易因素（服务使用过量）和关系因素（关系持续时间、关系利益）对顾客结构不变的会员升级和结构变动的会员升级的影响差异。为了检验这两个假设，研究样本经过筛选，只保留了两组顾客：一组是在流失前从未发生会员套餐变更的顾客，另一组是只发生过一次套餐升级的顾客。由于样本的特殊性，本书采用两种不同的方法检验假设 H5 和假设 H6。

　　第一种方法是将会员套餐不变组、结构不变的会员升级组和结构变动的会员升级组的样本合并在一起，以会员套餐不变组为基准，估计多元逻辑回归模型。通过比较结构不变的会员升级组和结构变动的会员升级组的回归系数，可以考察交易因素和关系因素对两种不同类型的会员服务升级的作用差异。这种方法的优点在于，它利用了全部的样本信息，通过设置会员套餐不变组为基准，可以同时估计交易因素和关系因素对两种类型会员服务升级的影响。然而，这种方法由于将三组样本合并在一起进行估计，模型的复杂度增加，可能会影响估计的效率和稳健性。第二种方法是只保留两种会员服务升级的样本，将结构不变的会员服务升级的观测作为控制组，将结构变动的会员服务升级的观测作为处理组，然后通过二元逻辑回归模型直接比较交易因素和关系因素对两种不同会员升级的作用差异。与第一种方法相比，这种方法的优点在于，它通过设置明确的控制组和处理组，可以更直接、准确地估计交易因素和关系因素对两种会员升级类型的影响差异。同时，由于只涉及两组样本，模型的复杂度降低，估计的效率和稳健性可能会有所提高。然而，这种方法没有利用会员套餐不变组的信息，可能会损失一部分有价值的样本信息。另外，由于样本量的减少，估计的统计功效可能会有所下降，特别是在样本量较小的情况下，估计结果的可靠性可能会受到影响。

　　假设 H7 旨在考察结构不变的会员服务升级和结构变动的会员服务升级对顾客终生价值的影响差异。一种直观的研究方法是将这两种不同类型的会员服务升级分别视为控制组和处理组，然后比较两组顾客在升级前后终生价值的变化差异。然而，这种方法可能面临着非随机处理效应问题，即顾客进入控制组（结构不变的会员服务升级）或处理组（结构变动的会员服务升级）并非是随机分配的，而受到了某些因素的影响（Rubin，1974；Holland，1986；Heckman 和 Smith，1995；Imbens 和 Wooldridge，2009）。非随机处理效应问题实质上是一种内生性问题。这是因为，顾客选择结构不变的会员服务升级还是结构变动的会员服务升级，可能与其自身的特征、偏好、需求等因素有关。例如，对服务质量要求较高、对当前套餐不满意的顾客可能更倾向于选择结构变动的会员服务升级；而对当前套餐较为满意、对服务质量要求不高的顾客可能更倾向于选择结构不变的会员服务升级。这些顾客特征可能同时影响了他们的服务升级选择和终生价值，从而导致内生性问题。如果直接比较两组顾客的终生价值差异，得到的估计结果可能是有偏的，无法准确反映会员服务升级类型对顾客终生价值的因果效应。

在探讨假设 H7 时，需要特别注意处理效应带来的内生性问题与 Heckman（1979）提出的样本选择问题之间的本质区别。处理效应模型关注个体是否接受了特定的处理（如结构不变或结构变动的会员服务升级），并且无论个体是否接受处理，研究者都可以观测到其结果变量（如顾客终生价值）。相比之下，样本选择问题考虑的是非代表性样本引起的样本偏差，个体之间的差异不在于是否接受处理，而在于能否被观测到（陈强，2014）。为了解决处理效应引起的内生性问题，研究者常常采用倾向得分匹配法（Rosenbaum 和 Rubin，1983；Dehejia 和 Wahba，2002）。倾向得分匹配法根据个体的可观测特征估计其接受不同处理（如不同类型的会员服务升级）的概率，即倾向得分；然后根据估计得到的倾向得分对接受不同处理的个体进行匹配，使匹配后的两组个体在可观测特征上尽可能相似，从而控制潜在的选择偏差，得到处理效应的一致估计。倾向得分匹配法作为一种主流的评估处理效应方法，在市场营销学的实证研究中得到广泛应用（Wangenheim 和 Bayon，2007；Garnefeld 和 Tax，2013；Harmeling 等，2015）。

倾向得分匹配法（Propensity Score Matching，PSM）是一种用于评估处理效应的重要方法，其基本思想是利用倾向得分来匹配处理效应中的控制组和处理组，从而获得处理效应的无偏估计（Rosenbaum 和 Rubin，1983；Dehejia 和 Wahba，2002；Caliendo 和 Kopeinig，2008）。倾向得分指观测个体在给定协变量条件下进入处理组的概率，它反映了个体接受处理的倾向性。通过匹配具有相似倾向得分的个体，可以在一定程度上模拟随机化实验，控制选择偏差，从而得到处理效应的可靠估计。倾向得分匹配法的实施步骤可以概括为以下五个方面（Caliendo 和 Kopeinig，2008）：

第一步，估计每个观测个体的倾向得分。研究者需要尽可能纳入所有可能影响个体选择的协变量，如人口统计特征、社会经济地位、过去的行为等。对于二元处理效应模型，倾向得分的估计通常采用 Logit 模型或 Probit 模型。模型估计的目的是根据协变量预测个体进入处理组的概率，即倾向得分。

第二步，确定倾向得分匹配的具体方法。常用的匹配方法包括近邻匹配、卡尺或半径匹配、分层和区间匹配、核匹配、局部线性匹配等。不同的匹配方法在匹配质量和计算效率上各有优劣，研究者需要根据数据的特点和研究目的进行选择。例如，近邻匹配法通过寻找倾向得分最接近的个体来构建匹配样本，实现起来较为简便；而卡尺匹配法则通过设定一个容忍度，在该容忍度内选择所有满足条件的个体进行匹配，可以提高匹配的质量和效率。

第三步，检验控制组和处理组的倾向得分是否满足共同支撑或重叠假定。共同支撑假定要求处理组和控制组在协变量上有足够的重叠，以确保每个处理组个体都能在控制组中找到合适的匹配对象。如果两组的倾向得分分布差异过大，缺乏足够的重叠，则可能无法找到合适的匹配样本，进而影响估计结果的可靠性。

第四步，评估匹配质量。匹配质量的评估主要通过比较匹配后样本中控制组和处理组在协变量上的平衡性实现。如果匹配后两组样本在协变量上的差异显著减小，达到了较好的平衡，则说明匹配质量较高，选择偏差得到了有效控制。常用的平衡性检验方法包括 t 检验、标准化偏差等。

第五步，估计处理效应。倾向得分匹配法可以估计多种类型的处理效应，包括平均处理效应（Average Treatment Effect，ATE）、对照组的平均处理效应（Average Treatment Effect on the Untreated，ATU）和处理组的平均处理效应（Average Treatment Effect on the Treated，ATT）。其中，ATT 是最常用的估计量，它衡量的是接受处理的个体在接受处理后的平均结果与未接受处理时的潜在结果之差。通过比较匹配后样本中处理组和控制组的平均结果差异，可以得到 ATT 的一致估计。

需要注意的是，倾向得分匹配法的有效性依赖于一些关键假定，如条件独立性假定和共同支撑假定。条件独立性假定要求在给定协变量的条件下，处理变量与潜在结果变量相互独立。共同支撑假定则要求处理组和对照组在协变量上有足够的重叠。如果这些假定不成立，倾向得分匹配法得到的估计结果可能是有偏的。因此，研究者在使用倾向得分匹配法时，需要仔细评估这些假定的合理性，并在研究设计和结果解释中予以充分考虑。

本书参考了市场营销学领域关于倾向得分匹配法的文献（Garnefeld 和 Tax，2013；Wangenheim 和 Bayon，2007），来评估结构不变和结构变动的会员服务升级对顾客终生价值的影响差异。

第一步，先对所有会员服务升级的样本按照升级类型进行分组，将结构不变的会员服务升级（控制组）的因变量取值设为 0，将结构变动的会员服务升级（处理组）的因变量取值设为 1。然后选择一系列可能影响会员服务升级类型选择的外生自变量，对这些自变量进行二元逻辑回归，估计每个观测的倾向得分。倾向得分反映了顾客在给定自变量条件下选择结构变动升级的概率，它可以用来衡量顾客的升级倾向性。

第二步，为了减少匹配过程中的随机性影响，先对所有样本进行随机排序。然后根据倾向得分，为每一个结构变动升级的观测（处理组）在结构不变升级的观测（控制组）中寻找倾向得分最为接近的匹配对象。这一步的目的是为每个接受了结构变动升级的顾客找到一个在升级倾向性上最为相似的结构不变升级的顾客，从而构建一个匹配样本。匹配的方法可以是一对一的最近邻匹配，也可以是一对多的半径匹配或核匹配等。

第三步，根据匹配前后处理组和控制组在自变量上的平衡性来评估匹配的效果。一个常用的评估指标是平均绝对标准化偏差，它衡量的是匹配后两组样本在自变量上的平均差异。如果匹配后平均绝对标准化偏差显著下降，说明两组样本在自变量上的差异得到有效控制，匹配质量较高。

第四步，保留匹配后的数据样本，估计处理效应。具体是将匹配后的处理组和控制组在会员服务升级前后的顾客终生价值变化进行比较，其差异即为处理效应。由于匹配后的两组样本在可观测特征上已经尽可能相似，可以认为观测到的终生价值差异主要来自于会员服务升级类型的影响。通过这种方式，可以得到结构变动升级相对于结构不变升级的平均处理效应（ATT）的一致估计。

二、实证模型

本书涉及的假设 H5、假设 H6 通过模型 6、模型 7 和模型 8 来共同检验，假设 H7 则通过模型 9 检验。具体使用的计量模型介绍如下：

1. 模型 6

Probability（结构不变的会员服务升级）$_i$ = Λ（$\beta_{60}+\beta_{61}$ 使用过量$_i$+β_{62} 使用不足$_i$+β_{63} 关系持续时间$_i$+β_{64} 关系利益$_i$+Control）　　　　（5-4）

（样本为结构不变的会员服务升级的观测与会员套餐从未变更的观测）

2. 模型 7

Probability（结构变动的会员服务升级）$_i$ = Λ（$\beta_{70}+\beta_{71}$ 使用过量$_i$+β_{72} 使用不足$_i$+β_{73} 关系持续时间$_i$+β_{74} 关系利益$_i$+Control）　　　　（5-5）

（样本为结构不变的会员服务升级的观测与会员套餐从未变更的观测）

3. 模型 8

Probability（会员服务升级类型）$_i$ = Λ（$\beta_{80}+\beta_{81}$ 使用过量$_i$+β_{82} 使用不足$_i$+β_{83} 关系持续时间$_i$+β_{84} 关系利益$_i$+Control）　　　　（5-6）

（样本只包含会员服务升级的观测）

模型 6、模型 7、模型 8 中，Logit 模型的连接函数 $\Lambda(X'\beta)=\dfrac{e^{X'\beta}}{1+e^{X'\beta}}$。

4. 模型 9

顾客终生价值$_i$＝$\beta_{90}+\beta_{91}$ 会员服务升级类型$_i$+Control+ε_i　　　　（5-7）

（样本只包含会员服务升级的观测）

式中，当样本观测属于结构不变的会员服务升级时，会员服务升级类型取值为 0；当样本观测属于结构变动的会员服务升级时，会员服务升级类型取值为 1。

特别说明：上述 4 个模型的控制变量与研究一的 5 个模型相同。

第三节　模型检验结果

检验研究假设 H5、假设 H6a、假设 H6b 涉及模型 6、模型 7、模型 8，其回归分析的结果如表 5-1 所示。

表 5-1　模型 6-8 回归分析结果

模型名称 因变量		模型 6 结构不变的升级	模型 7 结构变动的升级	模型 8 服务升级类型
自变量	假设			
使用过量	H5	0.7492 *** (0.0821)	0.8729 *** (0.1352)	0.3497 ** (0.1691)
使用不足		-0.7157 *** (0.1445)	-0.9777 *** (0.2832)	-0.2957 (0.3768)
关系持续时间	H6a	0.0084 *** (0.0012)	0.0053 *** (0.0020)	-0.0077 *** (0.0029)
关系利益	H6b	0.6838 *** (0.1193)	1.1061 *** (0.1904)	0.4751 * (0.2450)
控制变量				
顾客类型		-0.3067 ** (0.1451)	-0.3008 (0.2384)	-0.2219 (0.3367)
促销激励		-0.0041 * (0.0025)	-0.0098 ** (0.0048)	-0.0074 (0.0056)
套餐价格		0.0039 ** (0.0017)	-0.0069 * (0.0037)	-0.0193 *** (0.0046)
套餐类型 B		1.7449 *** (0.1750)	0.7340 *** (0.2198)	-1.3051 *** (0.3138)
套餐类型 C		0.8218 ** (0.4020)	2.7700 *** (0.2788)	1.8686 *** (0.5228)
集团渠道		-0.5357 (0.4710)	-0.3574 (0.6187)	0.3412 (0.9079)
卖场渠道		-0.1861 (0.4282)	-0.4632 (0.5500)	-0.1984 (0.7941)
实体渠道		-0.2161 (0.4268)	-0.2826 (0.5449)	-0.1243 (0.7891)

模型名称 因变量		模型 6 结构不变的升级	模型 7 结构变动的升级	模型 8 服务升级类型
营业渠道		−0.3553 (0.4477)	−0.5326 (0.5902)	−0.3725 (0.8420)
时间固定效应		控制	控制	控制
N		18727		651
Pseudo R²		0.1349		0.172
Log-Likehood		−2777.2097		−317.912

注：①模型 6、模型 7 同属于一个多元逻辑回归模型。②括号内为回归系数的面板聚类标准误；＊表示 p<0.10，＊＊表示 p<0.05，＊＊＊表示 p<0.01。

资料来源：本书整理。

模型 6 和模型 7 分别考察了交易因素（使用过量）和关系因素（关系持续时间、关系利益）对结构不变的会员服务升级和结构变动的会员服务升级的影响。具体而言，模型 6 探讨了顾客的服务使用过量、关系持续时间、关系利益对其选择结构不变的会员升级的作用，模型 7 研究服务使用过量、关系持续时间、关系利益对结构变动的会员服务升级的影响。模型 8 直接比较了交易因素和关系因素对两种不同类型会员升级的影响差异。

（一）交易因素的影响

从表 5-1 的估计结果可以看出，使用过量对顾客选择结构不变和结构变动的会员服务升级都有显著的正向影响，但其影响程度存在一定差异。具体而言，在模型 6 中，使用过量对顾客选择结构不变升级的回归系数为 0.7492，在 1% 的水平上显著（$\beta_{61} = 0.7492$，p<0.01），表明顾客的服务使用过量正向影响结构不变的会员服务升级；在模型 7 中，使用过量对顾客选择结构变动升级的回归系数为 0.8729，同样在 1% 的水平上显著（$\beta_{71} = 0.8729$，p<0.01），顾客的服务使用过量正向影响结构变动的会员服务升级，且系数大小高于模型 6 中的估计值。这一结果表明，使用过量行为也是驱动顾客选择结构变动升级的重要因素，且其影响强度更大。模型 8 的分析样本只包含会员服务升级的观测，具体操作时，将结构不变的会员服务升级样本的因变量值设为 0，将结构变动的会员服务升级样本的因变量设为 1。直接比较了服务使用过量在两类升级决策中的影响差异。估计结果显示，模型 8 中二者直接比较的结果 $\beta_{81} = 0.3497$，p<0.05，差异显著，即使用过量对结构变动的会员服务升级的作用大于其对结构不变的会员服务升级的影响，假设 H5 获得支持。

（二）关系因素的影响

从表 5-1 的估计结果可以看出，关系持续时间对顾客选择结构不变和结构变动的会员服务升级都有显著的正向影响，但其影响程度存在明显差异。具体地，在模型 6 中，关系持续时间对顾客选择结构不变升级的回归系数为 0.0084，在 1% 的水平上显著（$\beta_{63} = 0.0084$，$p < 0.01$），表明顾客与企业的关系维系时间越长，越有可能选择结构不变的升级方式。而在模型 7 中，关系持续时间对顾客选择结构变动升级的正向影响显著（$\beta_{73} = 0.0053$，$p < 0.01$），但其回归系数明显小于模型 6 中的估计结果。这表明，尽管关系持续时间的延长会在一定程度上提高顾客选择结构变动升级的可能性，但其正向影响相对较弱。模型 8 进一步通过直接比较关系持续时间在两类会员服务升级决策中的影响差异，估计结果支持了关系持续时间对结构不变升级的影响显著强于结构变动升级的判断（$\beta_{83} = -0.0077$，$p < 0.01$）。综上所述，关系持续时间对结构不变的会员服务升级的影响大于其对结构变动的会员服务升级的影响，假设 H6a 得到支持。

从表 5-1 的估计结果可以看出，关系利益对顾客选择结构不变和结构变动的会员服务升级都有显著的正向影响，其影响程度存在明显差异，但与预期假设相反。具体而言，在模型 6 中，关系利益对顾客选择结构不变升级的回归系数为 0.6838，在 1% 的水平上显著（$\beta_{64} = 0.6838$，$p < 0.01$），表明顾客从与企业的关系中感知到的利益越多，越有可能选择结构不变的升级方式。然而，在模型 7 中，关系利益对顾客选择结构变动升级的回归系数高达 1.1061，不仅在 1% 的水平上高度显著（$\beta_{74} = 1.1061$，$p < 0.01$），而且明显大于模型 6 中的估计值。这一结果与假设 H6b 的预期恰恰相反，表明关系利益对顾客选择结构变动升级的正向影响反而更加强烈。模型 8 中二者直接比较也证实了上述结果（$\beta_{84} = 0.4751$，$p < 0.10$），这与 H6b 假设的"关系利益对结构不变的会员服务升级的影响大于其对结构变动的会员服务升级的影响"正好相反，H6b 未获得支持。

（三）会员服务升级类型的顾客终生价值差异

为了检验假设 H7，先对两种不同类型的会员服务升级组的顾客终生价值进行了分组比较。结果发现，在结构不变的会员服务升级组中，顾客终生价值的平均值为 9205.815 元，而在结构变动的会员服务升级组中，这一数值达到了 9829.047 元，从表面上看，结构变动组的顾客终生价值要略高于结构不变组，这与假设 H7 的预期是一致的。然而，这种简单的分组比较可能存在严重的内生性问题，导致估计结果具有偏误。这是因为，顾客最终选择结构不变的升级（控制组）还是结构变动的升级（实验组），并不是随机决定的，而是受到许多因素的影响，如顾客的个人偏好、需求特点、交易历史等。这意味着，两组顾客在可观测和不可观测特征上可能存在系统性差异，使观察到的顾客终生价值差异不能完全归因于会员升级类型本身的因果效应，还包含了其他因素的影响，即所谓的"选择偏差"。这种因果推断中的"选择偏差"问题，在计量经济学中被称为

"内生性"，是一个长期困扰因果效应估计的难题。如果忽视这一问题，就可能高估或低估会员升级类型对顾客终生价值的真实影响。为此，需要采用一些更为严谨的方法来处理这种内生性，如倾向值匹配，以期从混杂的相关关系中识别出因果效应。因此，只有妥善解决了内生性问题，才能对假设 H7 做出可靠的检验。

为了更准确地估计不同会员升级类型对顾客终生价值的因果效应，本书采用了倾向得分匹配的方法。具体步骤如下：

第一步，计算倾向得分。先将所有会员服务升级的样本按照升级类型进行了二值编码，其中控制组（结构不变升级）的因变量取值为 0，处理组（结构变动升级）的因变量取值为 1。然后以此二值因变量为被解释变量，以所有外生自变量（包括交易因素变量、关系因素变量与控制变量）为解释变量，进行二元逻辑回归，得到每个观测的倾向得分。从表 5-2 的倾向得分回归结果可以看出，大部分自变量的回归系数在统计上是显著的，表明它们与会员升级类型的选择存在显著相关，需要作为匹配的依据。但也有少数变量的回归系数并不显著，这可能引发一个问题：在计算倾向得分时，是否需要纳入这些不显著的变量？对此，Rubin 和 Thomas（1996）给出了明确的建议：即使协变量与处理变量的相关性不显著，也仍然需要将其纳入倾向得分模型中。因为排除这些变量可能会引入新的偏差，反而降低匹配质量。基于这一考虑，本书在计算倾向得分时，仍然保留了所有的外生变量，以期获得更为可靠的匹配结果。

表 5-2　倾向得分模型回归分析结果

外生变量	回归系数	标准误
使用过量	0.3453**	0.1687
使用不足	−0.2738	0.3721
关系持续时间	−0.0075***	0.0027
关系利益	0.4701*	0.2441
顾客类型	0.0098	0.2542
促销激励	−0.0074	0.0056
套餐价格	−0.0191***	0.0046
套餐类型 B	−1.3577***	0.3053
套餐类型 C	1.7945***	0.5143
渠道类型	控制	
N	651	
Pseudo R^2	0.1693	
Log-Likehood	−318.857	

注：*表示 $p<0.10$，**表示 $p<0.05$，***表示 $p<0.01$。
资料来源：本书整理。

第二步，进行匹配。具体是找到控制组中与处理组每一个观测倾向得分接近的观测，从而构建匹配样本。为了消除匹配顺序对结果的潜在影响，先对原始样本进行了随机排序。然而，原始样本的总量较小，仅有651个观测值，其中控制组（结构不变的会员升级）样本观测数为471个，处理组（结构变动的会员升级）样本观测数只有180个，远少于控制组。这种样本量和分布的不平衡可能会给匹配质量带来挑战。为此，本书采用了有放回、一对四的近邻匹配法。这一方法允许控制组中的同一个观测被重复使用，从而在一定程度上缓解了处理组样本量不足的问题。同时，与常见的一对一匹配相比，一对四匹配通过为每个处理组观测寻找四个最近邻的控制组观测，可以更充分地利用控制组信息，提高匹配效率和稳健性。这种匹配方法在倾向得分匹配的实证研究中得到了广泛应用（Dehejia 和 Wahba，2002；Caliendo 和 Kopeinig，2008；Smith，1997）。在匹配过程中，如何判断处理组和控制组观测的倾向得分是否"接近"是关键问题。一个常用的标准是，设定一个倾向得分容差，即两个观测的倾向得分差值若小于此容差，则认为它们足够接近，可以进行匹配。根据 Silverman（2018）的建议，将倾向得分容差设定为0.001。这意味着对于处理组中的每一个观测，在控制组中寻找倾向得分与其差值在正负0.001之内的观测，作为其最近邻进行匹配。以此为规则，为每个结构变动的会员服务升级的观测（处理组）找到对应的倾向得分与其接近的结构不变的会员服务升级的观测（控制组）。需要注意的是，倾向得分容差的选取需要在匹配质量和样本保留之间进行权衡。一方面，较小的容差可以确保匹配观测在倾向得分上非常接近，从而提高匹配质量和可比性。但另一方面，过小的容差可能会导致较多的处理组观测无法找到合适的匹配对象，从而被剔除出匹配样本，降低了样本的代表性和估计效率。

第三步，对匹配效果进行评估。本书按照 Caliendo 和 Kopeinig（2008）、Rosenbaum 和 Rubin（1985）的做法，计算出匹配前后所有外生变量均值在处理组与控制组之间的偏差下降程度。遵循 Rosenbaum 和 Rubin（1985）的方法，给出匹配后的外生变量偏差下降比例的公式如下：

$$PRB = 1 - \left| \frac{\overline{X_i^A} - \overline{X_j^A}}{\overline{X_i^A} - \overline{X_j^B}} \right| \tag{5-8}$$

式中，PRB 是偏差下降百分比；$\overline{X_i^A}$ 是匹配后的处理组外生变量 X 的均值；$\overline{X_j^A}$ 是匹配后的控制组外生变量 X 的均值；$\overline{X_i^B}$ 是匹配前的处理组外生变量 X 的均值；$\overline{X_j^B}$ 是匹配前的控制组外生变量 X 的均值。

在完成倾向得分匹配后，需要评估匹配的质量，以确保处理组和控制组在协变量上的可比性。一个常用的评估指标是偏差下降比例（Percentage Bias Reduction），它衡量了匹配后两组样本在各个外生变量上的标准化差异相对于匹配前的下降程度。根据式（5-8），计算出了所有外生变量的偏差下降比例，结果如表5-3所示。可以看出，匹配完成后，外生变量的偏差下降程度总体上相当理想。在匹配之前，处理组与控制组在许多外生变量上存在显著差异，表明两组样本在协变量分布上并不平衡，存在明显的选择偏差。然而，在进行倾向得分匹配之后，绝大多数外生变量的组间差异都得到了明显的缩小。匹配后的处理组和控制组在各个协变量上变得相对接近，表明匹配在很大程度上平衡了两组样本的可观测特征。平均而言，外生变量的偏差下降程度达65.8%。为了更直观地呈现匹配前后偏差的变化，本书绘制了图5-1。可以清晰地看到，匹配之前，处理组和控制组在各个外生变量上的差异较为明显，标准化偏差的绝对值普遍较大。但经过匹配之后，这些偏差得到了大幅度的缩减，绝大多数变量的标准化差异都趋近于零，处理组和控制组变得高度相似。这一结果佐证了匹配质量的有效性。

表 5-3　配对前后的外生变量均值偏差变化

配对前		外生变量	配对后		偏差降低比例（%）
结构不变的会员升级（控制组）（N=471）	结构变动的会员升级（处理组）（N=180）		结构不变的会员升级（控制组）（N=223）	结构变动的会员升级（处理组）（N=109）	
1.102	1.206	使用过量	1.222	1.193	72.1
0.113	0.072	使用不足	0.065	0.046	51.8
48.376	45.061	关系持续时间	38.991	39.606	81.5
0.722	0.733	关系利益	0.722	0.716	42.7
0.174	0.189	顾客类型	0.193	0.174	−23.0
15.691	12.281	促销激励	14.780	13.777	70.6
82.178	69.611	套餐价格	74.150	73.798	97.2
0.905	0.617	套餐类型 B	0.879	0.881	99.5
0.017	0.233	套餐类型 C	0.028	0.028	100
			平均偏差降低		65.8

资料来源：本书整理。

第四步，估计处理效应。在完成倾向得分匹配和平衡性检验后，进入了因果推断的最后一步：估计处理效应。借助匹配后的样本，可以从三个角度评估两种不同类型会员服务升级在顾客终生价值上的差异：控制组处理效应（ATU）、处理组处理效应（ATT）和平均处理效应（ATE）。控制组处理效应（ATU）反映了对于那些实际接受了结构不变升级的顾客，如果他们转而接受结构变动升级，其顾客终生价值发生的变化。处理组处理效应（ATT）反映了对于那些实际接受

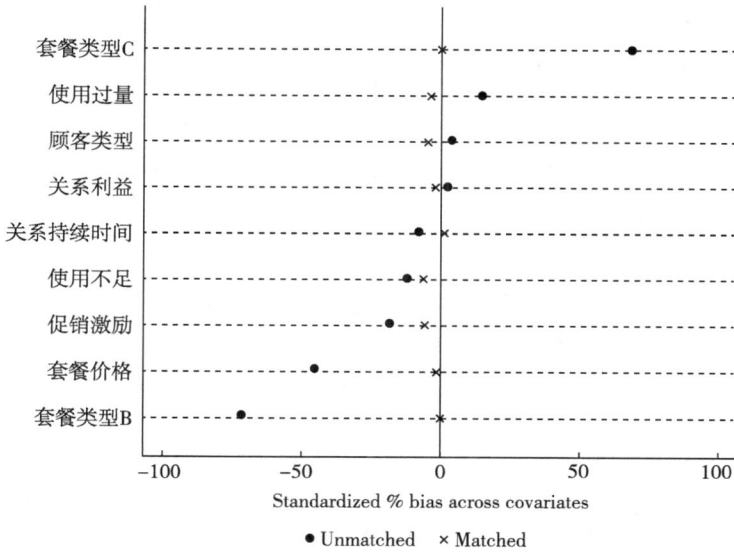

图5-1　外生变量的标准偏差

资料来源：本书整理。

了结构变动升级的顾客，相对于如果他们接受结构不变升级，其顾客终生价值的变化。平均处理效应（ATE）衡量了在总体顾客中随机选择一个个体，让其接受结构变动升级相对于结构不变升级所能带来的顾客终生价值提升。本书使用匹配后的样本，对上述三种处理效应进行了估计，结果如表5-4所示。

表5-4　倾向得分匹配法估计的处理效应　　　　　　　　　　　　单位：元

	处理	控制	差异值
控制组处理效应（ATU）	8896.202	9638.078	741.875
处理组处理效应（ATT）	9520.745	8247.772	1272.973
平均处理效应（ATE）			916.242

资料来源：本书整理。

可以看出，控制组的处理效应 ATU 为 741.875 元，说明结构不变的会员服务升级（控制组）如果变成结构变动的会员服务升级，平均顾客终生价值将会增加 741.87 元。处理组的处理效应为 1272.973 元，说明结构变动的会员服务升级（处理组）如果从结构不变的会员服务升级转变而来，平均顾客终生价值将会增加 1272.973 元。平均处理效应为 916.242 元，说明样本总体中，会员升级类型从结构不变的会员升级变成结构变动的会员升级后，平均顾客终生价值增加

916.242元。这充分说明了结构变动的会员服务升级对顾客终生价值的影响大于结构不变的会员升级对顾客终生价值的影响，假设 H7 得到支持。

第四节　稳健性分析

本章的稳健性分析主要采取了三种方法以验证研究结果的稳定性。

首先，研究者对变量"使用过量"与"使用不足"的定义进行了调整，具体是将其测量的标准倍增，即原先的使用量标准被放大到两倍，然后在这一新标准下重新拟合原有的回归模型。这一步骤有助于了解在"使用过量"与"使用不足"更严格的数量标准下，模型结果的变化情况。

其次，研究者又将"使用过量"与"使用不足"的测量标准减半，即原有的测量标准降低为一半，再次进行回归模型的拟合。这一操作旨在探讨在"使用过量"与"使用不足"更宽松的数量标准下，模型结果的稳健性。

最后，本章调整了顾客终生价值估算中使用的年贴现率，具体是将原始的贴现率基础上分别增加 2% 和减少 2%，得到两个新的年贴现率 r = 14% 和 r = 10%。通过两种不同的贴现率，重新检验假设 H7，从而观察贴现率的变化对假设验证结果的影响。

一、使用倍增的标准

与第四章的稳健性分析相似，本书继续对交易因素"使用过量"与"使用不足"的测量方法进行调整和改进。本部分在重新拟合模型时，采用了更为严格的测量标准，特别是对超出和未满足资费套餐的使用量比例进行了倍增处理，以此检验模型 6~模型 9 分析结果的稳健性。具体来说，本书将语音使用量超过资费套餐供给的 100% 作为"使用过量"的评判标准，而将语音使用量不足资费套餐供给的 25% 作为"使用不足"的评判标准；与此类似，将流量使用超出和不足套餐供给的比例标准倍增至 100% 和 25%。在新的界定标准下，重新计算了每个顾客在语音和流量两个维度上的"使用过量"与"使用不足"情况。接下来，遵循表 4-3 的做法，将语音和流量的"使用过量"与"使用不足"指标进一步整合，得到了变量"使用过量"与"使用不足"的最终测量。之后基于倍增标准的"使用过量"和"使用不足"变量，按照前文的方法重新拟合了模型 6~模型 9。重新拟合的 6~8 三个模型的估计结果如表 5-5 所示，模型 9 的估计结果如表 5-6 所示。

表 5-5　使用倍增标准测量后的回归分析结果

模型名称 因变量		模型 6 结构不变的升级	模型 7 结构变动的升级	模型 8 服务升级类型
自变量	假设			
使用过量	H5	0.6605 ***	0.7612 ***	0.2740 *
		(0.0776)	(0.1275)	(0.1557)
使用不足		-0.9052 ***	-1.3370 ***	-0.4410
		(0.1573)	(0.3236)	(0.4268)
关系持续时间	H6a	0.0086 ***	0.0057 ***	-0.0077 ***
		(0.0012)	(0.0020)	(0.0029)
关系利益	H6b	0.7439 ***	1.1934 ***	0.4849 **
		(0.1192)	(0.1906)	(0.2448)
控制变量				
顾客类型		-0.3186 **	-0.3326	-0.2009
		(0.1445)	(0.2382)	(0.3371)
促销激励		-0.0035	-0.0089 **	-0.0065
		(0.0025)	(0.0037)	(0.0056)
套餐价格		0.0024	-0.0085 **	-0.0189 ***
		(0.0017)	(0.0037)	(0.0046)
套餐类型 B		1.7429 ***	0.7367 ***	-1.2520 ***
		(0.1749)	(0.2199)	(0.3113)
套餐类型 C		0.7670 *	2.7357 ***	1.9118 ***
		(0.4015)	(0.2777)	(0.5233)
集团渠道		-0.4998	-0.3395	0.2267
		(0.4698)	(0.6151)	(0.9077)
卖场渠道		-0.1719	-0.4812	-0.2720
		(0.4274)	(0.5454)	(0.7947)
实体渠道		-0.1617	-0.2507	-0.1959
		(0.4260)	(0.5404)	(0.7904)
营业渠道		-0.3325	-0.5290	-0.3883
		(0.4472)	(0.5866)	(0.8421)
时间固定效应		控制	控制	控制
N		18727		651
Pseudo R^2		0.1248		0.169
Log-Likehood		-2809.498		-318.808

注：①模型 6、模型 7 同属于一个多元逻辑回归模型。②括号内为回归系数的面板聚类标准误；＊表示 $p<0.10$，＊＊表示 $p<0.05$，＊＊＊表示 $p<0.01$。

资料来源：本书整理。

表 5-6　使用倍增标准测量后的处理效应　　　　　单位：元

	处理组	控制组	差异值
控制组处理效应（ATU）	8839.250	9674.920	835.670
处理组处理效应（ATT）	9825.774	7941.986	1883.788
平均处理效应（ATE）			1181.715

资料来源：本书整理。

（一）交易因素的影响

从表 5-5 可知，在模型 6 中，"使用过量"对结构不变的会员服务升级的影响系数为 0.6605，且在 1% 的水平上统计显著（$\beta_{61} = 0.6605$，p<0.01）；模型 7 中，"使用过量"对结构变动的会员服务升级的影响系数为 0.7612，同样在 1% 的水平上显著（$\beta_{71} = 0.7612$，p<0.01）；后者大于前者。模型 8 使用了只包含会员服务升级的分析样本，具体是将结构不变的会员服务升级样本的因变量值设为 0，将结构变动的会员服务升级样本的因变量设为 1。在此基础上直接比较了服务使用过量对两种不同类型会员服务升级的影响差异。二者直接比较的结果 $\beta_{81} = 0.2740$，p<0.10，差异边缘显著。因此，可以认为使用过量对结构变动的会员服务升级的作用大于其对结构不变的会员服务升级的影响，假设 H5 得到支持。

（二）关系因素的影响

从表 5-5 的估计结果可以看出，关系持续时间对顾客选择结构不变和结构变动的会员服务升级都有显著的正向影响。具体地，在模型 6 中，关系持续时间对顾客选择结构不变升级的正向影响显著（$\beta_{63} = 0.0086$，p<0.01）；模型 7 中，关系持续时间对顾客选择结构变动升级的正向影响也显著（$\beta_{73} = 0.0057$，p<0.01），但其回归系数明显小于模型 6 中的估计结果。模型 8 进一步地通过直接比较关系持续时间在两类会员服务升级决策中的影响差异，估计结果支持了关系持续时间对结构不变升级的影响显著强于结构变动升级的判断（$\beta_{83} = -0.0077$，p<0.01）。综上所述，关系持续时间对结构不变的会员服务升级的影响大于其对结构变动的会员服务升级的影响，假设 H6a 获得支持。

此外，表 5-5 的估计结果可以看出，关系利益对顾客选择结构不变和结构变动的会员服务升级都具有显著正向影响，但其影响程度差异与假设 H6b 预期的相反。具体地，在模型 6 中，关系利益正向影响顾客选择结构不变升级（$\beta_{64} = 0.7439$，p<0.01）；在模型 7 中，关系利益也正向影响顾客选择结构变动升级（$\beta_{74} = 1.1934$，p<0.01）。这一结果表明，关系利益对顾客选择结构变动升级的正向影响反而更加强烈。模型 8 中二者直接比较也证实了上述结果（$\beta_{84} = 0.4849$，p<0.05），这与 H6b 假设的"关系利益对结构不变的会员服务升级的影

响大于其对结构变动的会员服务升级的影响"方向相反，因而假设 H6b 未获得支持。

（三）会员服务升级类型的顾客终生价值差异

使用倍增的标准来测量交易因素变量"使用过量"与"使用不足"后，重新使用之前的倾向得分匹配方法来检验假设 H7，得到的处理效应结果见表 5-6（这里略去倾向得分方程的结果、匹配过程的介绍以及匹配质量的评估）。

可以看出，控制组的处理效应为 835.670 元，处理组的处理效应为 1883.788 元，平均处理效应为 1181.715 元，表明样本总体中，会员升级类型从结构不变的会员升级变成结构变动的会员升级后，平均顾客终生价值增加 1181.715 元。因此，结构变动的会员服务升级对顾客终生价值的影响大于结构不变的会员升级对顾客终生价值的影响，支持假设 H7。

综上所述，使用倍增的标准测量交易因素"使用过量"与"使用不足"后，重新拟合模型，假设 H5、假设 H6a、假设 H7 仍然得到支持，假设 H6b 仍维持不被支持的状态，上述结论与之前完全一致，充分说明了本书研究的稳健性。

二、使用减半的标准

与第四章的稳健性分析相似，对交易因素"使用过量"与"使用不足"的测量方法采用了更为宽松的测量标准，特别是对超出和未满足资费套餐的使用量比例进行了减半处理。具体地，本书将语音使用量超过资费套餐供给 25% 作为"使用过量"的评判标准，而将语音使用量不足资费套餐供给的 75% 作为"使用不足"的评判标准；与此类似，将流量使用超出和不足套餐供给的比例标准减半至 25% 和 75%。在新的界定标准下，重新计算了每个顾客在语音和流量上的"使用过量"与"使用不足"情况，然后按照表 4-3 的做法，将语音和流量的"使用过量"与"使用不足"的取值进一步整合，得到了"使用过量"与"使用不足"的最终测量。之后基于这个减半标准的"使用过量"和"使用不足"，按照第 3 节的方法重新拟合了模型 6~模型 8，得到结果如表 5-7 所示。模型 9 的倾向得分匹配的估计结果如表 5-8 所示。

表 5-7 使用减半标准测量后的回归分析结果

模型名称 因变量		模型 6 结构不变的升级	模型 7 结构变动的升级	模型 8 服务升级类型
自变量	假设			
使用过量	H5	0.6192 *** (0.0900)	0.9407 *** (0.1491)	0.4305 ** (0.1803)

续表

模型名称 因变量		模型 6 结构不变的升级	模型 7 结构变动的升级	模型 8 服务升级类型
使用不足		−1.0939*** (0.1668)	−0.5000** (0.2221)	0.3254 (0.3393)
关系持续时间	H6a	0.0084*** (0.0012)	0.0052*** (0.0020)	−0.0072** (0.0029)
关系利益	H6b	0.6581*** (0.1192)	1.1131*** (0.1900)	0.5285** (0.2445)
控制变量				
顾客类型		−0.2700* (0.1452)	−0.2867 (0.2383)	−0.2405 (0.3357)
促销激励		−0.0041 (0.0025)	−0.0092** (0.0047)	−0.0067 (0.0055)
套餐价格		0.0037** (0.0017)	−0.0080** (0.0037)	−0.0188*** (0.0046)
套餐类型 B		1.7309*** (0.1750)	0.7146*** (0.2196)	−1.3157*** (0.3146)
套餐类型 C		0.8580** (0.4022)	2.7620*** (0.2791)	1.8348*** (0.5248)
集团渠道		−0.5881 (0.4716)	−0.3486 (0.6212)	0.2072 (0.9045)
卖场渠道		−0.2578 (0.4289)	−0.4569 (0.5532)	−0.2426 (0.7899)
实体渠道		−0.2732 (0.4274)	−0.2683 (0.5480)	−0.2082 (0.7850)
营业渠道		−0.3821 (0.4483)	−0.4849 (0.5929)	−0.4640 (0.8369)
时间固定效应		控制	控制	控制
N		18727		651
Pseudo R²		0.142		0.169
Log-Likehood		−2754.632		−318.963

注：①模型6、模型7同属于一个多元逻辑回归模型。②括号内为回归系数的面板聚类标准误；* 表示 $p<0.10$，** 表示 $p<0.05$，*** 表示 $p<0.01$。
资料来源：本书整理。

（一）交易因素的影响

表 5-7 的模型 6 中，"使用过量" 对结构不变的会员服务升级的影响系数为 0.6192，且在 1% 的水平上统计显著（$\beta_{61}=0.6192$，$p<0.01$）；模型 7 中，"使用

表 5-8　使用减半标准测量后的处理效应　　　　　　　　单位：元

	处理组	控制组	差异值
控制组处理效应（ATU）	9099.586	9605.201	505.615
处理组处理效应（ATT）	9248.414	8320.544	927.870
平均处理效应（ATE）			636.956

资料来源：本书整理。

过量"对结构变动的会员服务升级的影响系数为 0.9407，也在 1%的水平上显著（$\beta_{71}=0.9407$，p<0.01）；效应后者大于前者。模型 8 的分析样本使用了只包含会员服务升级的观测，具体是将结构不变的会员服务升级样本的因变量值设为 0，将结构变动的会员服务升级样本的因变量设为 1。模型 8 的回归分析直接比较了服务使用过量对两种不同类型会员服务升级的影响差异。二者直接比较的结果（$\beta_{81}=0.4305$，p<0.05）差异显著。因此，使用过量对结构变动的会员服务升级的作用大于其对结构不变的会员服务升级的影响，支持假设 H5。

（二）关系因素的影响

模型 6 中，关系持续时间对顾客选择结构不变和结构变动的会员服务升级具有显著的正向影响（$\beta_{63}=0.0084$，p<0.01）；模型 7 中，关系持续时间正向影响顾客选择结构变动升级（$\beta_{73}=0.0052$，p<0.01），比较两者回归系数大小，前者大于后者，初步支持了假设 H5。模型 8 直接比较关系持续时间在两种不同类型的会员服务升级决策中的影响差异。估计结果表明，关系持续时间对结构不变的会员服务升级的影响显著强于结构变动的会员服务升级（$\beta_{83}=-0.0072$，p<0.05）。因此，假设 H6a 获得支持。

此外，表 5-7 中，关系利益对顾客选择结构不变和结构变动的会员服务升级虽然都具有显著的正向作用，但其作用强度差异与假设 H6b 预期的相反。具体地，在模型 6 中，关系利益正向影响顾客结构不变的会员服务升级（$\beta_{64}=0.6581$，p<0.01）；在模型 7 中，关系利益也正向影响顾客结构变动的会员服务升级（$\beta_{74}=1.1131$，p<0.01）。这一结果表明，关系利益对顾客选择结构变动升级的正向影响反而更强。模型 8 中，二者直接比较的结果也证实了上述论断（$\beta_{84}=0.5285$，p<0.05），这与 H6b 假设的正好相反，因而假设 H6b 未得到支持。

（三）会员服务升级类型的顾客终生价值差异

使用减半的标准来测量交易因素变量"使用过量"与"使用不足"后，继续使用前面介绍的倾向得分匹配方法检验假设 H7，具体的处理效应结果见表 5-8（这里同样略去倾向得分回归模型的结果表和匹配后的外生变量偏差下降比例表）。

从表 5-8 可知，控制组的处理效应为 505.615 元，处理组的处理效应为 927.870 元，平均处理效应为 636.956 元，表明样本总体中，会员服务升级类型从结构不变的会员服务升级变成结构变动的会员服务升级后，平均顾客终生价值增加636.956元。从而结构变动的会员服务升级对顾客终生价值的影响大于结构不变的会员服务升级的作用，假设H7获得支持。

综上所述，在使用减半的标准重新测量交易因素"使用过量"与"使用不足"后，拟合原有的回归模型，假设H5、假设H6a、假设H7继续得到支持，假设H6b仍不被支持，结果与之前的完全一致，这说明了本书研究结论是非常稳健的。

三、使用不同贴现率计算顾客终生价值

前文的分析根据文献的建议，采用了12%的年贴现率来估算顾客终生价值。然而，贴现率的选择往往存在一定的主观性和不确定性，其高低可能会显著影响顾客终生价值的计算结果，进而可能影响相关假设的检验结论。因此有必要考察在不同贴现率水平下，研究假设H7的结论是否仍然成立。具体而言，本书选取了r=14%和r=10%这两个分别高于和低于初始水平百分点的贴现率进行稳健性检验。通过比较这两个不同的贴现率下的实证结果，可以较为全面地评判贴现率选择可能带来的偏差。

在新的贴现率设定下，重新计算每个顾客的终生价值。然后采用与前文一致的倾向得分匹配方法，评估了两类会员升级方式（即结构变动升级和结构不变升级）在新的贴现率设定下对顾客终生价值的因果效应，以检验假设H7的稳健性。得到的处理效应结果如表5-9、表5-10所示（这里略去倾向得分回归结果表和外生变量偏差下降比例表）。

表5-9　14%年贴现率的顾客终生价值处理效应　　　　单位：元

	处理组	控制组	差异值
控制组处理效应（ATU）	8597.919	9337.709	739.791
处理组处理效应（ATT）	9215.005	8039.247	1175.789
平均处理效应（ATE）			882.925

资料来源：本书整理。

表5-10　10%年贴现率的顾客终生价值处理效应　　　　单位：元

	处理组	控制组	差异值
控制组处理效应（ATU）	6013.837	6548.498	534.661
处理组处理效应（ATT）	6425.187	5736.163	689.025
平均处理效应（ATE）			585.341

资料来源：本书整理。

由表 5-9 可知，当年贴现率为 14% 时，控制组的处理效应为 739.791 元，处理组的处理效应为 1175.789 元，平均处理效应为 882.925 元，表明当样本总体的会员升级类型从结构不变的会员升级变成结构变动的会员升级后，平均顾客终生价值增加 882.925 元。因此假设 H7 获得支持。

由表 5-10 可知，当年贴现率为 10% 时，控制组的处理效应为 534.661 元，处理组的处理效应为 689.025 元，平均处理效应为 585.341 元，说明当样本总体的会员升级类型从结构不变的会员升级转变成结构变动的会员升级后，平均顾客终生价值增加 585.341 元。从而支持假设 H7。

因此，变更不同的年贴现率（将年贴现率分别增加和减少 2%）后，重新计算顾客终生价值，并继续估计倾向得分匹配模型来检验假设 H7，结果继续获得支持，这说明了 H7 假设的稳健性。

综上所述，使用减半的标准测量交易因素"使用过量"与"使用不足"后以及使用两个不同的年贴现率重新计算顾客终生价值后，结果仍与之前的完全一致，这说明了本书结论是非常稳健的。

第五节 小结

本章以移动通信服务中的会员升级情境为研究背景，深入探讨了交易因素、关系因素对顾客不同类型的会员服务升级策略选择的影响，并进一步考察了不同的会员服务升级类型对顾客终生价值的影响差异。

首先，本章介绍了顾客终生价值的计算方法。顾客终生价值是衡量企业与顾客关系价值的重要指标，其计算需要综合考虑顾客在整个生命周期内能够为企业带来的全部收益。其次，本章采用多元逻辑回归模型检验了研究假设 H5 和假设 H6。其中，假设 H5 聚焦于交易因素（即服务使用过量）对会员升级类型选择的影响，而假设 H6 关注关系因素（包括关系持续时间和关系利益）的作用。实证分析结果支持了假设 H5 和假设 H6a，但假设 H6b 未能得到数据支持。最后，本章使用倾向得分匹配法进一步评估了不同类型的会员服务升级对顾客终生价值的影响差异，实证结果表明，相比于选择结构不变升级的顾客，选择结构变动升级的顾客在升级后实现了更大幅度的终生价值提升，支持了假设 H7。具体的研究假设检验结果如表 5-11 所示。

为了检验研究结论的稳健性，本章开展了一系列稳健性检验。一是采用了倍增的标准重新界定服务使用过量行为，并据此重新拟合了相关模型，结果表明研究结论与之前完全保持一致；二是使用了减半的标准重新测量服务使用过量，并重新拟合回归模型，结果仍与之前完全保持一致；三是选取了两个不同的贴现率水平（即在原有水平上下浮动2%）来重新估算了顾客终生价值，并以此为基础重新检验假设 H7，结果再次支持研究假设。这些结果充分表明，本书的结论是非常稳健的。

表 5-11　研究二假设检验结果汇总

	研究假设	验证结果
H5	服务使用过量对结构变动的会员服务升级的影响大于其对结构不变的会员服务升级影响	支持
H6a	关系持续时间对结构不变的会员服务升级的影响大于其对结构变动的会员服务升级影响	支持
H6b	关系利益对结构不变的会员服务升级的影响大于其对结构变动的会员服务升级影响	不支持
H7	相比结构不变的会员服务升级，结构变动的会员服务升级对顾客终生价值的影响更大	支持

资料来源：本书整理。

第六章 研究三：会员服务降级研究

研究三延续了研究二的理论框架和实证脉络，将关注点从会员升级策略转移到了顾客会员服务降级决策。具体地，本章聚焦于两类不同类型的会员服务降级，即结构不变的会员服务降级与结构变动的会员服务降级，并考察交易因素和关系因素对顾客降级类型选择的差异化影响，以及不同降级类型在防止顾客流失方面的作用差异。

本章主要检验三个研究假设。首先，H8 聚焦于服务使用不足这一交易因素，并认为，相比结构不变的会员服务降级，使用不足对结构变动的会员服务降级的正向影响更大。其次，H9 关注两个关系因素对降级策略选择的影响。具体地，H9a 预期关系持续时间对结构不变的会员服务降级的抑制作用要强于其对结构变动的会员服务降级，H9b 则认为关系利益具有与关系持续时间影响不同会员服务降级类型的相同效果。最后，H10 直接比较了两类会员服务降级对顾客流失方面的作用差异。具体地，相比于结构不变的会员服务降级，结构变动的会员服务降级对顾客未来流失的影响更大。

为了检验以上假设，本书采用了与研究二相类似的实证方法。首先，采用多元逻辑回归模型来考察交易因素与关系因素对顾客会员服务降级类型选择的影响，以检验 H8 和 H9。其次，为评估不同降级类型对顾客流失概率的差异化影响（H10），使用了生存分析方法进行模型估计与假设检验。最后，本章开展了一系列稳健性检验，以确认研究结果的可靠性。

第一节 样本与测量

一、研究样本

与研究二类似，研究三的样本数据同样来源于研究一所使用的电信公司用户月度消费数据。与研究二聚焦于顾客会员服务升级不同的是，研究三主要探讨顾客会员服务降级的前因和后果。具体地，研究三比较交易因素和关系因素对两种不同类型的会员服务降级的作用差异，以及这两种不同类型的会员服务降级对顾客流失的影响差异。本章检验的研究假设包括假设 H8、假设 H9、假设 H10，为了更准确地检验假设，本书需要在原有样本的基础上，进一步筛选出两组特定的样本观测。参考 Ailawadi 等（2010）与 Harmeling 等（2015）做法，首先从研究一的原始用户数据中识别出所有在观测时间窗口内发生过会员服务套餐降级的顾客，并将其定义为会员服务降级组（类似于实验组）。与此同时，本章从原始数据中筛选出一组在整个观测期内从未发生过任何套餐变更行为的顾客，将其定义为参照对比组，以便更好地比较与评估会员服务降级的前因（如交易因素与关系因素）和后果（顾客流失）。

通过以上步骤初步筛选出会员服务降级的观测后，需要进一步采取一系列数据清洗措施，以提高数据分析的有效性。具体地，由于部分顾客在观测期内存在多次会员套餐降级或其他套餐变更行为（如套餐升级），这些复杂的行为模式可能会对降级主效应的识别和估计造成干扰。为了消除这种混淆效应，本书决定只保留那些在整个观测期内仅发生过一次会员套餐降级且其余各期会员服务套餐均保持不变的数据样本。这确保了能够更精确地分析单次会员服务降级，而不受其他月份会员套餐升级或降级行为的干扰。经过以上步骤的数据筛选，最终获得了两组样本：一组是只有一次会员服务降级行为的用户；另一组是在整个观测期内没有任何套餐变更行为的用户。

在上述样本处理过程中，本书从研究一的原始数据集中筛选出 1781 个发生过会员套餐降级的用户和 18076 个会员套餐保持不变的用户。进一步根据两种不同类型的会员服务降级的定义，在 1781 个套餐降级的用户中，有 1269 位属于结构不变的会员服务降级，即降级后的套餐在服务内容结构与原有套餐保持一致；另有 512 位属于结构变动的会员服务降级，即降级后的套餐在服务内容结构与原有套餐存在结构性差异。

考虑到用户可能在不同时期多次变更套餐，为了排除重复变更的干扰效应，本书进一步筛选出在观测时间窗口内只发生过一次套餐降级的用户，将其降级发生的那一期观测作为研究样本。对于 18076 个从未发生过套餐变更的用户，本书采纳了 Krishnaswami 和 Subramaniam（1999）的建议，随机选取其中一期观测作为研究样本，以避免相同用户、不同期数据之间的相关性造成的模型估计问题。通过以上几个步骤的数据筛选和清洗过程，最终得到了一个包含 19857 个观测的横截面研究样本，其中 1781 个为会员服务降级观测，是本书的核心分析对象。需要说明的是，用户做出会员服务降级决策通常基于对上期服务使用情况和其他因素（例如关系因素）的综合评估，因此，本书中的解释变量和控制变量均取自每个观测的上一期数据。这一做法有助于厘清变量间的时间逻辑关系，减少反向因果的可能性，提高计量经济学模型因果推断的可靠性。

二、测量

本书将用到的绝大部分变量，如会员服务升级、会员服务降级、使用过量、使用不足、关系持续时间、关系利益、外部竞争冲击，以及一系列控制变量的测量方法已经在第四章进行了详述，此处不再说明。但有三个关键变量需要在这里定义与测量：结构不变的会员服务降级和结构变动的会员服务降级、顾客流失。

（一）结构不变的会员服务降级和结构变动的会员服务降级

现有文献对顾客会员服务降级的研究，如 Ngobo（2005）、Jin 等（2012）、Marinova 和 Singh（2014）、van Berlo 等（2014）、Lin 等（2023），大多将会员服务降级视为一个单纯的以价格变化为基础的会员套餐变化过程，从而忽视了降级前后会员套餐服务内容或结构特征的变化。但是，会员套餐结构特征的变化却常常是顾客消费偏好改变的征兆，而这种偏好结构的改变可能预示着顾客在会员服务降级决策过程与单纯会员套餐价格变动的降级存在本质区别。具体而言，当顾客面临结构不变的会员服务降级决策时，其服务降级前后的套餐在服务内容、资源配比方面基本保持不变，只是在服务用量和套餐价格上有所下降。这种情况下，顾客对原有套餐的使用体验和偏好结构一般没有发生重大变化，只是使用数量有所下降，其服务降级决策主要是满足单纯的服务内容减少的需要，因此决策过程相对简单。与之相对应的是，当顾客面临结构变动的会员服务降级决策时，其服务降级后的套餐在服务内容、资源配置方面与原有套餐存在明显差异，通常是一种全新的服务内容组合结构。此时，顾客对原有套餐的使用体验和偏好结构往往已经发生了本质变化，原有服务套餐信息的参考价值降低，决策过程需要对新套餐的各种属性进行重新评估与权衡，因此相对复杂，与原有套餐的可比性和相似性较低。基于上述分析，本书以会员套餐结构是否发生改变为基础，将顾客会员服务降级进一步区分为结构不变的会员服务降级和结构变动的会员服务降级两种类型。

结构不变的会员服务降级指顾客在会员服务降级中转换到了一个价格更低、主要功能（或特征）与之前保持一致的会员套餐；结构变动的会员服务降级指顾客在会员服务降级中转换到了一个价格更低、主要功能（或特征）与之前不同的会员套餐。根据研究情境，给出具体的测量如下：

结构不变的会员服务降级指顾客在服务续订的情况下，是否选择一个价格更低的资费套餐，且该资费套餐与上期属于同一系列，即服务套餐供给结构没有发生改变。该变量是一个二元变量，如果选择一个价格更低的套餐，且服务套餐供给结构不变，则该变量的值为 1，否则为 0。

结构变动的会员服务降级指顾客在服务续订的情况下，是否选择一个价格更低的资费套餐，且该资费套餐与上期不再属于同一系列，即服务套餐供给结构发生改变。该变量是一个二元变量，如果选择一个价格更低的套餐，且服务套餐供给结构发生改变，则该变量的值为 1，否则为 0。

本书的研究样本 WCDMA 套餐共包含 A、B、C 三种资费套餐类型。A 型套餐流量供给较多，语音供给较少；B 型套餐语音供给较多，流量供给较少；C 型套餐则侧重本地语音供给，对非本地语音和流量供给都较少。因此，本书把同一资费套餐类型的降级定义为结构不变的会员服务降级，把不同资费套餐类型间的降级定义为结构变动的会员服务降级。例如，当顾客从上个月的"WCDMA（3G）-66 元基本套餐 A"转换到当月的"WCDMA（3G）-46 元基本套餐 A"，或是从"WCDMA（3G）-96 元基本套餐 B"转换到"WCDMA（3G）-46 元基本套餐 B"即属于结构不变的会员服务降级，此时变量结构不变的会员服务降级取值为 1；当顾客从上个月的"WCDMA（3G）-66 元基本套餐 A"转换到当月的"WCDMA（3G）-46 元基本套餐 B"，或是从"WCDMA（3G）-96 元基本套餐 B"转换到"WCDMA（3G）-46 元基本套餐 C"即属于结构变动的会员服务降级，此时变量结构变动的会员服务降级取值为 1。

需要特别说明的是，在本书的后续实证过程中，如果样本只包含会员服务降级的观测，这时定义会员服务降级类型为 0-1 变量。当观测属于结构不变的会员服务降级时，取值为 0；当观测属于结构变动的会员服务降级时，取值为 1。

（二）顾客流失

第三个关键变量是顾客流失。具体到电信行业的研究情境，对于个体用户流失，一般具有以下几种形式：

服务合约到期流失：这部分用户在合约期满后选择不再续约，转而使用其他运营商的服务。

提前退订流失：这类用户在合约期内提前终止合同，转投其他运营商。此类流失可能需要支付一定的违约金。

停机流失：用户虽未主动注销服务，但处于长期停机（如连续 3 个月或 6 个月）状态，则可视为事实上的流失。

转网流失：用户将号码转移至其他运营商，但服务内容不变。此类流失以携号转网为条件。但数据样本所在的时间窗口（2013 年 1 月至 2014 年 12 月），政策上不允许此类行为，因此不在考虑范围内。

特定业务流失：用户取消了某项业务（如国际漫游、流量套餐、增值业务等），但并未完全终止与该运营商的服务关系，只是部分流失。

沉默流失：这类用户受到竞争对手的营销活动影响，逐渐减少使用某运营商的服务，但并未主动提出退订。

具体到本章的研究情境与数据特点，并为了数据处理的方便，将顾客流失定义为当月的出账值为0，且语音通话、数据流量、短信的消费记录均为0的用户，则其当月的顾客流失取值为1，否则取值为0。

需要说明的是，顾客流失的研究从方法上属于生存分析的范畴，其数据特点与模型估计都与传统的线性回归、逻辑回归等方法差别较大，需要用到较为复杂的计量经济学方法，后面将对其进行详细介绍与说明。

第二节　实证方法与模型

一、实证方法

研究假设 H8 和假设 H9 分别聚焦于交易因素和关系因素对顾客选择不同类型会员服务降级的影响差异。具体而言，假设 H8 关注服务使用不足对顾客选择结构不变的服务降级与结构变动的会员服务降级的作用差异，而假设 H9 则考虑关系持续时间和关系利益这两个关系因素对顾客会员服务降级类型选择的影响差异。为了检验这两个假设，本书从原始数据中筛选出两类用户群体：第一类是在观测时间窗口内从未发生过服务套餐变更的顾客；第二类是在观测时间窗口内仅经历过一次服务套餐降级（且其他各期均未发生套餐变动）的顾客。需要说明的是，之所以对第二类顾客设置"仅发生一次降级"这一限定条件，主要是为了排除在短期内多次调整套餐水平的顾客样本，从而最大限度地规避由于降级行为的重复发生而可能带来的估计偏差。这样筛选出的核心样本，能够确保本章所考察的是单次降级行为相对于维持现有套餐的因果效应，由此为假设检验提供了必要的分析基础。

在实证检验策略方面，本书拟采用两种不同但相互补充的计量方法。第一种方法是将未发生套餐变更的用户样本（作为参照组）与经历过一次套餐降级的顾客样本（包括结构不变降级组和结构变动降级组）合并到一个数据集中，然后估计一个多元逻辑回归模型。在该模型中，因变量是一个三分类的变量，分别对应"无套餐变更"（作为基准组）、"结构不变降级"和"结构变动降级"这三种不同的变更行为；自变量包括反映交易特征（服务使用不足）、关系特征（关系持续时间、关系利益）的一系列解释变量以及相应的控制变量。通过比较

"结构不变降级"和"结构变动降级"在关键自变量系数上的差异，可以直观地考察这些变量对两类降级行为的影响是否存在显著差异，由此检验假设 H8 和假设 H9。需要指出的是，尽管第一种方法能够充分利用全部样本信息，但将未发生套餐变更的顾客纳入分析可能会引入一些无关的噪声。因此，本书还设计了第二种方法，即只保留结构不变降级组和结构变动降级组的样本，然后估计一个二元逻辑回归模型。该模型的因变量是一个二分类变量，用于表示顾客选择的是结构不变降级（作为参照组）还是结构变动降级；模型的自变量与第一种方法基本类似，主要包括服务使用不足、关系持续时间和关系利益等关键解释变量。通过直接比较这些变量对两种类型降级行为的作用差异，发现第二种方法能够更加直观地检验假设 H8 和假设 H9。

研究假设 H10 旨在探究两种不同类型的会员服务降级行为对顾客流失的差异化影响。为了检验该假设，本书拟采用比例风险 COX 生存分析模型（Cox，1972）作为主要的计量工具。之所以如此选择，主要基于以下考虑：首先，与其他形式的风险模型相比，COX 模型在应用上具有更大的灵活性和适用性。COX 模型并不要求研究者对基准风险函数的分布形式进行事前设定（Mitra 和 Golder，2002），这意味着在建模时可以不必对顾客流失风险的时间分布做出假定，这种分布假定的放松，使得 COX 模型适用范围更广，尤其在事前难以准确判断风险分布形式的情况下，COX 模型往往能够提供稳健的估计结果。其次，COX 模型允许纳入随时间变化的解释变量。在本书中，我们所关注的核心自变量——结构不变的降级和结构变动的降级，都是发生在顾客服务历程中某一特定时点的"事件"，而这些事件的发生时点因人而异。COX 模型不仅可以考察这些事件发生与否的影响，还能够刻画它们发生的时间节点对顾客流失风险的影响。最后，COX 模型在既有营销学文献中已得到广泛应用，尤其在研究顾客与企业之间关系的持续时间以及影响顾客转换行为的因素等问题上，诸多学者都倾向于使用 COX 模型作为主要的分析工具（Jain 和 Vilcassim，1991；Helsen 和 Schmittlein，1993；Bolton，1998；Mitra 和 Golder，2002；Moorman 和 Lehmann，2004；Nitzan 和 Libai，2011；Lin 等，2023；Zhou 等，2024）。

在本书研究情境下，设连续型随机变量 T 为顾客从第 1 期开始购买会员服务套餐开始算起的关系存续时间，设其概率密度函数和分布函数分别为 $f(t)$ 和 $F(t)$，顾客生存函数可以表示为：

$$S(t) = P(T>t) = 1-P(T \leq t) = 1-F(t) \qquad (6-1)$$

定义顾客在第 t 期瞬时流失的风险函数（风险率）为：

$$h(t) \equiv \lim_{\Delta t \to 0^+} \frac{P(t \leq T \leq t+\Delta t \mid T>t)}{\Delta t} = \lim_{\Delta t \to 0^+} \frac{F(t+\Delta t)-F(t)}{\Delta t S(t)} = \frac{f(t)}{S(t)} \qquad (6-2)$$

在半参数的比例风险 COX 生存分析模型中，在给定影响顾客流失的解释变

量向量 X 的情况下，顾客流失的风险函数可以表示为：

$$h(t; X) = h_0(t)e^{X'\beta} \qquad (6\text{-}3)$$

式（6-3）右侧 h（t；X）表示在 t 时刻，协变量向量为 X 的个体的风险函数；公式右边 $h_0(t)$ 为基线风险函数，表示协变量向量 X 取值全部为零时的风险。式（6-3）经过数学变换，可以转化成以下形式：

$$\ln \frac{h(t; X)}{h_0(t)} = X'\beta \qquad (6\text{-}4)$$

从式（6-4）可以看出，COX 回归模型与线性回归相似，公式左边是个体风险与人群基准风险比值的对数，这个风险比值对数满足以下条件：

（1）风险比值的对数与协变量之间是线性关系，这是 COX 模型被称为比例风险模型的由来；

（2）风险比值的对数与时间 t 无关，只与协变量向量（协变量的线性组合）有关。如果这个假定不成立，则需要考虑使用依时协变量模型。

模型中 β 是需要估计的参数向量。但基准风险 $h_0(t)$ 未知，而且不知道其统计分布，也不做任何假定，直接进行数据推断。所以，COX 模型被称为半参数模型。事实上，基准风险在参数估计过程中可以消去。

本书将结构不变的会员服务降级视为控制组，将结构变动的会员服务降级视为处理组，运用生存分析 COX 比例风险模型来考察这两种不同降级类型对顾客流失的影响差异，即所谓的"处理效应"。然而，在现实情境中，顾客究竟会经历何种类型的服务降级往往并非随机决定的，这意味着顾客进入控制组还是处理组可能与他们的流失倾向本身相关，由此导致处理效应估计的内生性问题（Shaver，1998；Boehmke 等，2006；Imbens 和 Wooldridge，2009）。根据本章的研究情境，上述处理效应的内生性问题主要源于两个方面：一方面，顾客自身的某些特征（如忠诚度、价格敏感性等）可能既影响他们所经历的服务降级类型，又影响他们的流失倾向，因而形成了"自我选择"效应；另一方面，企业在制定服务降级策略时，可能会根据顾客的特征进行差异化处理，从而使得降级类型的选择与顾客流失间存在反向因果关系。因此，如果在建模时忽略了这些内生性因素，则可能高估或低估不同服务降级类型的真实顾客流失效应。

此外，生存分析模型还需要考虑数据的特殊结构，尤其是生存时间的右归并问题（Hosmer 等，2008）。所谓右归并，指在有限的观察期内，部分顾客可能尚未发生流失行为，因此他们的真实"生存时间"是未知的，这需要在模型估计时进行适当的校正。综合考虑内生性和右归并这两个问题，一种可行的思路是采用的"内生转换 COX 模型"（Endogenous Switching Cox Model），它允许顾客的流失风险在不同的服务降级类型下呈现不同的分布形式，同时引入"选择方程"来刻画顾客进入不同降级类型的内生性决定因素，并通过联合估计的方式来校正内生性偏误（Cameron 和 Trivedi，2005）。

为解决上述问题，本书按照 Terza 等（2008）、Carlin 和 Solid（2014）介绍的方法，并参考 Abbring 和 Van Den Berg（2003）的思路，用两步估计法解决上述问题。

第一步，估计一个 Probit 模型，在会员服务降级的样本中，控制组（结构不变的会员服务降级）因变量取值 0，处理组（结构变动的会员服务降级）因变量取值 1，对所有外生自变量 $\mathbf{Z}$ 做 Probit 回归：

$$d_i = \Phi(\mathbf{Z}_i'\boldsymbol{\alpha}) \tag{6-5}$$

式中，对于结构不变的会员服务降级，$d_i = 0$；对于结构变动的会员服务降级，$d_i = 1$。$\mathbf{Z}_i'$ 第 i 个顾客的外生自变量向量，$\boldsymbol{\alpha}$ 为待估计参数向量。

由此可获得第一步估计的残差：

$$r_i = d_i - \mathbf{Z}_i'\hat{\boldsymbol{\alpha}} \tag{6-6}$$

第二步，把第一步中得到的残差带入比例风险的 COX 模型中。这里先将式（6-3）的解释变量 X 分为外生的解释变量 W 和内生的虚拟变量 d（会员服务降级类型）。最后估计的 COX 回归模型为：

$$h(t; \mathbf{W}, d) = h_0(t)\exp(\mathbf{W}'\boldsymbol{\beta}_W + \gamma d_i + \delta r_i) \tag{6-7}$$

式中，$\mathbf{W}'$ 为外生解释变量向量；$\boldsymbol{\beta}_W$ 为外生解释变量的参数向量；γ 为内生虚拟变量的参数；δ 为残差项的参数。

二、实证模型

本书涉及的假设 H8、假设 H9 通过模型 10、模型 11 和模型 12 共同检验，假设 H10 则通过模型 13 来检验。具体使用的回归分析模型介绍如下：

1. 模型 10

Probability（结构不变的会员服务降级）$_i$ = Λ（$\beta_{10,0} + \beta_{10,1}$ 使用过量$_i$ + $\beta_{10,2}$ 使用不足$_i$ + $\beta_{10,3}$ 关系持续时间$_i$ + $\beta_{10,4}$ 关系利益$_i$ + Control） (6-8)

（样本为结构不变的会员服务降级的观测与会员套餐从未变更的观测）

2. 模型 11

Probability（结构变动的会员服务降级）$_i$ = Λ（$\beta_{11,0} + \beta_{11,1}$ 使用过量$_i$ + $\beta_{11,2}$ 使用不足$_i$ + $\beta_{11,3}$ 关系持续时间$_i$ + $\beta_{11,4}$ 关系利益$_i$ + Control） (6-9)

（样本为结构不变的会员服务降级的观测与会员套餐从未变更的观测）

3. 模型 12

Probability（会员服务降级类型）$_i$ = Λ（$\beta_{12,0} + \beta_{12,1}$ 使用过量$_i$ + $\beta_{12,2}$ 使用不足$_i$ + $\beta_{12,3}$ 关系持续时间$_i$ + $\beta_{12,4}$ 关系利益$_i$ + Control） (6-10)

（样本只包含会员服务降级的观测，包括结构不变与结构变动的服务降级）

其中，当样本观测属于结构不变的会员服务降级时，变量会员服务降级类型取值为0；当样本观测属于结构变动的会员服务降级时，变量会员服务降级类型取值为1。

模型10、模型11、模型12中，Logit模型的连接函数 $\Lambda\ (X'\beta)=\dfrac{e^{X'\beta}}{1+e^{X'\beta}}$。

4. 模型13

流失风险率$_i$ = $h_0(t)$ exp（γ 会员服务降级类型$_i$ + $\delta\, r_i$ + $\beta_{13,1}$ 使用过量$_i$ + $\beta_{13,2}$ 使用不足$_i$ + $\beta_{13,3}$ 关系持续时间$_i$ + $\beta_{13,4}$ 关系利益$_i$ + Control）　　　　(6-11)

$h_0(t)$ 为基准风险率，COX是半参数模型，并不对其进行估计。

本模型的样本只包含会员服务降级的观测，变量会员服务降级类型的定义见模型12。

为了考察生存分析模型结果的稳健性，本书同时在模型13中考虑了几种常见生存时间的指数分布、威布尔分布和冈伯茨分布模型下的分析结果。

在生存分析中，常用的参数生存时间分布包括指数分布、威布尔分布和冈伯茨分布。这些分布都有其特定的性质和适用场景。下面分别对三种分布进行介绍。

指数分布（Exponential Distribution）是最简单的生存时间分布，其特点是风险函数为常数，即失效风险与时间无关。指数分布的概率密度函数为 $f(t)=\lambda e^{-\lambda t}$，$t\geq 0$。其中，$\lambda>0$ 为比例参数。指数分布的生存函数为 $s(t)=e^{-\lambda t}$，$t\geq 0$；风险函数为 $\lambda(t)=\lambda$；累积风险函数为 $\Lambda(t)=\lambda t$。指数分布适用于描述具有恒定失效风险的情形，如电子元件的寿命（Kleinbaum 和 Klein，2012）。但在许多实际问题中，失效风险往往会随时间发生变化，此时指数分布的假定就不再适合。

威布尔分布（Weibull Distribution）指数分布的一个扩展，其特点是风险函数可以随时间单调上升或下降。威布尔分布的概率密度函数为 $f(t)=p\lambda t^{p-1}e^{-\lambda t^p}$，$t\geq 0$。其中，$\lambda>0$ 为比例参数，$p>0$ 为形状参数。当 $p=1$ 时，威布尔分布退化为指数分布。威布尔分布的生存函数为 $s(t)=e^{-\lambda t^p}$，$t\geq 0$；风险函数为 $\lambda(t)=p\lambda t^{p-1}$；累积风险函数为 $\Lambda(t)=\lambda t^p$。可以看出，当 $\lambda>1$ 时，风险函数随时间单调递增；当 $\lambda<1$ 时，风险函数随时间单调递减。这使得威布尔分布能够描述各种不同类型的失效过程（Lawless，2011）。

冈伯茨分布（Gompertz Distribution）最初用于描述人类死亡率随年龄变化的规律。其特点是风险函数以指数速度增长。冈伯茨分布的概率密度函数为 $f(t)=\lambda e^{\alpha t}e^{\left(-\frac{\lambda}{\alpha}\right)(e^{\alpha t}-1)}$，$t\geq 0$。其中，$\lambda>0$ 为比例参数，$\alpha>0$ 为形状参数。冈伯茨分布的生存函数为 $s(t)=e^{\left(-\frac{\lambda}{\alpha}\right)(e^{\alpha t}-1)}$，$t\geq 0$；风险函数为 $\lambda(t)=\lambda e^{\alpha t}$；累积风险函数为

$\Lambda(t) = \dfrac{\lambda}{\alpha}(e^{\alpha t} - 1)$。可以看出，当 $\alpha > 0$ 时，风险函数以 $e^{\alpha t}$ 的速度指数增长。这与人类衰老过程中死亡风险加速上升的特点相吻合。因此，冈伯茨分布常被用于建模生物体的生存过程（Bongaarts 和 Feeney，2002）。

上述 4 个模型的控制变量与研究一和研究二的模型相同，此处不再赘述。

第三节　模型检验结果

假设 H8、假设 H9 涉及的模型 10、模型 11、模型 12 的回归拟合结果如表 6-1 所示。

表 6-1　模型 10~模型 12 回归分析结果

模型名称 因变量		模型 10 结构不变的降级	模型 11 结构变动的降级	模型 12 服务降级类型
自变量	假设			
使用过量		−0.6526*** (0.0715)	−0.1396 (0.1025)	0.7658*** (0.1418)
使用不足	H8	0.0617 (0.0458)	0.3520*** (0.0697)	0.3828*** (0.0870)
关系持续时间	H9a	0.0011 (0.0009)	0.0073*** (0.0012)	0.0058*** (0.0017)
关系利益	H9b	−0.5666*** (0.0730)	0.4213*** (0.1210)	0.7240*** (0.1440)
控制变量				
顾客类型		−0.7044*** (0.0926)	−0.6323*** (0.1477)	0.1582 (0.1816)
促销激励		−0.0165*** (0.0016)	−0.0229*** (0.0026)	−0.0019 (0.0028)
套餐价格		0.0209*** (0.0008)	0.0165*** (0.0010)	−0.0024 (0.0016)
套餐类型 B		1.5355*** (0.0939)	−0.3128*** (0.0992)	−1.6638*** (0.1325)
套餐类型 C		0.9341*** (0.2167)	−0.7320** (0.3530)	−1.4883*** (0.4136)

续表

模型名称 因变量		模型 10 结构不变的降级	模型 11 结构变动的降级	模型 12 服务降级类型
集团渠道		−0.4776**	−0.9073**	−0.4427
		(0.2624)	(0.3573)	(0.4606)
卖场渠道		0.0249	−0.1598	−0.0771
		(0.2253)	(0.2848)	(0.3788)
实体渠道		−0.4533**	−0.6707**	−0.1680
		(0.2283)	(0.2903)	(0.3835)
营业渠道		−0.5259**	−0.5810*	−0.1470
		(0.2488)	(0.3180)	(0.4176)
时间固定效应		控制	控制	控制
N		19857		1781
Pseudo R^2		0.136		0.124
Log-Likehood		−6103.685		−935.667

注：①模型10、模型11同属于一个多元逻辑回归模型。②括号内为回归系数的面板聚类标准误；* 表示 $p<0.10$，** 表示 $p<0.05$，*** 表示 $p<0.01$。

资料来源：本书整理。

　　模型 10 和模型 11 分别考察了交易因素（使用不足）和关系因素（关系持续时间、关系利益）对结构不变的会员服务降级和结构变动的会员服务降级的影响。具体而言，模型 10 探讨交易因素与关系因素对顾客结构不变的会员降级的影响，模型 11 研究交易因素与关系因素对顾客结构变动的会员降级的作用，模型 12 进一步比较了交易因素和关系因素对两种不同类型会员降级的影响差异。

　　（一）交易因素的影响

　　从表 6-1 的逻辑回归模型估计结果可以看出，使用不足对顾客选择结构不变与结构变动的会员服务降级的影响强度与显著性存在差异。具体地，在模型 10 中，使用不足对顾客选择结构不变的会员服务降级的回归系数为 0.0617，但不显著（$\beta_{10,2}=0.0617$，$p>0.10$）；在模型 11 中，使用不足对顾客选择结构变动的会员服务降级的回归系数为 0.3520，同样在 1% 的水平上显著（$\beta_{11,2}=0.3520$，$p<0.01$），顾客的服务使用不足正向影响结构变动的会员服务降级。这一结果表明，使用不足是驱动顾客选择结构变动降级的重要因素，且其影响强度比结构不变的会员服务降级更大。模型 12 的分析样本只纳入会员服务降级的观测。具体估计时，将结构不变的会员服务降级观测的因变量值设为 0，将结构变动的会员服务降级观测的因变量设为 1。直接比较了服务使用不足在两类服务降级决策中的影响差异。估计结果显示，模型 12 中二者直接比较的结果 $\beta_{12,2}=0.3828$，$p<0.01$，差异显著，即使用不足对结构变动的会员服务降级的作用大于其对结构不变的会

员服务降级的影响，假设 H8 获得支持。

（二）关系因素的影响

在关系因素方面，同样在表 6-1 中，关系持续时间对顾客选择结构不变与结构变动的会员服务降级都有正向影响，但其影响程度与显著性存在差异。具体地，在模型 10 中，关系持续时间对顾客选择结构不变升级的回归系数为 0.0011，但不显著（$\beta_{10,3} = 0.0011$，$p > 0.10$）。而在模型 11 中，关系持续时间对顾客选择结构变动降级的正向影响显著（$\beta_{11,3} = 0.0073$，$p < 0.01$）。模型 12 进一步通过直接比较关系持续时间在两类会员服务降级决策中的影响差异，估计结果支持了关系持续时间对结构不变降级的影响强于结构变动降级的结果（$\beta_{12,3} = 0.0058$，$p < 0.01$）。综上所述，关系持续时间对结构不变的会员服务降级的影响大于其对结构变动的会员服务降级的影响，假设 H9a 得到支持。

从表 6-1 的估计结果可以看出，关系利益对顾客选择结构不变和结构变动的会员服务降级的影响程度存在明显差异。具体而言，在模型 10 中，关系利益对顾客选择结构不变降级的回归系数为 -0.5666，在 1% 的水平上显著（$\beta_{10,4} = -0.5666$，$p < 0.01$），表明顾客从与企业的关系中感知到的利益越多，那么其越不可能出现结构不变的会员服务降级。而在模型 11 中，关系利益对顾客选择结构变动的会员服务降级的回归系数为 0.4213，不仅在 1% 的水平上高度显著（$\beta_{11,4} = 0.4213$，$p < 0.01$）。模型 12 中二者直接比较也支持了即关系利益对结构不变的会员服务降级比其对结构变动的会员服务降级的抑制作用更大（$\beta_{12,4} = 0.7240$，$p < 0.01$），因此假设 H9b 同样获得支持。

（三）服务降级类型对顾客流失的影响

模型 13 分析了不同类型的会员服务降级对顾客流失的影响。在模型 13 估计之前，两种不同类型服务降级的用户生存时间离散分布的描述（见表 6-2）。

表 6-2　会员服务降级后的顾客生存时间分布

生存时间	结构不变的降级	结构变动的降级	合计
1	30	22	52
2	19	17	36
3	13	18	31
4	18	25	43
5	19	22	41
6	15	9	24
7	10	20	30
8	8	4	12

生存时间	结构不变的降级	结构变动的降级	合计
9	8	8	16
10	6	2	8
11	8	7	15
12	9	4	13
13	6	2	8
14	8	9	17
15	3	4	7
16	7	1	8
17	6	2	8
18	2	5	7
19	0	1	1
20	3	0	3
21	2	1	3
22	1	1	2
合计	201	184	385

资料来源：本书整理。

研究假设 H10 旨在比较两种不同类型的会员服务降级（即结构不变的降级和结构变动的降级）对顾客流失的影响差异。为了检验这一假设，先对样本数据进行了初步的描述性统计分析。分析样本包含了 1269 位经历结构不变的会员服务降级的顾客，以及 512 位经历结构变动的会员服务降级的顾客。由表 6-2 可知，在整个样本时间窗口内，可以观察到结构不变的降级组中有 201 位顾客最终流失，流失率为 15.84%；而在结构变动的降级组中，共有 184 位顾客流失，流失率高达 35.94%。从这一初步结果可以看出，结构变动的降级似乎导致了更高的顾客流失风险。进一步分析流失顾客的"生存时间"分布特征（这里的生存时间是指从顾客经历服务降级开始，到其最终流失时所经历的时间长度），通过计算加权生存时间（以流失人数为权重）可以发现，在结构不变的降级组中，流失顾客的平均生存时间为 7.14 个月；而在结构变动的降级组中，流失顾客的平均生存时间则缩短为 6.40 个月。这一结果与前述流失率的差异一致，即结构变动的降级不仅导致了更高的流失率，也缩短了顾客的"生存时间"。

上述对会员服务降级后的"生存时间"描述使用了离散分布的形式，实际上，在生存分析大多使用生存函数来描述生存时间的分布，其主要原因如下：

一是生存函数可以处理生存数据的右归并问题。在生存分析中，经常会遇到一些个体在研究结束时仍未发生目标事件的情况，这些个体的真实生存时间未知的，称为右归并数据。生存函数在定义上可以有效地纳入右归并信息，并通过 Kaplan-Meier 等估计方法得到一致的估计量（Kaplan 和 Meier，1958；Kleinbaum 和 Klein，2012）。

二是生存函数与风险函数存在直接的数学关系。生存函数 $S(t)$ 和风险函数 $h(t)$ 是描述生存过程的两个基本函数，它们之间满足微分方程 $h(t) = -d[\ln S(t)]/dt$。因此，只要能估计出生存函数，就可以方便地得到风险函数，进而构建 COX 等回归模型（Cox，1972；Hosmer 等，2008）。

三是生存函数具有清晰的概率解释。具体地，生存函数 $S(t)$ 表示个体在时刻 t 仍然"生存"（即尚未发生目标事件）的概率，这与生存分析关注的"生存"状态直接相关。相比之下，概率密度函数和累积分布函数的解释在生存分析语境下不够直观（Lee 和 Wang，2003）。

四是生存函数便于图形化展示和比较。可以通过绘制不同组别的生存函数曲线，从而直观地各组在生存概率上的差异，并初步判断哪些因素对生存时间存在影响。这种图形化分析对于探索数据的分布特征和异质性具有重要价值（Allison，2010）。

因此，本节使用生存函数进一步对生存时间进行描述，具体做法如下：

在生存分析中，生存函数 $S(t)$ 被定义为顾客个体的生存时间超过特定时刻 t 的概率。在理想情况下，如果样本中不存在任何归并现象，那么生存函数 $S(t)$ 的估计量就可以简单地表示为样本中生存时间超过 t 时刻的个体数目占总样本数的比例。然而，在现实的数据收集过程中，我们经常会遇到右归并的问题，即部分个体在观察期结束时仍然"存活"，但其真实的生存时间未知。在这种情况下，简单的比例估计量不再适用，因为它会低估生存概率，高估风险概率。为了解决右归并问题，生存时间的描述常常采用 Kaplan-Meier 估计量（Kaplan 和 Meier，1958）。该估计量的基本思想是，在每一个观察到事件发生的时刻，根据风险集合中剩余个体的比例来校正生存概率的估计值，从而得到一个修正的乘积极限估计量。可以证明，这一估计量在归并情形下仍然是生存函数 $S(t)$ 的一致估计量，因此在实践中得到广泛应用。在本书中，一些顾客在数据收集的时间窗口结束时尚未流失，因此其真实的"生存时间"是未知的。为了准确地刻画服务降级后顾客流失行为的动态特征，本节首先将数据按照服务降级的类型（即结构不变的降级和结构变动的降级）进行分组，然后采用 Kaplan 和 Meier（1958）提出的方法分别估计两组顾客的生存函数和风险函数。估计结果以图形的方式如图 6-1 和图 6-2 所示。图 6-1 是两组顾客的 Kaplan-Meier 生存函数估计曲线，横轴表示观察时间，纵轴表示估计的生存概率。从图中可以清楚地看出，结构不变的降级组的生存概率都显著高于结构变动的降级组，这与我们在描述性统计中观察到的结果是一致的。图 6-2 是两组顾客的风险函数估计曲线，它描述了尚未发生流失的顾客中，即将发生流失的瞬时风险概率。可以看出，结构变动的降级组的风险函数曲线高于结构不变的降级组，进一步印证了前者面临更高的流失风险。

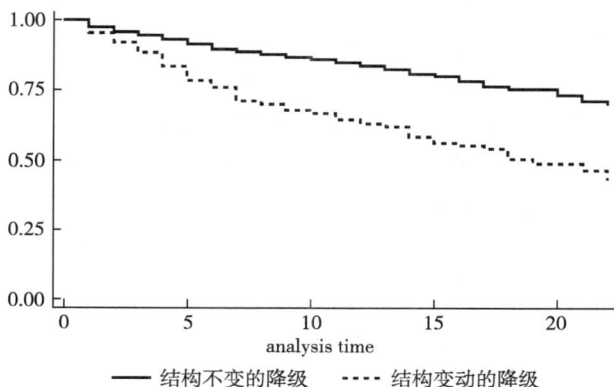

图 6-1　会员服务降级后的顾客 Kaplan-Meier 生存函数估计
资料来源：本书整理。

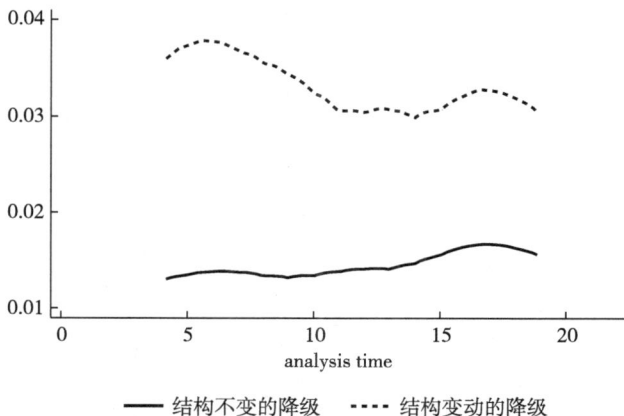

图 6-2　会员服务降级后的顾客流失风险函数估计
资料来源：本书整理。

从图 6-1 与图 6-2 的描述分析可知，结构变动的会员服务降级的顾客比结构不变的会员服务降级的顾客，生存率下降更快、流失风险更高。当然，以上只是基于样本数据的初步观察和推断，还需要在后续的建模分析中得到进一步的验证。特别是需要在控制其他影响因素的情况下，考察服务降级类型对顾客流失时间的净效应，并以此检验假设 H10 是否成立，这需要运用诸如 COX 比例风险模型等生存分析方法，同时可能需要考虑服务降级类型选择的内生性问题。此外，由于会员服务降级决策是自我选择的，会带来处理效应的内生性问题（Shaver，1998；Boehmke 等，2006；Imbens 和 Wooldridge，2009）。因此，不能简单地根据生存时间的描述来说明假设 H10 的正确性。按照 Terza 等（2008）与 Carlin 和 Solid（2014）的步骤，并参考 Abbring 和 Van Den Berg（2003）的思路，用两步估计法解决上述问题。第一步，估计一个 Probit 模型，由此可获得第一步估计的残差。第二步，把第一步中得到的残差代入比例风险的 COX 模型进行估计，以剔除顾客会员服务降级类型的自我选择效应。模型 13 使用对生存时间分布无限制的 COX 回归模型之后，本书同时尝试了指数分布、威布尔分布、冈伯茨分布等其他几种不同的生存时间分布模型，以跟 COX 回归模型的结果进行对比，从而更好地判断生存分析结果的稳健性。全部结果如表 6-3 所示。

表 6-3　模型 13 的生存分析结果

模型	COX	指数分布	威布尔分布	冈伯茨分布
会员降级类型	1.1273***	1.0953***	1.1501***	1.1419***
	(0.1371)	(0.1317)	(0.1410)	(0.1399)
控制内生的残差	−0.2625**	−0.2491**	−0.2694**	−0.2639**
	(0.1166)	(0.1126)	(0.1203)	(0.1189)
使用过量	−0.1814	−0.1864*	−0.1867	−0.1756
	(0.1158)	(0.1110)	(0.1197)	(0.1184)
使用不足	−0.7666***	−0.7531***	−0.7772***	−0.7711***
	(0.0962)	(0.0938)	(0.0987)	(0.0977)
关系持续时间	−0.0089***	−0.0087***	−0.0091***	−0.0090***
	(0.0023)	(0.0023)	(0.0023)	(0.0023)
关系利益	0.2100	0.2024	0.2143	0.2106
	(0.1506)	(0.1473)	(0.1528)	(0.1524)
顾客类型	0.0793	0.0828	0.0837	0.0766
	(0.1617)	(0.1561)	(0.1657)	(0.1652)
促销激励	0.0068***	0.0067***	0.0068***	0.0069***
	(0.0021)	(0.0020)	(0.0022)	(0.0021)
套餐价格	−0.0040	−0.0038	−0.0042	−0.0041
	(0.0027)	(0.0026)	(0.0027)	(0.0027)
套餐类型 B	0.0257	0.0126	0.0332	0.0305
	(0.1216)	(0.1178)	(0.1248)	(0.1238)

续表

模型	COX	指数分布	威布尔分布	冈伯茨分布
套餐类型 C	0.0352	0.0164	0.0461	0.0397
	（0.1813）	（0.1760）	（0.1874）	（0.1842）
集团渠道	−1.0029***	−0.9434***	−1.0731***	−1.0319***
	（0.3328）	（0.3200）	（0.3450）	（0.3389）
卖场渠道	−0.9744***	−0.9179***	−1.0399***	−1.0035***
	（0.1973）	（0.1887）	（0.2101）	（0.2020）
实体渠道	−1.0986***	−1.0328***	−1.1708***	−1.1298***
	（0.2157）	（0.2058）	（0.2290）	（0.2216）
营业渠道	−0.8605***	−0.7986***	−0.9261***	−0.8828***
	（0.2626）	（0.2511）	（0.2745）	（0.2670）
时间固定效应	控制	控制	控制	控制
N	1738	1738	1738	1738
Wald Chi-Square	560.57	687.94	572.49	606.75
Log-Likehood	−2469.219	−1039.113	−990.214	−1008.645

注：括号内为回归系数标准误；* 表示 $p<0.10$，** 表示 $p<0.05$，*** 表示 $p<0.01$。
资料来源：本书整理。

本书运用生存分析的 COX 比例风险模型，以考察会员服务降级类型对顾客流失风险的影响。表 6-3 是模型估计的结果。核心解释变量"会员服务降级类型"的系数估计值 $\gamma = 1.1273$，且在 1% 的水平上统计显著（$\gamma = 1.1273$，$p < 0.01$）。需要注意的是，生存分析是对风险函数而非生存时间进行建模（陈强，2014；Hosmer 等，2008）。风险函数描述了在时刻 t 尚未发生流失的顾客中，即将发生流失的瞬时风险概率。因此，γ 的正值表明，"会员服务降级类型"与顾客流失风险呈正向关系。由于"会员服务降级类型"是一个二值变量，其中，"0"表示结构不变的会员降级，"1"表示结构变动的会员降级。这意味着相对于结构不变的会员服务降级，结构变动的会员服务降级显著提高了顾客的流失风险。这与之前在描述性分析中观察到的结果是一致的。为了更直观地理解 γ 的实际意义，可以计算流失风险的比值（hazard ratio），即 e^{γ}。由于 $\gamma = 1.1273$，所以 $e^{\gamma} = 3.09$。这意味着在控制了其他协变量后，结构变动的会员服务降级使得顾客的平均流失风险是结构不变降级的 3.09 倍。

以上分析结果表明，研究假设 H10 得到了数据的有力支持。在控制了会员服务降级类型的自我选择效应与其他影响因素后，会员服务降级类型对顾客流失风险具有显著的差异化影响，其中，结构变动的会员服务降级引致了更高的流失风险。

为了检验以上结果的稳健性，表 6-3 中同时报告了其他几种常用的参数生存模型，包括生存时间的指数分布、威布尔分布和冈伯茨分布模型。首先，在生存时间的指数分布假定下，"会员服务降级类型"的系数估计值 $\gamma = 1.0953$，且在 1% 的水平上统计显著，这与 COX 模型分析中观察到的结果一致，同时可以计算出流失风险的比值 $e^\gamma = 2.99$。这说明在控制了其他协变量后，结构变动的会员服务降级使得顾客的平均流失风险是结构不变降级的 2.99 倍。其次，在生存时间的威布尔分布假定下，"会员服务降级类型"的系数估计值 $\gamma = 1.1501$，且在 1% 的水平上统计显著，这与 COX 模型结果一致，同时计算出流失风险的比值 $e^\gamma = 3.16$。这说明在控制了其他协变量后，结构变动的会员服务降级的顾客平均流失风险是结构不变降级的 3.16 倍。最后，在生存时间的冈伯茨分布假定下，"会员服务降级类型"的系数估计值 $\gamma = 1.1419$，且在 1% 的水平上统计显著，这与 COX 模型结果一致，同样计算出流失风险的比值 $e^\gamma = 3.13$。这说明在控制其他协变量后，结构变动的会员服务降级的顾客平均流失风险是结构不变降级的 3.13 倍。

可以看出，无论采用何种模型，关于"会员服务降级类型"的估计结果都非常接近，在系数符号和统计显著性上完全一致。表明实证结果与特定的生存时间分布模型无关，支持假设 H10 的结果非常稳健。

第四节　稳健性分析

本章的稳健性分析是变更交易因素"使用过量"与"使用不足"的测量后，重新拟合模型 10~模型 13 以及模型 13 的拓展模型。

这里的稳健性分析分成两个部分：一是变量"使用过量"与"使用不足"的测量使用倍增的标准，重新拟合第三节原有的回归模型；二是变量"使用过量"与"使用不足"的测量使用减半的标准，重新拟合原有的回归模型。然后重新按第三节的方法拟合回归模型 10~模型 13，以检验结果的稳定性。

一、使用倍增的标准

与第四章、第五章的稳健性分析类似，本部分在重新拟合模型时，采用了更严格的测量标准，对超出和未满足资费套餐的使用量比例进行了倍增处理，以此检验模型 10~模型 13 分析结果的稳健性。具体来说，本书将语音使用量超过资费套餐供给的 100% 作为"使用过量"的评判标准，将语音使用量不足资费套餐供给的25%作为"使用不足"的评判标准；与此类似，将流量使用超出和不足套餐供给的比例标准倍增至100%和25%。在新的标准下，重新计算每个顾客在语音和流量两个维度上的"使用过量"与"使用不足"情况，并按照表4-3的做法，将语音和流量的"使用过量"与"使用不足"指标进一步整合，得到变量"使用过量"与"使用不足"的最终测量。然后按照第三节的方法重新拟合了模型10～模型13。重新拟合的模型10～模型12的估计结果如表6-4所示，模型13的估计结果如表6-5所示。

表6-4　使用倍增标准测量后的模型10～模型12回归分析结果

模型名称 因变量		模型10 结构不变的降级	模型11 结构变动的降级	模型12 服务降级类型
自变量	假设			
使用过量		−0.6896 ***	−0.4253 ***	0.4691 ***
		（0.0772）	（0.1128）	（0.1501）
使用不足	H8	0.0066	0.1836 ***	0.2476 ***
		（0.0479）	（0.0688）	（0.0889）
关系持续时间	H9a	0.0012	0.0072 ***	0.0056 ***
		（0.0009）	（0.0012）	（0.0017）
关系利益	H9b	−0.5999 ***	0.3987 ***	0.7106 ***
		（0.0727）	（0.1207）	（0.1429）
控制变量				
顾客类型		−0.6893 ***	−0.6266 ***	0.1604
		（0.0925）	（0.1477）	（0.1798）
促销激励		−0.0170 ***	−0.0232 ***	−0.0018
		（0.0016）	（0.0026）	（0.0028）
套餐价格		0.0213 ***	0.0167 ***	−0.0025
		（0.0008）	（0.0010）	（0.0015）
套餐类型B		1.5412 ***	−0.3078 ***	−1.6281 ***
		（0.0939）	（0.0992）	（0.1313）
套餐类型C		0.9840 ***	−0.6990 **	−1.4943 ***
		（0.2164）	（0.3526）	（0.4125）
集团渠道		−0.4704 **	−0.8709 **	−0.5440
		（0.2625）	（0.3568）	（0.4601）
卖场渠道		0.0422	−0.1457	−0.1846
		（0.2253）	（0.2843）	（0.3783）

续表

模型名称 因变量		模型 10 结构不变的降级	模型 11 结构变动的降级	模型 12 服务降级类型
实体渠道		-0.4599** (0.2283)	-0.6679** (0.2898)	-0.2662 (0.3831)
营业渠道		-0.5182** (0.2488)	-0.5549 (0.3176)	-0.2228 (0.4173)
时间固定效应		控制	控制	控制
N		19857		1781
Pseudo R^2		0.132		0.115
Log-Likehood		-6132.875		-945.667

注：①模型 10、模型 11 同属于一个多元逻辑回归模型。②括号内为回归系数标准误；＊表示 p<0.10，＊＊表示 p<0.05，＊＊＊表示 p<0.01。

资料来源：本书整理。

表 6-5　使用倍增标准的测量后模型 13 的生存分析结果

模型	COX	指数分布	威布尔分布	冈伯茨分布
会员降级类型	1.0897*** (0.1372)	1.0561*** (0.1324)	1.1121*** (0.1404)	1.1055*** (0.1397)
控制内生的残差	-0.2755** (0.1217)	-0.2629** (0.1176)	-0.2806** (0.1255)	-0.2761** (0.1240)
使用过量	0.1006 (0.1201)	0.0907 (0.1159)	0.0963 (0.1237)	0.1067 (0.1221)
使用不足	-0.6495*** (0.1084)	-0.6354*** (0.1067)	-0.6586*** (0.1103)	-0.6561*** (0.1097)
关系持续时间	-0.0091*** (0.0023)	-0.0089*** (0.0023)	-0.0093*** (0.0023)	-0.0092*** (0.0023)
关系利益	0.2763* (0.1532)	0.2666* (0.1499)	0.2834* (0.1555)	0.2797* (0.1552)
顾客类型	0.0956 (0.1604)	0.0952 (0.1551)	0.1022 (0.1643)	0.0970 (0.1638)
促销激励	0.0065*** (0.0020)	0.0064*** (0.0020)	0.0066*** (0.0021)	0.0066*** (0.0021)
套餐价格	-0.0037 (0.0026)	-0.0036 (0.0026)	-0.0038 (0.0026)	-0.0038 (0.0026)
套餐类型 B	0.0256 (0.1209)	0.0126 (0.1174)	0.0326 (0.1240)	0.0308 (0.1230)

续表

模型	COX	指数分布	威布尔分布	冈伯茨分布
套餐类型 C	0.0673	0.0482	0.0775	0.0702
	(0.1787)	(0.1737)	(0.1847)	(0.1816)
集团渠道	−1.0156***	−0.9521***	−1.0897***	−1.0522***
	(0.3298)	(0.3176)	(0.3432)	(0.3360)
卖场渠道	−0.9792***	−0.9166***	−1.0494***	−1.0155***
	(0.1975)	(0.1897)	(0.2115)	(0.2026)
实体渠道	−1.1130***	−1.0411***	−1.1910***	−1.1511***
	(0.2156)	(0.2066)	(0.2297)	(0.2217)
营业渠道	−0.9752***	−0.9031***	−1.0476***	−1.0084***
	(0.2600)	(0.2497)	(0.2721)	(0.2647)
时间固定效应	控制	控制	控制	控制
N	1738	1738	1738	1738
Wald Chi-Square	497.79	639.06	510.21	537.91
Log-Likelihood	−2484.561	−1054.061	−1005.975	−1024.093

注：括号内为回归系数标准误；* 表示 p<0.10，** 表示 p<0.05，*** 表示 p<0.01。
资料来源：本书整理。

表6-4 中的模型 10 与模型 11 分别检验了交易因素（使用不足）、关系因素（关系持续时间、关系利益）对两种不同类型的会员服务降级的影响差异。模型 12 直接比较了交易因素与关系因素对两种不同的会员服务降级的作用差异。

在交易因素方面，模型 10 中，使用不足对结构不变的会员服务降级的影响系数为正，但不显著（$\beta_{10,2}=0.0066$，p>0.10）；模型 11 中，使用不足显著正向影响结构变动的会员服务降级（$\beta_{11,2}=0.1836$，p<0.01）；后者明显大于前者，但需要进一步比较的显著性检验。模型 12 中，二者直接比较的结果 $\beta_{12,2}=0.2476$，p<0.01，差异非常显著，因此使用不足对结构变动的会员服务降级的作用大于其对结构不变的会员服务降级的影响，从而假设 H8 得到支持。

在关系因素方面，模型 10 中，关系持续时间对结构不变的会员服务降级的影响系数 $\beta_{10,3}=0.0012$，p>0.10；模型 11 中，关系持续时间对结构变动的会员服务降级的影响系数 $\beta_{11,3}=0.0072$，p<0.01；模型 12 中，关系持续时间对结构不变与结构变动的会员服务降级影响直接比较的结果 $\beta_{12,3}=0.0056$，p<0.01，二者差异非常显著，从而关系持续时间对结构不变的会员服务降级比其对结构变动的会员服务降级的影响更为负面，假设 H9a 获得支持。关系利益方面，模型 10 中，关系利益对结构不变的会员服务降级的影响系数 $\beta_{10,4}=-0.5999$，p<0.01；模型 11 中，关系利益对结构变动的会员服务降级的影响系数 $\beta_{11,4}=0.3987$，p<0.01；

模型 12 中，关系利益对结构不变与结构变动的会员服务降级影响直接比较的结果 $\beta_{12,4} = 0.7106$，p<0.01，差异同样显著，因此，关系利益对结构不变的会员服务降级比其对结构变动的会员服务降级的影响更为负面，从而假设 H9b 也得到支持。

在检验假设 H10 的生存分析模型中，同时在第一阶段方程与第二阶段的 COX 生存分析模型（以及其他分布的模型）中，交易因素使用倍增标准后的"使用过量"与"使用不足"的测量，得到的结果如表 6-5 所示。

在交易因素（使用过量与使用不足）"倍增"标准的测量下，本书继续运用生存分析的 COX 比例风险模型来考察会员服务降级类型对顾客流失风险的影响。表 6-5 的结果表明，"会员服务降级类型"的系数估计值 $\gamma = 1.0897$，且在 1% 的水平上统计显著（$\gamma = 1.0897$，p<0.01）。因为风险函数描述了在时刻 t 尚未发生流失的顾客发生流失的瞬时风险概率。因此，γ 的正值且统计显著的结果表明，"会员服务降级类型"与顾客流失风险呈正向关系，从而相对于结构不变的会员服务降级，结构变动的会员服务降级显著提高了顾客的流失风险。这与之前在描述性分析中观察到的结果是一致的。同样为了更直观地阐述 γ 的实际意义，计算流失风险比 e^{γ}。由于 $\gamma = 1.0897$，所以 $e^{\gamma} = 2.973$。这意味着，在控制了其他协变量后，结构变动的会员服务降级使得顾客的平均流失风险是结构不变降级的 2.973 倍。所以，相比结构不变的会员服务降级，结构变动的会员服务降级对顾客流失的影响更大，假设 H10 获得支持。

表 6-5 同时列出了当生存时间指数分布、威布尔分布与冈伯茨分布的模型的结果。具体地，在生存时间的指数分布假定下，"会员服务降级类型"的系数估计值 $\gamma = 1.0561$，且在 1% 的水平上统计显著，这与 COX 模型分析的结果一致，同时可以计算出流失风险的比值 $e^{\gamma} = 2.88$。说明在控制了其他协变量后，结构变动的会员服务降级使得顾客的平均流失风险是结构不变降级的 2.88 倍。在生存时间的威布尔分布假定下，"会员服务降级类型"的系数估计值 $\gamma = 1.1121$，且在 1% 的水平上统计显著，这与 COX 模型结果一致，计算流失风险的比值 $e^{\gamma} = 3.04$。说明在控制了其他协变量后，结构变动的会员服务降级的顾客平均流失风险是结构不变降级的 3.04 倍。在生存时间的冈伯茨分布假定下，"会员服务降级类型"的系数估计值 $\gamma = 1.1055$，且在 1% 的水平上统计显著，这与 COX 模型一致，计算流失风险的比值 $e^{\gamma} = 3.02$。说明在控制了其他协变量后，结构变动的会员服务降级的顾客平均流失风险是结构不变降级的 3.02 倍。

可以看出，无论采用何种模型，"会员服务降级类型"的估计结果在三个参数生存时间模型中与 COX 模型相比差别很小，系数符号与显著性完全一致，充分说明了假设 H10 结果的稳健性。

综上分析，使用倍增的标准测量交易因素"使用过量"与"使用不足"后，重新对研究假设 H8、假设 H9a、假设 H9b、假设 H10 进行检验，模型检验的结果与之前的完全一致，说明了本研究的结论是非常稳健的。

二、使用减半的标准

与第四章、第五章的做法类似，这里对交易因素"使用过量"与"使用不足"的测量方法采用了更宽松的测量标准，对超出和未满足资费套餐的使用量比例进行了减半处理。具体地，本书将语音使用量超过资费套餐供给 25% 作为"使用过量"的评判标准，而将语音使用量不足资费套餐供给的 75% 作为"使用不足"的评判标准；与此类似，数据流量使用过量与使用不足也操作定义为使用超出和不足套餐供给的比例标准减半至 25% 和 75%。在新标准下，重新计算了每个顾客在语音和流量上的"使用过量"与"使用不足"情况，按照表 4-3 的做法，将语音和流量的"使用过量"与"使用不足"指标进一步整合成变量"使用过量"与"使用不足"的最终测量。之后基于减半标准的"使用过量"和"使用不足"变量，按照第三节介绍的方法重新拟合了模型 10~模型 12，具体结果如表 6-6 所示，而模型 13 的估计结果如表 6-7 所示。

表6-6　使用减半标准测量后的模型 10~模型 12 回归分析结果

模型名称 因变量		模型 10 结构不变的降级	模型 11 结构变动的降级	模型 12 结构变动的降级
自变量	假设			
使用过量		-0.5718^{***} (0.0769)	-0.1407 (0.1101)	0.6068^{***} (0.1502)
使用不足	H8	0.1422^{***} (0.0507)	0.2677^{***} (0.0787)	0.1952^{**} (0.0981)
关系持续时间	H9a	0.0010 (0.0009)	0.0073^{***} (0.0012)	0.0060^{***} (0.0017)
关系利益	H9b	-0.5374^{***} (0.0732)	0.4160^{***} (0.1209)	0.6939^{***} (0.1433)
控制变量				
顾客类型		-0.7232^{***} (0.0929)	-0.6375^{***} (0.1478)	0.1487 (0.1799)
促销激励		-0.0162^{***} (0.0016)	-0.0231^{***} (0.0026)	-0.0028 (0.0028)
套餐价格		0.0207^{***} (0.0008)	0.0163^{***} (0.0010)	-0.0023 (0.0015)

模型名称 因变量		模型 10 结构不变的降级	模型 11 结构变动的降级	模型 12 结构变动的降级
套餐类型 B		1.5404 *** (0.0940)	-0.3036 *** (0.0992)	-1.6069 *** (0.1304)
套餐类型 C		0.8923 *** (0.2169)	-0.7282 ** (0.3530)	-1.4139 *** (0.4126)
集团渠道		-0.4620 ** (0.2632)	-0.8850 ** (0.3565)	-0.4354 (0.4558)
卖场渠道		0.0417 (0.2262)	-0.1482 (0.2840)	-0.1263 (0.3728)
实体渠道		-0.4282 ** (0.2293)	-0.6644 ** (0.2895)	-0.2144 (0.3777)
营业渠道		-0.5061 ** (0.2497)	-0.5664 (0.3173)	-0.1554 (0.4122)
时间固定效应		控制	控制	控制
N		19857		1781
Pseudo R^2		0.139		0.118
Log-Likehood		-6082.854		-942.823

注：①模型 10、模型 11 同属于一个多元逻辑回归模型。②括号内为回归系数标准误；＊表示 $p<0.10$，＊＊表示 $p<0.05$，＊＊＊表示 $p<0.01$。

资料来源：本书整理。

表 6-7 使用减半标准的测量后模型 13 的生存分析结果

模型	COX	指数分布	威布尔分布	冈伯茨分布
会员降级类型	1.0880 *** (0.1366)	1.0567 *** (0.1317)	1.1104 *** (0.1402)	1.0996 *** (0.1392)
控制内生的残差	-0.3134 *** (0.1181)	-0.2988 *** (0.1142)	-0.3191 *** (0.1218)	-0.3132 *** (0.1203)
使用过量	-0.1202 (0.1206)	-0.1357 (0.1155)	-0.1251 (0.1242)	-0.1091 (0.1239)
使用不足	-0.4902 *** (0.0878)	-0.4865 *** (0.0850)	-0.4984 *** (0.0900)	-0.4888 *** (0.0891)
关系持续时间	-0.0096 *** (0.0023)	-0.0094 *** (0.0023)	-0.0098 *** (0.0023)	-0.0097 *** (0.0023)
关系利益	0.2061 (0.1488)	0.1998 (0.1457)	0.2106 (0.1511)	0.2078 (0.1507)

续表

模型	COX	指数分布	威布尔分布	冈伯茨分布
顾客类型	0.1064	0.1106	0.1112	0.1038
	(0.1593)	(0.1540)	(0.1632)	(0.1626)
促销激励	0.0075 ***	0.0074 ***	0.0076 ***	0.0076 ***
	(0.0021)	(0.0020)	(0.0022)	(0.0022)
套餐价格	−0.0037	−0.0035	−0.0038	−0.0038
	(0.0025)	(0.0025)	(0.0026)	(0.0025)
套餐类型 B	0.0137	0.0014	0.0205	0.0171
	(0.1204)	(0.1169)	(0.1235)	(0.1224)
套餐类型 C	0.0381	0.0196	0.0503	0.0416
	(0.1768)	(0.1719)	(0.1827)	(0.1797)
集团渠道	−1.0585 ***	−0.9995 ***	−1.1346 ***	−1.0889 ***
	(0.3286)	(0.3164)	(0.3412)	(0.3348)
卖场渠道	−0.9629 ***	−0.9064 ***	−1.0335 ***	−0.9940 ***
	(0.1998)	(0.1915)	(0.2132)	(0.2050)
实体渠道	−1.0929 ***	−1.0286 ***	−1.1702 ***	−1.1248 ***
	(0.2189)	(0.2094)	(0.2327)	(0.2252)
营业渠道	−0.9382 ***	−0.8762 ***	−1.0090 ***	−0.9646 ***
	(0.2611)	(0.2504)	(0.2726)	(0.2657)
时间固定效应	控制	控制	控制	控制
N	1738	1738	1738	1738
Wald Chi-Square	483.19	627.69	498.63	533.86
Log-Likehood	−2484.571	−1054.134	−1005.871	−1024.250

注：括号内为回归系数标准误；＊表示 p<0.10，＊＊表示 p<0.05，＊＊＊表示 p<0.01。

资料来源：本书整理。

表 6-6 中的模型 10 与模型 11 分别检验了交易因素（使用不足）、关系因素（关系持续时间、关系利益）对结构不变的会员服务降级与结构变动的会员服务降级的作用差异。模型 12 则直接比较了上述交易因素与关系因素对两种不同类型的会员服务降级的作用差异。

在交易因素方面，模型 10 中，使用不足对结构不变的会员服务降级的影响系数 $\beta_{10,2}=0.1422$，p<0.01；模型 11 中，使用不足对结构变动的会员服务降级的影响系数 $\beta_{11,2}=0.2677$，p<0.01；模型 12 中，二者进行直接比较的结果 $\beta_{12,2}=0.1952$，p<0.05，二者差异显著，从而使用不足对结构变动的会员降级的作用大于其对结构不变的会员降级的影响，假设 H8 得到支持。

在关系因素方面，模型 10 中，关系持续时间对结构不变的会员服务降级的

影响系数 $\beta_{10,3}=0.0010$，p>0.10；模型 11 中，关系持续时间对结构变动的会员服务降级的影响系数 $\beta_{11,3}=0.0073$，p<0.01，后者显著大于前者；模型 12 中，关系持续时间对结构不变与结构变动的会员服务降级影响直接比较的结果 $\beta_{12,3}=0.0060$，p<0.01，二者差异显著，因而关系持续时间对结构不变的会员服务降级比其对结构变动的会员服务降级的影响更为负面，由此假设 H9a 得到支持。关系利益的作用，模型 10 中，关系利益对结构不变的会员服务降级的影响系数 $\beta_{10,4}=-0.5374$，p<0.01；模型 11 中，关系利益对结构变动的会员服务降级的影响系数 $\beta_{11,4}=0.4160$，p<0.01；模型 12 中，关系利益对结构不变与结构变动的会员服务降级影响直接比较的结果 $\beta_{12,4}=0.6939$，p<0.01，差异也非常显著，因此关系利益对结构不变的会员服务降级比其对结构变动的会员服务降级的影响更为负面，从而支持假设 H9b。

在检验假设 H10 的生存分析模型中，同时在第一阶段方程与第二阶段的 COX 生存分析模型（以及其他分布的模型）中，交易因素使用减半标准后的"使用过量"与"使用不足"的测量，重新估计，得到的结果见表 6-7。

在交易因素（使用过量与使用不足）"减半"标准的测量下，继续使用生存分析的 COX 比例风险模型考察会员服务降级类型对顾客流失风险的影响。表 6-7 的估计结果表明，"会员服务降级类型"的系数估计值 $\gamma=1.0880$，且在 1% 的水平上统计显著（$\gamma=1.0880$，p<0.01）。由于风险函数描述了在时刻 t 尚未发生流失的顾客发生流失的瞬时风险概率。因此，γ 正向显著的结果表明，"会员服务降级类型"与顾客流失风险呈正向关系，从而相较于结构不变的会员服务降级，结构变动的会员服务降级对顾客流失风险的影响更大。这与之前在离散和连续型的生存时间描述性分析中观察到的结果一致。同样为了更直观地表达 γ 的实际意义，计算流失风险比 e^{γ}。由于 $\gamma=1.0880$，从而 $e^{\gamma}=2.968$。这说明在控制了其他协变量后，结构变动的会员服务降级的顾客的平均流失风险是结构不变降级的顾客的 2.968 倍。所以，相比结构不变的会员服务降级，结构变动的会员服务降级的顾客更容易流失，从而支持假设 H10。

表 6-7 同时列出了生存时间指数分布、威布尔分布与冈伯茨分布模型的估计结果。首先，当假定生存时间服从指数分布时，"会员服务降级类型"的系数估计值 $\gamma=1.0567$，且在 1% 的水平上统计显著，这与 COX 模型分析的结果一致，同时计算出流失风险的比值 $e^{\gamma}=2.88$。这说明在控制其他协变量后，结构变动的会员服务降级使得顾客的平均流失风险是结构不变降级的 2.88 倍。其次，当假定生存时间服从威布尔分布时，"会员服务降级类型"的系数估计值 $\gamma=1.1104$，且在 1% 的水平上统计显著，与 COX 模型估计结果一致，流失风险的比值 $e^{\gamma}=3.04$。说明在控制其他协变量之后，结构变动的会员服务降级的顾客平均流失风

险是结构不变降级的 3.04 倍。最后，当假定生存时间服从冈伯茨分布时，"会员服务降级类型"的系数估计值 $\gamma = 1.0996$，且在 1% 的水平上统计显著，与 COX 模型结果一致，风险比值 $e^\gamma = 3.00$。这说明在控制了其他协变量之后，结构变动的会员服务降级的顾客平均流失风险是结构不变会员服务降级的 3.00 倍。

综上所述，无论采用何种参数生存时间模型，"会员服务降级类型"的估计结果与 COX 模型相比差别很小，系数符号与显著性完全一致，充分地支持了假设 H10 的检验结果。

综合上述分析，使用减半的标准测量交易因素"使用过量"与"使用不足"后，重新对研究假设 H8、假设 H9a、假设 H9b、假设 H10 进行检验，模型检验的结果与之前的分析完全一致，说明研究结论非常稳健。

本节的稳健性分析分别使用了两种不同的标准来测量交易因素"使用过量"与"使用不足"，得到的模型 10~模型 13 估计结果与之前的结论完全一致，假设 H8、假设 H9a、假设 H9b 与假设 H10 继续获得支持。这充分说明了本书的结论是非常稳健的。

第五节　小结

本章的研究中采用了二元逻辑回归、多元逻辑回归模型和生存分析模型，对研究假设 H8、假设 H9、假设 H10 进行了实证检验。首先，本书关注交易因素（使用不足）对两种不同类型会员服务降级的影响是否存在差异。实证结果表明，相比结构不变的会员服务降级，使用不足对结构变动的降级具有更大的正向影响，支持了假设 H8。其次，关系因素（关系持续时间、关系利益）对两种不同类型会员服务降级的影响也存在差异。具体地，相比结构变动的会员服务降级，关系持续时间与关系利益对结构不变的会员服务降级有更加明显的抑制作用，同样支持了假设 H9a 与 H9b。在验证了会员服务降级的影响因素后，本章进一步考察了两种不同类型的会员服务降级对顾客流失行为的影响。由于顾客选择哪种会员服务降级类型不是随机分配的，而是受到顾客自身特征、交易特征以及与公司的关系特征等许多因素的影响，因此在生存分析模型中可能存在内生性问题。为此，本章采用两阶段估计的方法消除这种自我选择效应。实证结果发现，在控制了可能的内生性后，结构变动的会员服务降级对顾客流失风险的影响显著大于结构不变的会员服务降级，假设 H10 也得到了支持。

为了检验以上结论的稳健性，与第四章和第五章类似，本书分别构建了"使用过量"与"使用过量"这两个交易因素变量的"倍增"与"减半"的标准。随后重新拟合了逻辑回归模型和生存分析模型。结果表明,假设 H8、假设 H9 和假设 H10 都得到了一致的支持。这充分说明了本章研究结论的稳健性。

表 6-8　研究三假设检验结果汇总

	研究假设	验证结果
H8	服务使用不足对结构变动的会员服务降级的影响大于其对结构不变的会员服务降级的影响	支持
H9a	相比结构变动的会员服务降级,关系持续时间对结构不变的会员服务降级的抑制作用更大	支持
H9b	相比结构变动的会员服务降级,关系利益对结构不变的会员服务降级的抑制作用更大	支持
H10	相比结构不变的会员服务降级,结构变动的会员服务降级对顾客流失的正向影响更大	支持

资料来源:本书整理。

第七章　结论

本章首先总结介绍三个实证研究的主要结论，并引入现有文献进行讨论，以及探讨相应的理论解释；其次提出本书的理论贡献与管理启示；最后指出本书的研究局限和未来进一步研究的方向。

第一节　主要结论

本书涉及的全部研究假设，经过第四~第六这三章的实证检验，得到的结果汇总如表7-1所示。

表 7-1　假设检验结果汇总

	研究假设	验证结果
H1	交易因素对会员服务升级的影响程度大于对会员服务降级的影响程度。具体而言，服务使用过量对会员服务升级的影响程度大于服务使用不足对会员服务降级的影响程度	支持
H2a	关系持续时间对会员服务降级的抑制作用大于其对会员服务升级的正向影响	支持
H2b	关系利益对会员服务降级的抑制作用大于其对会员服务升级的正向影响	不支持
H3a	与没有外部竞争冲击的情况相比，在外部竞争冲击的情况下，会员服务升级的概率降低	支持
H3b	与没有外部竞争冲击的情况相比，在外部竞争冲击的情况下，会员服务降级的概率提高	支持
H4a	关系持续时间减弱了外部竞争冲击对会员服务降级的正向影响	支持
H4b	关系利益减弱了外部竞争冲击对会员服务降级的正向影响	不支持
H5	服务使用过量对结构变动的会员服务升级的影响大于其对结构不变的会员服务升级影响	支持
H6a	关系持续时间对结构不变的会员服务升级的影响大于其对结构变动的会员服务升级影响	支持
H6b	关系利益对结构不变的会员服务升级的影响大于其对结构变动的会员服务升级影响	不支持

	研究假设	验证结果
H7	相比结构不变的会员服务升级，结构变动的会员服务升级对顾客终生价值的影响更大	支持
H8	服务使用不足对结构变动的会员服务降级的影响大于其对结构不变的会员服务降级的影响	支持
H9a	相比结构变动的会员服务降级，关系持续时间对结构不变的会员服务降级的抑制作用更大	支持
H9b	相比结构变动的会员服务降级，关系利益对结构不变的会员服务降级的抑制作用更大	支持
H10	相比结构不变的会员服务降级，结构变动的会员服务降级对顾客流失的正向影响更大	支持

资料来源：本书整理。

在研究一中，重点探讨了会员服务升级与降级的驱动因素（包括交易因素、关系因素与外部竞争冲击等）。通过实证分析可以发现，交易因素（服务使用过量与使用不足）与关系因素（关系持续时间、关系利益）对会员服务升级与降级具有不平衡的影响；同时，外部竞争冲击对顾客会员服务升级具有抑制作用，对会员服务降级具有正向影响，而关系因素可以一定程度上减弱外部竞争冲击对顾客会员服务降级的影响。

研究二在区分两种不同类型的会员服务升级的基础上，探讨交易因素（服务使用过量）、关系因素（关系持续时间、关系利益）对两种不同类型的会员服务升级的作用差异，并讨论不同类型的会员服务升级对顾客终生价值的影响差异。实证结果表明，交易因素与关系因素对两种不同类型的会员服务升级具有不平衡影响，并且两种类型的会员服务升级对顾客终生价值的作用存在差别。

研究三同样区分了两种不同类型的会员服务降级，考察了交易因素（服务使用不足）、关系因素（关系持续时间、关系利益）对两种不同类型的会员服务降级的作用差异，并探讨不同类型的会员服务降级对顾客流失的影响差异。实证结果显示，交易因素与关系因素都对两种不同类型的会员服务降级具有不平衡影响，并且两种类型的会员服务降级对顾客终生价值的作用也存在差异。

一、会员服务升级与降级的比较

首先，比较了交易因素（使用过量、使用不足）对会员服务升级与降级的影响差异。实证研究结果表明，使用过量对会员服务升级的影响大于使用不足对会员服务降级的影响。在本书的研究情境中，顾客服务因使用过量而去选择提升会员服务等级，以避免大幅增加的可变费用损失带来的"痛苦"，顾客由于服务使用不足而去降低会员服务等级，在没有可变费用的前提下减少了每月的固定费用，相比过去总支出更少，可以认为是一种获得。顾客对损失比获得更加敏感。从而在连续型服务行业的会员服务升级与降级决策中，印证了前景理论的正确性（Kahneman 和 Tversky 1979；Tversky 和 Kahneman 1991）。相比服务使用不足对会员服务降级的影响，服务使用过量对会员服务升级影响更大。这说明相比会员服务降级，会员服务升级更多地由交易因素主导。

　　这一发现与现有研究结果一致。例如，Jin 等（2012）在研究旅游套餐服务升级与降级时发现，风险厌恶程度较高的消费者更容易选择升级方式进行服务定制；风险厌恶程度较低的消费者更容易选择降级方式进行服务定制。类似地，胡珍苗等（2016）发现，功能增值体验、情感增值体验、社会增值体验等交易因素对在线内容订阅服务升级意愿具有正向影响。此外，本研究结果还与服务业中的"使用水平效应"（Usage Level Effect）相一致。Iyengar 等（2011）评估基于使用量付费和两部分定价（类似于电信套餐的固定费用与可变费用）方案对消费者访问服务偏好的影响时发现，消费者在两部分定价方案下获得的效用较低，导致顾客年保留率下降 10.5%，年使用量平均下降 38.7%；但两部分定价仍然是利润最大化的定价结构，并且如果企业忽视定价结构（或入网费）效应，那么他们会对入网费定价过高，而对每分钟价格定价过低，将导致企业利润减少。Prince 和 Greenstein（2021）对移动互联网在数据封顶等基于使用量定价方式下的使用情况分析发现，基于使用量定价（通过数据封顶）不能提高电信服务提供商收入，用户的移动互联网使用与服务提供商收入之间存在倒 U 形关系，如果与使用强度而非持续时间相关联，价格歧视策略在提高收入方面可能更有效。这一效应在手机套餐（Ascarza 等，2012）、健身俱乐部会员服务（DellaVigna 和 Malmendier，2006）等领域均得到了验证。本书进一步揭示了服务使用水平对会员服务升级和降级决策中的差异化影响，这直接影响到服务提供商的收益和利润，并对其定价方案的选择具有重要启示。同时，本书还揭示了服务使用过量对升级决策的显著影响，以及交易因素相比关系因素对升级行为的更大驱动作用。这些发现不仅丰富了会员服务管理和顾客决策行为的相关理论，也为服务企业制定差异化的升级促销策略和降级预防措施提供了新的启示。

　　其次，关系因素方面，关系持续时间对会员服务降级的负向影响程度大于其对会员服务升级的正向影响程度。这一结论说明，关系持续时间越久，顾客的黏性越高，越容易对双方的关系形成惯性依赖（Kumar 等，1995），顾客越不容易出现会员服务降级行为。而会员服务升级的顾客对服务使用过量带来的可变费用支出的增加比较敏感，关系持续时间作用较弱。这说明了会员服务降级比会员服务升级更容易受到关系因素影响。假设 H2b 提到的关系利益对会员服务升级与降级的不平衡影响没有得到支持，这可能是关系利益并不如关系持续时间那样，能够带来顾客对于公司关系的黏性与惯性。另外，会员服务升级与降级的顾客可能都比较看重关系利益带来的各种好处，所以关系利益对二者的影响差异并不显著。

这一发现与现有关系营销和顾客关系管理文献的研究结果一致。例如，Reinartz 和 Kumar（2003）在一项跨行业的实证研究中发现，关系持续时间正向影响顾客支出水平、交叉购买，也是影响顾客价值和忠诚度的关键因素，并且长期客户比短期客户表现出更高的留存率和购买频率。类似地，Verhoef 等（2002）基于保险行业的研究表明，关系持续时间增强了信任、情感性承诺、计算性承诺、满意等关系变量对顾客推荐、顾客服务购买量的正向作用。这些研究都支持了关系持续时间对客户黏性和惯性的积极作用。本书进一步揭示了关系持续时间在会员服务升级和降级情境下的差异化影响。对于会员服务降级而言，由于顾客已经习惯了与企业的长期合作关系，一旦考虑降级，则意味着要打破这种惯性，承担一定的转换成本和风险，因此关系持续时间表现出更强的"黏性效应"。相比之下，会员服务升级更多地取决于顾客当前的服务需求，关系持续时间的影响相对有限。Zhang 等（2016）研究发现，卖方与顾客的关系投资都可以帮助促进顾客迁移到更高的绩效状态，并防止恶化到更差的状态。这与关系因素促进服务会员升级与抑制会员服务降级的效果不谋而合。

至于关系利益对会员服务升级和降级影响的不显著差异，一个可能的解释是，无论是考虑升级还是降级，顾客都会综合评估关系利益的得失。一方面，升级意味着可以享受到更多的关系利益，如优惠折扣、专属服务等；另一方面，降级虽然会失去部分关系利益，但同时可以减少不必要的支出，获得更高的性价比。因此，关系利益对二者的影响可能在一定程度上相互抵消了。关系利益对顾客忠诚、顾客保留的影响在不同的情境下存在显著差异，关系利益的作用还可能受到其他因素的调节，如 Palmatier 等（2006）的元分析表明，服务与基于产品的交换、渠道与直接交流、商业市场与消费者市场、个人与组织关系等因素调节了关系利益对关系忠诚以及其他关系结果变量的作用。这提示我们在进一步探讨关系利益的作用机制时，需要考虑更多的情境因素。总之，本书在发现关系持续时间对会员服务降级影响显著性的同时，发现其对服务升级的影响相对较弱，这一结果丰富了我们对关系因素在会员服务变更决策中作用的理解。同时，本书研究还发现了关系利益对会员服务升级与降级的影响差异不显著，并探讨了可能的解释。

二、外部竞争冲击的影响

外部竞争冲击的影响方面，实证研究结果表明，在面临外部竞争冲击时，会员服务升级的概率降低，会员服务降级的概率提高。这与以往大多认为外部竞争冲击直接带来顾客流失的观点有所不同（Jones 等，2000；Kim 等，2004；金立印，2008），本书认为由于转换成本的存在以及新产品的扩散需要一个过程（Johnson 和 Russo，1984；Iyengar 等，2007；Zhao 等，2011），多数顾客并不会立即流失。此外，在本书的研究情境中，这个外部竞争冲击是竞争者率先推出 4G 电信服务，用户可能对 4G 服务这种新技术产品还需要学习过程，对其需求不太会立即形成（Huang，2019），而先表现出减少会员服务升级概率，或者增加会员服务降级的概率。在此过程中，顾客可能继续使用原有公司的产品，同时对外部更有吸引力的产品持开放态度。

这一发现与竞争冲击对客户行为影响的文献有定相似性。例如，Ascarza 等（2018）基于多个行业的数据分析表明，外部竞争冲击对客户流失的影响存在一定的时滞效应，即客户的反应通常会延后一段时间才会表现出来。本书进一步发现了外部竞争冲击在会员服务升级和降级决策中的影响。当面临竞争冲击时，顾客升级服务的意愿会下降，这可能是由于顾客对当前服务提供商的前景产生了怀疑，担心升级后无法获得预期的效用（Nitzan 和 Libai，2011）。与此同时，顾客降级服务的概率上升，一方面，可能是出于成本考虑，试图通过降低服务等级来减少支出；另一方面，可能是一种"止损"行为，为最终转换到竞争对手做准备（Haj-Salem 和 Chebat，2014）。这一结果对服务提供商如何应对竞争冲击具有重要启示。首先，在新技术或新服务刚刚推出的早期阶段，提供商不应过度担心客户的即时流失，而应着眼于如何引导和帮助客户适应变化，提供必要的过渡支持。其次，面对客户升级意愿下降的挑战，提供商可以考虑提供更多的激励措施，如免费试用、兼容性保证等，以鼓励客户尝试新服务（Dong 等，2017）。最后，对于有降级倾向的客户，提供商可以主动沟通，了解其潜在需求和顾虑，提供更加灵活和个性化的服务组合，提高客户的黏性（Ascarza 等，2016）。

此外，关系持续时间对外部竞争冲击影响会员服务降级的具有抑制作用。这是由于会员服务降级较多地受到关系持续时间带来的消费黏性和对关系惯性依赖的影响，在面临外部竞争冲击时，能够起到一定的抵御作用（Berry，1995；Berry，2002）。实证结果没有支持关系利益抑制外部竞争冲击对会员服务降级的影响，可能是由于外部竞争性产品给顾客带来的好处或其吸引力超过了当前公司提供的关系利益，此时会员服务降级决策不易受到关系利益的影响。

这一发现同样与以往文献有相似点。例如，Kamolsook 等（2019）基于泰国数字电视和 LED 灯行业的数据分析发现，长期客户流失的概率相对较小，主要是由于他们已经形成了较高的转换成本和惯性。然而，关系利益在抑制会员服务降级方面的作用似乎并不显著。这可能意味着，在当前的竞争环境下，仅仅依靠提供关系利益已经不足以留住顾客。正如 Ascarza 等（2016）所指出的，在一个同质化的市场中，顾客可能更看重产品或服务本身的价值，而不是附加的关系利益。

本书虽未提出有关会员服务续订的研究假设，但实证结果表明，交易因素中的服务使用过量与服务使用不足均负向影响会员服务续订，说明服务使用量与其会员服务套餐固定供给的匹配程度越差，顾客选择会员服务续订的意愿越低，流失概率越高。有意思的是，使用不足比使用过量对会员服务续订的负面影响更大，这也与假设 H3 论证过程中提到的顾客流失前会率先减少产品使用或会员服务降级的说法一致。关系因素方面，关系持续时间与关系利益都正向影响会员服务续订，顾客与公司的关系资产越高，会员服务续订的概率越高，这个结果充分说明了关系营销理论的重要价值（Berry，1995；Gustafsson 等，2005；Palmatier 等，2006；Palmatier，2008）。另外，外部竞争冲击负向影响会员服务续订，说明外部竞争冲击加剧了顾客流失，这个结果也符合常理。因此，外部竞争冲击也不可避免地影响到了公司的顾客保留策略（Voss 和 voss，2008）。

三、会员服务升级的研究

研究二首先探讨了交易因素对两种不同类型会员服务升级的影响差异。该研究重点关注服务使用过量这一交易因素，并比较了其对结构变动和结构不变会员服务升级的影响差异。实证分析发现，使用过量对结构变动的会员服务升级具有更大的正向作用。这一结果背后的原因主要在于，结构变动的会员服务升级涉及会员服务套餐供给结构特征的改变，意味着顾客偏好结构发生了变化。相比结构不变的升级，结构变动的升级更多地由顾客的内在动机所驱使，以满足会员服务套餐与实际使用量相匹配的自主性需求（Ryan 和 Deci，2000；De Charms，2013）。此外，在交易因素主导下进行会员服务升级决策时，顾客更看重对既有会员服务套餐选择偏差的纠正。相比结构不变的升级，结构变动的升级不仅在固定供给总量上有所增加，其供给结构特征也更加灵活多变。因此，结构变动的升级对会员服务套餐固定供给与实际使用量间偏差的纠正程度更高，能够更好地减少顾客的可变费用支出。当顾客的实际使用量已经明显超过套餐既定供给时，出于对成本的考虑，相比起结构不变的升级，他们会更优先选择结构变动的升级。这一发现不仅丰富了会员服务升级的相关研究，也为企业制定差异化的升级策略提供了有益启示。面对服务使用过量的情况，企业应重点关注并推动结构变动型的升级，以更好地满足顾客需求，提升其选择升级的意愿。

在关系因素方面，研究发现，关系持续时间对结构不变的会员服务升级的影响更大，这是因为关系持续时间越久，顾客越依赖于惯性决策，从而在会员服务升级决策中越容易选择同一系列的服务套餐，即结构不变的会员服务升级。相比之下，结构变动的会员服务升级更多地由内在动机主导，不易受到关系持续时间等外在因素的影响（Pate，1978；Posen 等，2018）。因此关系持续时间对结构变动的会员服务升级的作用较低。比较意外的是，实证研究结果没有发现关系利益具有上述作用，可能原因在于注重关系利益的顾客，其通常对公司提供的业务内容认知较深，掌握的知识和信息更多，决策涉入通常也比较高，从而这种类型的顾客对结构变动的会员服务升级更受青睐。这一发现表明，在会员服务升级的情境下，关系因素对客户决策的影响可能更为复杂和多元化。正如 Palmatier 等（2006）在一项元分析中指出的，关系营销的效果受到多种调节因素的影响，如关系类型、产品特征和客户特征等。因此，关系因素对会员服务升级的影响具有一定的复杂性和情境依赖性。

一般认为，选择会员服务升级的顾客与公司的关系持续时间越久，顾客终生价值通常越高（Lambrecht 和 Skiera，2006；Bolton 等，2008）。比较这两种不同类型的会员服务升级对顾客终生价值的作用差异，结果发现，结构变动的会员服务升级对顾客终生价值的正向影响更大。这是因为结构变动的会员服务升级决策不仅考虑了服务使用量的变动，同时还考虑了偏好结构的变化，顾客对升级后的会员服务套餐的满意度通常会比较高（Bolton 等，2008），因此顾客对公司的承诺水平与协作意愿也比较高，双方的关系持续时间会更长，未来的购买意愿更强（Palmatier，2008）。因此，相比结构不变的会员服务升级，结构变动的会员服务升级对顾客终生价值的影响更大。这一发现与以往文献一致。例如，Kumar 等（2018）在一项跨行业的研究中发现，当企业能够根据顾客偏好的变化动态调整服务内容时，顾客的满意度和忠诚度会显著提高，进而带来更高的顾客终生价值。Homburg 等（2019）所指出的，当企业能够为顾客提供个性化和定制化的服务方案时，顾客更容易产生归属感和情感联系，从而减少流失风险，进而提升顾客终生价值（Ascarza 等，2018）。

四、会员服务降级的研究

研究三首先检验了交易因素（使用不足）对两种不同类型的会员服务降级的作用差异。实证结果发现，使用不足对结构变动的会员服务降级正向作用更强，其原因在于会员服务降级的目的在于纠正前期价格过高的会员套餐导致的"资源浪费"，从而节省固定费用开支。相比结构不变的会员服务降级，结构变动的会员服务降级不仅服务套餐价格降低，而且可以变更服务套餐的供给结构，对服务套餐选择与实际使用量之间偏差的纠正程度更高，从而有望节省更多的支出。因此，当实际服务使用量显著低于会员套餐供给时，顾客更优先考虑结构变动的会员服务降级。这一发现与 Lin 等（2023）以及 Zhou 等（2024）的研究结果一致。其中，Lin 等（2023）通过电信行业的数据研究发现，服务使用不足正向影响服务降级；Zhou 等（2024）进一步提出了服务使用不足对两种不同类型的顾客会员服务降级的差异化影响。本书研究结果表明，结构变动的会员服务降级在帮助客户纠正使用偏差、节省支出方面具有独特优势。服务提供商应该重视客户使用行为的动态监测，通过灵活的服务设计来满足客户的降级需求，以维护客户关系的长期稳定。

在关系因素方面，研究发现，相比结构变动的会员服务降级，关系持续时间和关系利益对结构不变的会员服务降级的影响更为负面，这是因为结构变动的会员服务降级更多的是由内在动机驱使，不易受外在激励的影响，而结构不变的会员服务降级中，关系等外在激励因素引起的外在动机的作用较大。此外，结构不变的会员服务降级只是服务套餐供给数量上减少，供给结构特征没有发生改变，顾客决策过程涉入程度较低，对会员服务降级后带来的关系资产损失较为敏感，关系持续时间越长、关系利益越高，通常关系资产给顾客带来的利益越大，其对两种不同类型的会员服务降级的抑制作用差异越明显。上述研究结论与 Zhou 等（2024）从产品相似性比较的视角分析的结果一致。此外，本书发现，结构变动的服务降级更多地由内在动机主导，不易受到关系等外部因素的影响。这一结果与自我决定理论的观点相吻合，即个体在追求自主性和胜任感时，更倾向于依赖内在动机而非外部奖励或压力（Ryan 和 Deci，2017）。

顾客流失/保留是顾客关系管理的重要内容。过去已经有大量文献探讨了顾客保留的前置因素（Ahmad，2002；Rust 等，2004；Haenlein，2013；Min 等，2016），在连续型服务领域，也有不少文献对顾客服务续订的影响因素进行了研究（Ranaweera 和 Prabhu，2003；Ascarza 和 Hardie，2013）。与现有文献不同，本书研究发现，相对于结构不变的会员服务降级，结构变动的会员服务降级的顾客流失的概率更高。由于结构变动的会员服务降级的顾客，其之前的会员降级决策过程还伴随着寻求与自己偏好匹配的新产品属性，对外部信息持更开放的态度，更可能去寻求外部替代选择。这一发现拓展了顾客保留领域的研究，也充实了 Dwyer 等（1987）关于五阶段顾客生命周期框架的内容。

传统观点认为，顾客流失主要是由于对当前服务的不满意或外部竞争方案的吸引力（Keaveney，1995；Bansal 等，2005）。Lemmens 和 Gupta（2020）的研究指出，当顾客主动调整服务方案时，他们不仅会考虑当前服务的利弊，还会重新评估自身的需求和偏好，从而提高对外部信息的开放性和接受度。此外，结构变动的服务降级顾客更容易产生流失行为的结果与认知失调理论的观点也一致，即个体在做出与既有态度或行为不一致的决策时，会感受到心理上的不舒服，并试图通过寻求支持性信息来减少这种失调感（Tanford 和 Montgomery，2015；Morvan 和 O'Connor，2017）。因此，服务提供商在管理降级顾客时，不仅要关注顾客对当前服务的评价，还要重视顾客需求和偏好的变化。同时，可以借助数据分析等技术手段，及时洞察和预警顾客流失的风险信号，并采取针对性的挽留策略。

第二节　理论启示

本书的研究整合了关系营销理论与顾客决策有关的理论（包括前景理论与自我决定理论），深入地探讨了会员服务升级与降级的驱动因素及其作用后果。本书比较了交易因素、关系因素对会员服务升级与降级、不同类型的会员服务升级、不同类型的会员服务降级的影响差异，以及对顾客终生价值和顾客流失影响的后果差异。本书拓展了关系营销领域的研究，对连续型服务提供商的关系营销执行者深入理解顾客会员服务选择决策行为，提供了重要的理论支撑。本书的理论贡献与启示分为以下几方面：

一、本书研究框架整合了关系营销理论与消费者决策理论，突破了以往研究大多关注单一理论视角的局限性。通过引入前景理论和自我决定理论，系统地分析了交易因素和关系因素在会员服务升级与降级决策中的差异化作用，探讨了顾客会员等级选择背后的心理动机

目前对会员服务的研究较多地集中在会员服务续订，对会员服务续订下的服务升级与降级决策关注较少，其驱动机制是否与会员服务续订一致尚未有明确结论。现有文献仅有少量是有关会员服务升级与降级的研究，且多是孤立地探讨交易因素或者关系因素对会员服务升级或降级的影响（Ngobo，2005；Okada，2006；Bolton 等，2008；Jin 等，2012；Visentin 和 Scarpi，2012；Marinova 和 Singh，2014；翁波和程岩，2014；胡珍苗等，2016；Lin 等，2023；Zhou 等，2024）。而本书不仅比较了交易因素对会员服务升级与降级的不平衡影响，还说明了会员服务升级比服务降级更多地受到交易因素的支配，初步揭示了会员服务升级与降级决策的内在机制上的差异。

现有文献已经发现交易因素对会员服务升级与降级的影响，如 Jin 等（2012）的研究认为，价格敏感性、损失规避等交易因素正向影响旅游服务套餐升级，负向影响旅游服务套餐降级；翁波和程岩（2014）、胡珍苗等（2016）的研究表明，价值体验对顾客在线内容订阅服务升级意愿具有正向作用；Lin 等

（2023）发现，服务使用不足正向作用于会员服务降级。上述发现都充分说明了交易因素在会员服务升级与降级中的作用。本书提出了交易因素对会员服务升级与降级的不平衡影响，表明顾客的关系决策不仅受到关系质量的影响，也受到交易利益的驱动。这一发现拓展了关系营销理论的解释边界，为理解顾客关系行为提供了更全面的视角。现有研究在探讨影响会员服务变更的因素时，往往将升级和降级视为同一决策维度的两个方向，较少关注二者在心理机制上的差异。本书发现交易因素对升级决策的影响更大，而关系因素对降级决策的影响更大，表明顾客在面临服务升级和降级时采取了不同的决策策略。此外，本书在关系营销理论的基础上，引入了前景理论的观点，即个体在面临收益和损失时表现出不同的风险偏好。研究发现，交易因素对升级决策影响更大的结果，与前景理论关于"损失规避"的论断一致，表明顾客在服务升级时更加关注新增利益的获取。

此外，现有文献也已经发现一些关系因素对会员服务升级与降级的影响，如Marinova 和 Singh（2014）研究认为，信任正向影响会员服务升级，负向影响会员服务降级；Lin 等（2023）发现，关系持续时间可以抑制会员服务降级。本书进一步探讨了关系因素对会员服务升级与降级的影响差异，研究结果发现，关系持续时间对会员服务降级的抑制作用超过对会员服务升级的正面影响，说明会员服务降级决策比服务升级决策更容易地受到关系因素支配，同样有力地拓展了关系营销理论在连续型服务情境的应用。关系因素对服务降级决策的影响更为关键，这意味着服务提供商在管理会员关系时，需要针对不同的关系阶段和互动情景采取差异化的策略。这一启示为关系型服务的差异化管理提供了理论依据，也为服务企业的精细化运营提供了新的思路。

二、本书提出外部竞争冲击率先使顾客减少会员服务升级、增加会员服务降级，而非直接流失的观点，拓展与丰富了顾客保留与转换成本理论的研究。通过发现关系因素抑制外部竞争冲击对会员服务降级的作用，进一步突出了关系营销的重要价值

过去的研究已经说明了外部竞争性产品的引入对现有产品市场格局的冲击，但这种影响更多地体现在顾客转换服务提供商或顾客的流失行为上（Bolton 等，2000；Ranaweera 和 Prabhu，2003；Gustafsson 等，2005；Nitzan 和 Libai，2011；Becker，2014；Ascraza 等，2018），本书发现，外部竞争冲击首先抑制了会员服务升级、正向影响会员服务降级，而非导致顾客直接流失，这一发现具有重要意义。首先，揭示了顾客流失过程的阶段性特征。传统的顾客流失研究多关注顾客的最终流失行为，而较少探讨流失过程中的阶段性表现。本书发现，在面临竞争冲击时，顾客并不会立即流失，而是先表现出升级意愿下降和降级意愿上升的趋势，揭示了顾客流失的动态演变的过程，提示企业关注顾客行为变化的早期信号。其次，丰富了转换成本理论的内涵。转换成本理论认为，顾客在更换服务提供商时面临的各种成本支出（如搜索成本、学习成本、情感成本等）会提高顾客的留存倾向。本书指出，转换成本不仅影响顾客的最终流失决策，也影响其在关系维系过程中的升级/降级行为。这一发现为理解转换成本的作用机制提供了更丰富的视角。最后，连接了关系营销和竞争策略的理论链条。已有研究在探讨影响顾客关系决策的因素时，多关注企业与顾客的双边互动，而较少考虑外部竞争环境的影响。本书发现，竞争冲击会显著影响顾客的升级/降级决策，这一结果在理论上连接了关系营销视角和竞争策略视角，表明顾客关系管理不仅取决于企业自身的营销努力，也受到竞争对手行为的制约。这为整合性的顾客关系研究提供了新的方向。

此外，因为会员服务升级较多地由交易因素驱动，所以本书仅探讨关系因素对外部竞争冲击影响会员服务降级的抑制作用。研究结果发现，关系持续时间减弱了外部竞争冲击对会员服务降级的影响。这一发现在实证层面验证了关系黏性的存在（El-Manstrly 等，2020），表明长期互动形成的情感纽带和习惯依赖，可以在一定程度上抵消竞争诱因的影响。关系持续时间可以减弱竞争冲击对顾客降级行为的影响，这在一定程度上拓展了顾客资产理论的边界条件，表明即使在动态竞争中，长期顾客关系仍然具有稳定性和战略价值（Dwyer 等，1987；Berry，2002；Palmatier 等，2006；Palmatier，2008）。

三、通过区分两种不同类型的会员服务升级（降级），探讨交易因素、关系因素两种不同类型的会员服务升级（降级）的不平衡影响，拓展了交易效用理论与关系营销理论的应用边界

现有文献只考虑了从会员套餐价格与供给量上定义了会员服务升级与降级（Marinova 和 Singh，2014），而本书根据会员服务套餐供给结构是否发生变化，提出将会员服务升级（降级）区分为结构不变和结构变动的会员服务升级（降级）。同时，本书认为两种不同类型的会员服务升级（降级）暗含着顾客偏好结构的是否变化的差异，不同类型的会员服务升级（降级）在产品相似性与可比性、顾客的决策动机、信息搜寻方式、决策涉入度方面可能存在本质的不同。这是本书区别于过去文献（Bolton 等，2008；Jin 等，2012；Visentin 和 Scarpi，2012；Marinova 和 Singh，2014；George 和 Wakefield，2018；Lin 等，2023）的显著贡献之一。

在区分不同类型的会员服务升级（降级）的基础上，本书进一步比较了交易因素和关系因素对不同类型的会员服务升级（降级）的影响差异，研究结果表明，交易因素更容易导致结构变动的会员服务升级（降级）。这个结论更加精细地揭示了会员服务升级与降级的决策动机、信息搜寻方式，拓展了自我决定理论的应用情境，表明消费者在面临服务内容和权益结构发生实质改变时，会更加敏感地评估交易中的利弊得失，进而影响服务套餐的选择。这一发现在会员服务情境下验证了交易效用理论的解释力，拓展了其应用边界（Lichtenstein 等，1990）。此外，相比结构变动的会员服务升级（降级），关系因素对结构不变的会员服务升级（降级）的作用更强。这一发现拓展了关系营销理论的内涵，揭示了关系因素影响的会员等级变更的边界条件。传统服务营销理论侧重服务质量、价格等因素，而本书强调了关系因素的重要性，这为连续型服务提供商如何更好地管理顾客服务升级与降级提供了新的理论视角。

四、本书系统性地研究了顾客服务会员升级与降级的作用后果—顾客终生价值与顾客流失，探讨了不同类型的顾客会员服务升级与降级对顾客终生价值和顾客流失的作用差异

以往对会员服务升级与降级的研究大多聚焦于前因的研究（Ngobo，2005；Okada，2006；Bolton 等，2008；Jin 等，2012；Visentin 和 Scarpi，2012；Marinova 和 Singh，2014；翁波和程岩，2014；胡珍苗等，2016；Bellezza 等，2017；Sela 和 LeBoeuf，2017；Miller 等，2019；Wang 和 John，2019），而对会员服务升级与降级的影响后果的研究仅仅关注到顾客的未来交易量（Wangenhein 和 Bayon，2007；吴邦刚等，2018）、顾客忠诚意向（Wagner 等，2009）、信任与情感承诺（Van Berlo 等，2014）等。对顾客保留和顾客价值等影响关系营销绩效的结果还缺少深入地探讨。本书除了考察会员服务升级与降级的前因以外，同时深入研究了其影响后果——顾客终生价值与顾客流失。除提出会员服务升级对顾客终生价值的作用以及会员服务降级对顾客流失的影响外，本书进一步发现了不同类型的会员服务升级（降级）对顾客终生价值与顾客流失的影响差异。

在服务会员升级方面，研究发现，相比结构不变的会员服务升级，结构变动的会员服务升级对顾客终生价值的作用更大。这些研究结论不仅补充了过往顾客终生价值的前置因素研究聚焦于交易特征和顾客异质性的观点（Reinartz 和 Kumar，2003；Palmatier 等，2006；Kumar 和 Reinartz，2016），同时对会员服务升级和顾客终生价值理论有重要的理论启示。首先，以往研究虽然已经关注到服务升级的后果，但较少探讨服务升级方式的影响。本书区分了两种不同类型的会员服务升级，进一步深化了服务升级领域的研究（Bolton 等，2008）。其次，顾客终生价值是衡量顾客资产的重要指标，本书揭示了何种服务升级类型更有利于提升顾客终生价值，为企业管理顾客资产提供了新的思路。

在服务会员降级方面，本书考虑了不同类型的会员服务降级对顾客流失的影响，相比结构不变的会员服务降级，结构变动的会员服务降级对顾客流失的影响更大。这个发现有力地扩展了顾客保留领域的研究（Lemon 等，2002；Capraro 等，2003；Nitzan 和 Libai，2011；Ascarza 和 Hardie，2013）。首先，以往研究较少关注服务降级对顾客的影响，更鲜有探讨不同降级方式的差异（Zhou 等，2024）。本书发现，结构变动的降级对顾客流失影响更大，深化了对服务降级的理解。其次，顾客流失是服务型企业面临的重大挑战，这里指出服务降级尤其是结构变动的降级会加剧顾客流失，为企业管理顾客关系、预防流失提供了新的视角。

上述这些讨论，从理论上充分说明了会员服务升级与降级的重要作用，拓展了顾客保留、顾客关系资产管理、顾客终生价值领域的研究（Jain 和 Singh，2002；Gupta 等，2006；Palmatier，2008；Kumar 和 Reinartz，2016；Kumar，2018；Zeithaml 等，2020；Fam 等，2023）。

第三节　管理启示

本书研究了交易因素、关系因素以及外部竞争冲击对会员服务升级与降级的作用，对会员服务升级（降级）类型的区分，分析了交易因素和关系因素对不同类型的会员服务升级（降级）的不平衡影响，以及作用后果（顾客终生价值、顾客流失）的差异。研究结论不仅具有一定的理论贡献与创新，同时对提供连续型服务的企业经营管理具有重要的启示意义。

一、会员服务套餐产品设计方面

首先，由于交易因素（服务使用过量与使用不足）对结构变动的会员服务升级（降级）的影响大于其对结构不变的会员服务升级（降级）的影响，因此，提供连续型服务的企业可以考虑将同一价位的会员套餐设置成几个反映不同顾客偏好结构的会员服务套餐产品组合。这与 Xu 和 Dukes（2019）的关于在顾客偏好不确定情形下的产品线设计的建议一致。具体而言，企业可以通过市场调研、数据分析等方式，深入了解不同细分市场顾客对服务属性的偏好差异，据此设计出针对性的套餐组合。比如，对于健身俱乐部，可以设计针对减脂、增肌、塑形等不同目标的套餐；对于视频网站，可以设计针对电影、综艺、动漫等不同内容偏好的套餐。通过提供多元化的选择,既可以满足顾客的个性化需求,又可以提高顾客选择升级套餐的意愿,减少因偏好不匹配而降级或流失的风险。

其次,本书发现,外部竞争冲击不仅影响会员服务续订,而且减少了会员服务升级的概率、增加了会员服务降级的概率。因此,企业在制定和优化会员服务套餐产品时,需要进行竞争情况的分析,即根据竞争对手会员服务套餐设计情况调整自己的会员套餐设计方案,尽可能选择差异化、有对比优势的套餐产品组合。这要求企业持续关注竞争对手的动态,及时了解其会员套餐的内容、价格、促销等,找出自身套餐的差异化优势和改进空间。同时,要权衡竞争策略,并非盲目跟随对手调整套餐设置,而要从顾客需求和自身资源能力出发,找准定位,强化特色。

二、会员服务套餐定价方面

会员服务套餐设计与定价的主要目的之一是增加顾客认知的模糊性,提高顾客的使用偏差,并降低顾客的支付"痛觉"。电信行业的企业通常做法是设立五花八门的资费套餐,鳞次栉比的价格体系,这种套餐价格体系不仅管理起来非常混乱,还在一定程度上降低了顾客的服务质量感知。由交易因素引起的会员服务套餐升级与降级决策中,由于过于复杂的定价体系,需要顾客更多的决策涉入,增加了顾客的信息搜寻成本。因此,企业应设法让会员服务套餐的价格体系稍微简明些,既要保持层次分明,又要使每个层次的价位数量不能太多,同一价位的可以根据顾客偏好的差别设置不同的产品组合,这样既可以增加顾客的产品与价格的匹配感知,也可以降低顾客的信息搜寻成本(Mamadehussene,2019)。

具体地,企业在设计会员服务套餐时,要对目标客户群进行细分,了解不同细分市场的需求特点和支付能力。在此基础上,设置几个主要的套餐层次,如基础型、进阶型、高端型等,每个层次代表不同的服务内容和价格区间。同时,要控制每个层次内的价格点数量,避免过于繁杂,价格点的间距要合理,既要有一定的跨度以体现差异,又不能跨度过大而失去连续性。同时,在同一价位内,可以根据客户偏好的差异,提供不同的服务组合。比如,对于电信套餐,可以设置侧重通话时长、流量大小、套餐内容(视频、音乐等)倾向的不同套餐。这样,顾客可以根据自身的使用习惯找到最契合的套餐,提高匹配度,减少选择困难。

三、顾客关系管理方面

本书的研究结论对顾客关系管理的实践具有重要的启示意义。顾客保留方面,连续型服务提供商不仅需要考虑影响顾客流失的传统因素,如顾客满意、信任、承诺等(Mittal 和 Lassar,1998;Verhoef,2003;Lewis,2004;Palmatier 等,

2006；Ascarza 等，2018)，还需要考虑顾客的服务套餐的变更行为（如会员服务升级或降级），特别是会员服务套餐降级行为往往是顾客流失的前兆，需要特别予以关注。本书研究表明，相对于结构不变的会员服务降级，结构变动的会员服务降级的顾客流失概率更高。因此，公司的忠诚回报项目应该重点关注结构不变的会员服务降级的顾客，并将主要促销资源投向他们；而对于结构变动的会员降级的顾客，对他们的关系营销投入作用不大，这些顾客流失概率很高，是无利可图的高风险顾客群（Ascarza，2018；Feng 等，2020)。具体地，对于结构不变的会员服务降级客户，企业应该深入分析其降级原因，是对服务不满意、对价格敏感，还是使用习惯改变等。根据不同原因采取针对性的挽留措施，如提供额外的服务补偿、灵活的短期优惠、使用指导等。同时，要加强与客户的情感联系，提高客户参与度，如邀请参与体验改进活动、提供会员专享服务等。目的是消除客户的负面情绪，重建信任和承诺。而对于降级幅度较大的高风险客户，则应该理性看待，权衡挽留成本和潜在回报，必要时果断放弃，重新配置资源。

本书研究发现，相比结构不变的会员服务升级，结构变动的会员服务升级对顾客终生价值的影响更大。因此，结构变动的会员服务升级的顾客给公司带来的价值更高，公司的顾客关系管理策略重点之一是增加这类顾客的关系黏性，提供更多的关系利益，以更好地巩固双边的关系。对于这类高价值顾客，要超越单纯的服务提供，与顾客建立全方位、立体化的合作伙伴关系。一方面，要从服务套餐入手，针对性地提供更高品质、更个性化的增值服务组合，不断创造新的价值。同时，可以为这些顾客提供专属尊享体验和权益。另一方面，要拓展服务边界，为客户提供全生命周期的解决方案。比如，电信运营商可以为高价值客户提供智能家居、网络安全、数字化办公等延伸服务；健身俱乐部可以为高端会员提供饮食管理、心理咨询等健康管理服务。通过为顾客创造附加价值，实现共同成长。

此外，在面临外部竞争冲击时，公司的顾客保留策略需要充分考虑竞争对手的影响，公司需要同顾客建立更亲密的关系，以抑制外部竞争对手的侵蚀（Voss和 Voss，2008)。这要求企业要加强顾客关系管理的主动性和前瞻性，密切关注行业竞争动态，尤其是竞争对手的营销举措，提前做好应对预案。要加强顾客信息的收集和分析，掌握顾客在竞品上的使用情况，识别出有流失风险的顾客，有针对性地开展营销。比如，对于竞争对手的促销活动，可以为本企业顾客提供专属优惠作为吸引；对于竞品的新功能新服务，要及时进行对比和改进，彰显自身优势。同时，还要加强顾客黏性，提供竞争对手难以模仿的专属利益，巩固顾客关系。

第四节　研究局限与未来研究方向

一、研究局限

（一）理论局限

首先，本书研究了交易因素与关系因素对会员服务升级与降级、不同类型的会员服务升级（或降级）的影响差异，而对于交易因素与关系因素影响会员服务升级与降级的理论机制，仅在提出研究假设时做出讨论，但没有提出具体的中介变量。这对更深入地理解交易因素与关系因素的作用机制带来困扰。交易因素如服务使用水平、价格变动等，可能通过影响顾客的感知价值、价格公平性等因素，进而影响其升级或降级决策；而关系因素如顾客满意、信任等，可以通过影响顾客的情感联系、依恋等因素，进而影响其升级或降级决策。然而，由于本书并未对这些可能的中介机制进行深入剖析和实证检验，使得交易因素和关系因素影响会员服务升级与降级的作用路径及内在逻辑尚不明晰，部分研究结论还缺乏必要的理论解释力度。在一定程度上限制了本书研究发现对理论发展的贡献。

其次，过去的文献提出外部竞争冲击影响顾客服务续订/流失（Jones 等，2000；Kim 等，2004），但在本书的研究情境中，由于转换成本的存在，顾客会首先表现出会员服务升级的减少与会员服务降级的增多。而外部竞争冲击对会员服务升级与降级的作用过程是线性的还是非线性的，尚未有明确的结论。同时，外部竞争冲击的影响还可能受到顾客个体特征的调节，如顾客的风险偏好、创新性等，使得不同顾客对竞争冲击的反应存在差异。本书虽然检验了外部竞争冲击对会员服务升级与降级的影响效应，但尚未深入探讨其作用的边界条件，在一定程度上限制了研究结果的解释力度和适用范围。

最后，会员服务升级与降级的后果方面，过去的研究将影响顾客终生价值的前置因素归结为交易特征的变量与顾客异质性的变量（Reinartz 和 Kumar，2003；Kumar 和 Reinartz，2016；Reinartz 和 Kumar，2000），本书的研究结论发现了会员服务升级对顾客终生价值的作用，而会员服务升级不仅属于交易特征变量，又体现了顾客的异质性。因此，其对顾客终生价值的影响可能更为复杂。同时，本书发现了会员服务降级对顾客流失的影响。这种影响究竟是具有因果关联，还是二者受同一因素驱动？会员服务降级是不是顾客流失的前一个阶段？这些问题，本书并没有给出明确解释。

会员服务升级作为一种交易行为，反映了顾客需求和偏好的变化，体现了顾客个体的差异性特征，如风险偏好、创新性、品牌忠诚度等。这些顾客异质性因素可能会调节会员服务升级对顾客终生价值的作用强度和方向。会员服务降级与顾客流失之间的关系可能比较复杂，既可能存在因果关联，即会员服务降级直接导致顾客流失，降级行为是流失的前兆和征兆；也可能受到共同因素的驱动，如顾客对服务不满意、对价格敏感等因素，可能同时导致会员服务降级和顾客流失。此外，会员服务降级与顾客流失之间还可能存在一定的时间滞后效应，即会员服务降级发生后，顾客可能还会继续使用一段时间，直到完全流失。这些复杂的作用机制，需要更全面和动态的研究视角来加以厘清。

（二）实证局限

首先，在研究情境上，电信行业具有连续型服务的典型特征，能够定期、清晰地观测会员服务升级与降级行为，适用于本书的研究。但对于其他连续型服务的行业是否有本书相同的研究结论，仍需进一步的实证研究。特别是本书的显著贡献是根据服务套餐供给结构特征区分了两种不同类型的会员服务升级（降级），这一区分建立在电信行业所特有的服务套餐复杂多样的前提下，在其他的连续型服务行业，却较少有相似的情形。例如，在健身俱乐部、在线视频网站等其他连续型服务行业，服务套餐的种类和层级通常相对简单，很少出现本书所界定的"结构变动"型升级或降级，主要是"结构不变"的会员套餐转换。这种情境差异可能会影响相关研究结论的适用范围。此外，不同行业在竞争格局、定价策略、顾客特征等方面存在差异，也可能会影响会员服务升级与降级行为的驱动因素和作用机制，使得本书的研究发现难以直接复制和推广。

其次，在样本数据上，本书在数据时间的窗口初期（2013年1月）从一家大型电信公司的中国南方某市分公司随机抽取的样本，并选择了其中每一期都使用 WCDMA 套餐的用户，以观测其随后 24 个月的资费套餐选择以及消费数据的变化。这会带来至少三个问题：一是无法观测到 2013 年 1 月以后新加入公司的顾客样本，这是样本选择问题；二是现有顾客可能在随后的两年内流失，无法观测到其在整个时间窗口的信息，这是样本损耗问题；三是无法观测到样本用户时间窗口以前和以后的行为，即 2013 年 1 月以前和 2014 年 12 月以后的数据无法获得，"无头也无尾"，造成数据归并问题。以上三个原因都会造成样本选择偏差或内生性问题，本书的实证部分虽然通过精巧的计量经济学模型设计解决了第二部分带来的样本选择偏差以及第三部分的生存分析数据归并和内生问题，但对第一个因素引起的样本选择偏差却无能为力。此外，样本数据缺少顾客人口统计特征的变量，会在某种程度上带来遗漏变量问题，因此实证研究中需要更加复杂的计量模型与方法。

再次，在变量测量上，本书根据公司市场经验，使用了超出和不足资费套餐供给的 50% 的标准来定义交易因素"使用过量"与"使用不足"，有合理性却也难免具有主观性。虽然随后的稳健性检验部分使用了"倍增"与"减半"的标准来重新度量"使用过量"与"使用不足"，但这是否足够仍然存疑。在顾客终生价值的测量上：一是由于它是一个前瞻性的测量，因此测量结果依赖于预测精度；二是无法完全排除不同的顾客终生价值估计方法可能对结果存在的影响；三是估算顾客终生价值时使用的 12% 年贴现率虽然参照现有权威文献的做法（Gupta 等，2004；Borle 等，2008），但仍不免有一定的主观色彩。虽然本书也给出了另外两个更大和更小的年贴现率重新计算顾客终生价值，并且在此基础上计算出的顾客终生价值的研究结论仍然稳健，但还有待更多的数据支持。

最后，在模型方法上，研究一使用会员服务续订与会员服务变更两阶段决策联合极大似然估计的方法来纠正样本选择偏差，这只是针对数据时间窗口初期的样本做出的，但对时间窗口期间加入公司的用户却无法掌控。研究二使用倾向得分匹配来纠正不同类型的会员服务升级的自我选择带来的处理效应问题。由于样本的稀疏性，使用一对四的近邻匹配法，对于其他更多匹配方法的应用结果，没有做更多的实证来进一步说明。研究三使用两阶段估计法来纠正会员服务降级类型的自我选择偏差与顾客生存时间数据的右归并问题。该方法引自经济学与医学的现有文献，市场营销文献还极少看到。虽然学科的不同并不构成方法应用的障碍，但仍需考虑实证方法应用的学科特点和惯例。

二、未来研究方向

（1）本书的研究重点在于分析会员服务升级与降级决策的前因变量，特别是交易因素与关系因素的影响。然而，尽管识别了这些影响因素，书中对于交易因素与关系因素如何具体影响会员服务升级与降级决策的理论机制探讨不足。未来研究可以考虑通过引入中介变量来探索交易因素和关系因素如何通过不同的路径影响会员服务的升级与降级。这种中介机制可能包括顾客满意度、品牌忠诚度或顾客信任等变量，这些变量可以桥接基本的交易及关系因素与最终的会员服务变更之间的关系。通过深入探讨这些中介机制，可以丰富现有的理论框架，有助于理解顾客会员服务升级与降级决策过程的内在逻辑。

（2）本书提出了交易因素对不同类型的会员服务升级与降级的不平衡影响。实际上，顾客的会员服务升级与降级会反作用于交易因素（使用过量、使用不足）。会员服务的升级与降级不仅影响顾客对当前服务套餐的满意度，还可能改变其未来的使用行为和消费习惯。这是因为会员服务升级与降级对会员服务套餐选择偏差的纠正，极有可能对后续的使用行为带来影响。例如，一个会员服务升级的顾客可能会因为获得更多的权益而增加使用频率，而降级的顾客可能会减少使用或寻求其他服务提供者。因此，会员服务升级与降级对交易因素（使用过量、使用不足）会有比较明显的作用。未来研究可以考虑会员服务升级与降级对交易因素（使用过量、使用不足）的影响，或者考虑二者之间的动态相互作用过程，在方法上可以考虑使用向量自回归模型就进行分析。

（3）本书深入分析了外部竞争冲击如何影响会员服务的续订与流失，并使会员服务升级的机会减少，而会员服务降级的情况则有所增多。这种变化反映了顾客在面对更多选择时的行为调整。本书初步探讨了外部竞争冲击对会员服务降级与流失作用过程。目前，尚不清楚这一过程是以线性方式逐渐发展，还是呈现某种非线性的跳跃或阶段性变化。这种不确定性表明，未来的研究可以采用时间序列数据来详细分析外部竞争冲击下的顾客流失和会员服务降级的动态演变过程。

（4）以往的研究认为，交易特征与顾客异质性是影响顾客终生价值的主要因素（Reinartz 和 Kumar，2003；Kumar 和 Reinartz，2016），这些研究揭示了顾客行为和偏好的多样性如何影响其与企业的交易关系。会员服务升级通常涉及提供更高级别的服务或更多优惠，此举不仅反映了顾客的消费能力，也反映了他们对品牌的忠诚度和消费偏好。因此，会员服务升级不仅是一种交易特征，也是顾客异质性的体现，其对顾客终生价值的影响更加复杂和多维。未来的研究可以探讨会员服务升级与其他变量（尤其是那些能够体现顾客异质性的变量）之间的交互作用，以深入理解这些交互如何共同影响顾客终生价值。例如，可以研究分析不同顾客群体如何根据其个人特征（如收入水平、消费习惯和偏好）对会员服务升级作出反应，以及这些反应如何影响其与企业的长期关系。这种分析将有助于企业更精确地设计和调整会员服务策略，以最大化顾客终生价值。

（5）本书发现了会员服务降级可能导致顾客流失的正向作用，即会员级别的降低可能增加顾客离开服务提供商的概率。然而，这种影响是否属于直接的因果关系，或者是由多种共同驱动因素在不同阶段作用的结果，目前尚未有明确的结论。未来研究可以从顾客决策和认知的角度进一步探讨会员服务降级与顾客流失之间的关系。例如，顾客可能会将服务降级视为品质下降或价值减少的信号，从而引发不满和流失。此外，研究还可以探索不同顾客群体对服务降级的反应差异，以及这些差异如何影响整体顾客流失的模式。

（6）忠诚回报计划长期以来被视为公司保留现有顾客和吸引新顾客的关键策略（Dowling 和 Uncles，1997；Bolton 等，2000；Liu，2007；Steinhoff 等，2016；Chaudhuri 等，2019；Meyer-Waarden 等，2023）。然而，尽管现有研究广泛探讨了忠诚回报计划在维持顾客关系方面的效益，但对于顾客忠诚计划如何具体影响会员服务的升级与降级及其作用机制，目前对此研究仍相对缺乏。未来的研究可以探究忠诚回报计划如何影响顾客决策过程中的会员服务升级与降级。例如，研究者可以考察在不同类型的忠诚回报计划下，顾客升级或降级会员服务的动机和行为模式。企业能据此更好地设计或调整忠诚回报计划，使其不仅能吸引新顾客，同时还能有效地激励顾客进行更高级别的消费，从而提升整体的顾客终生价值。

（7）最后，本书的研究主要集中在非合约或短期合约的连续型服务情境中，特别是在电信行业内的应用。研究结果揭示了会员服务的升级与降级的驱动因素和影响后果。然而，这些结论在长期合约的背景下是否仍然适用，目前尚不清楚。长期合约因其具有顾客锁定的特点（Gao 等，2023），可能会对顾客的服务使用和服务感知产生不同的影响。针对长合约的情境，未来研究可以探讨会员服务升级与降级的驱动因素如何影响顾客满意度、保留率和顾客终生价值。此外，本书的研究样本来自电信行业，研究结论对其他连续型服务行业的适用性，还需要通过更多的实证研究来验证。不同行业的服务特性和顾客行为可能会对服务升级与降级的影响产生不同的效果。因此，未来研究需要在不同行业背景下进行，以建立更广泛的理论基础，并为各类型服务提供商提供具体的管理建议。

附录一 定性访谈提纲

一、市场部访谈提纲

（一）公司业务与资费情况

（1）公司目前的主要业务资费介绍。

（2）与其他通信运营商相比的优势和劣势分析。

（二）促销政策与措施

（1）促销政策的规划与制定。

（2）具体促销措施介绍。

（3）促销效果评估与改进建议。

（4）与竞争对手促销策略的比较。

（三）销售渠道经营状况

（1）销售渠道的运作模式。

（2）渠道管理中存在的问题。

（3）渠道优化与拓展建议。

（四）用户选择与反馈

（1）用户选择公司产品的主要原因。

（2）用户使用后的评价与反馈。

（3）用户对各项业务的满意度与投诉情况。

（4）提升用户满意度的对策建议。

（五）客户关系管理

（1）公司现有的客户关系管理策略。

（2）客户关系管理策略实施中的问题。

（3）优化客户关系管理的具体措施。

具体访谈问题如下：

Q1. 请介绍下贵公司目前的主要业务资费情况。与另两家通信运营商相比，其优点与不足都有哪些？

Q2. 贵公司的促销政策是如何规划的？都采取了哪些具体措施？如何评估其

效果？有哪些地方需要改进？与竞争对手相比呢？

Q3. 公司的销售渠道是如何经营的？存在哪些问题？

Q4. 根据你们市场的一线经验，你们认为用户选择贵公司产品的主要原因是什么？使用后的反应评价怎么样？消费者对哪些业务的抱怨比较多？

Q5. 请问贵公司的是如何维护客户关系的？都采取过哪些具体的顾客关系管理策略？存在哪些具体的问题？

二、消费者访谈提纲

（一）访谈目的

了解消费者电信资费套餐续订和变更决策的机制，掌握消费者对公司产品、服务、品牌的看法和需求，为公司改进服务、优化套餐、提升竞争力提供依据。

（二）访谈对象

采用方便抽样的方式，选取 10 位联通公司的消费者代表进行一对一深入访谈。

（三）访谈方式

（1）一对一面对面访谈，每人约 15 分钟。

（2）为感谢参与，向每位受访者赠送精美笔记本和水笔。

（四）访谈内容

（1）受访者基本情况。

（2）使用当前号码的时长。

（3）目前使用的资费套餐。

（4）使用的公司业务服务（如移动上网、固网、语音通话、增值服务等）。

（5）对公司产品和服务的评价。

（6）对当前产品和业务的看法。

（7）对公司人员服务的满意度及原因。

（8）资费套餐变更经历。

（9）过去一年是否有过套餐变更（升级或降级）。

（10）变更套餐的考虑因素。

（11）新套餐的选择过程。

（12）联通公司竞争对手（移动公司、电信公司）的影响。

（13）竞争对手推出更具吸引力的产品时的应对考虑。

（14）是否会考虑转网或同时使用多家运营商的服务。

（15）选择运营商的关键因素。

（16）转换运营商时的考虑因素。

（17）选择运营商的决策过程。

具体访谈问题如下：

Q1. 请问当前号码已使用多久？目前是使用什么资费套餐？目前使用的公司业务服务有哪些（如移动上网、固网、语音通话、增值服务等）？

Q2. 请问您对公司目前提供的产品和业务有何看法？对公司人员提供的服务是否满意？为什么？

Q3. 在过去的一年中，您是否有更换手机套餐的经历？当时更换套餐是基于什么考虑？新的资费套餐是如何进行选择的？

Q4. 如果其他电信运营商有更具吸引力的产品，您是否考虑转换现有电信运营商？您有考虑同时使用多家电信公司的产品吗？

Q5. 如果考虑转换电信运营商，您会考虑哪些因素？如何作出选择？

附录二 研究样本的全部电信套餐详情表

套餐名称	套餐描述
WCDMA（3G）－46元基本套餐 A	套餐月费46元，包含国内流量150MB，国内语音拨打50分钟，赠送多媒体内容3M，赠送文本内容5T，赠送国内可视电话拨打数5分钟，全国范围内（含可视电话）接听免费，超出部分国内语音拨打按0.25元/分钟收取，国内可视电话拨打按0.60元/分钟收取，超出流量部分按0.0003元/KB收取，其他执行标准资费。WLAN上网时长30小时/月
WCDMA（3G）－46元基本套餐 B	套餐月费46元，包含国内流量40MB，基本通话拨打120分钟，赠送多媒体内容3M，赠送文本内容5T，赠送国内可视电话拨打数5分钟，全国范围内（含可视电话）接听免费，超出部分国内语音拨打按0.25元/分钟收取，国内可视电话拨打按0.60元/分钟收取，超出流量部分按0.0003元/KB收取，其他执行标准资费。WLAN上网时长30小时/月
WCDMA（3G）－46元基本套餐 C	套餐月费46元。包含本地通话拨打260分钟，国内流量40MB，国内接听（含可视电话）免费。赠送多媒体内容3M，赠送文本内容5T，赠送国内可视电话拨打5分钟。超出部分国内语音拨打0.2元/分钟，超出部分国内流量0.0003元/KB，超出赠送部分国内可视电话拨打0.6元/分钟。其他执行标准资费。免费赠送容量为10GB的联通邮箱，免费赠送来电显示。WLAN上网时长30小时/月
WCDMA（3G）－66元基本套餐 A	套餐月费66元，包含国内流量300MB，国内语音拨打50分钟，赠送多媒体内容6M，赠送文本内容10T，包国内点对点短信发送240条，赠送国内可视电话拨打分钟数10分钟，全国范围内（含可视电话）接听免费，超出部分国内语音拨打按0.20元/分钟收取，超出部分国内可视电话拨打按0.60元/分钟收取，超出流量部分按0.0003元/KB收取，其他执行标准资费。WLAN上网时长30小时/月
WCDMA（3G）－66元基本套餐 B	套餐月费66元，包含国内流量60MB，国内语音拨打200分钟，赠送多媒体内容6M，赠送文本内容10T，赠送国内可视电话拨打分钟数10分钟，全国范围内（含可视电话）接听免费，超出部分国内语音拨打按0.20元/分钟收取，国内可视电话拨打超出部分按0.60元/分钟收取，超出流量部分按0.0003元/KB收取，其他执行标准资费。WLAN上网时长30小时/月
WCDMA（3G）－66元基本套餐 C	套餐月费66元。包含本地通话拨打380分钟，国内流量60MB，国内接听（含可视电话）免费。赠送多媒体内容6M，赠送文本内容10T，赠送国内可视电话拨打10分钟。超出部分国内语音拨打0.2元/分钟，超出部分国内流量0.0003元/KB，超出赠送部分国内可视电话拨打0.6元/分钟。其他执行标准资费。免费赠送容量为10GB的联通邮箱，免费赠送来电显示。WLAN上网时长30小时/月

套餐名称	套餐描述
WCDMA（3G）- 96 元基本套餐 A	套餐月费 96 元，包含国内语音拨打 240 分钟，国内流量 300MB，赠送多媒体内容 12M，赠送文本内容 20T，赠送国内可视电话拨打分钟数 10 分钟，全国（含可视电话）接听免费，超出部分国内语音拨打按 0.15 元/分钟收取，超出部分国内可视电话拨打按 0.60 元/分钟收取，超出流量部分按 0.0003 元/KB 收取，其他执行标准资费。WLAN 上网时长 60 小时/月
WCDMA（3G）- 96 元基本套餐 B	套餐月费 96 元，包含国内语音拨打 450 分钟，国内流量 80MB，赠送多媒体内容 12M，赠送文本内容 20T，赠送国内可视电话拨打分钟数 10 分钟，全国（含可视电话）接听免费，超出部分国内语音拨打按 0.15 元/分钟收取，超出部分国内可视电话拨打按 0.60 元/分钟收取，超出流量部分按 0.0003 元/KB 收取，其他执行标准资费。WLAN 上网时长 60 小时/月
WCDMA（3G）- 96 元基本套餐 C	套餐月费 96 元，包含本地通话 550 分钟，国内流量 80MB，赠送多媒体内容 12M，赠送文本内容 20T，赠送国内可视电话拨打 10 分钟，全国范围内（含可视电话）接听免费，超出部分国内语音拨打按 0.15 元/分钟收取，超出部分国内可视电话拨打按 0.6 元/分钟收取，超出流量部分按 0.0003 元/KB 收取，其他执行标准资费。WLAN 上网时长 60 小时/月
WCDMA（3G）- 126 元基本套餐 A	套餐月费 126 元，包含国内语音拨打 320 分钟，国内流量 400MB，赠送多媒体内容 20M，赠送文本内容 20T，赠送国内可视电话拨打分钟数 15 分钟，全国范围内（含可视电话）接听免费，超出部分国内语音拨打按 0.15 元/分钟收取，超出部分国内可视电话拨打按 0.60 元/分钟收取，超出流量部分按 0.0003 元/KB 收取，其他执行标准资费。WLAN 上网时长 60 小时/月
WCDMA（3G）- 126 元基本套餐 B	套餐月费 126 元，包含国内语音拨打 680 分钟，国内流量 100MB，赠送多媒体内容 20M，赠送文本内容 20T，赠送国内可视电话拨打分钟数 15 分钟，全国范围内（含可视电话）接听免费，超出部分国内语音拨打按 0.15 元/分钟收取，超出部分国内可视电话拨打按 0.60 元/分钟收取，超出流量部分按 0.0003 元/KB 收取，其他执行标准资费。WLAN 上网时长 60 小时/月
WCDMA（3G）- 156 元基本套餐 A	套餐月费 156 元，包含国内语音拨打 420 分钟，国内流量 500MB，赠送多媒体内容 20M，赠送文本内容 40T，赠送国内可视电话拨打分钟数 20 分钟，全国范围内（含可视电话）接听免费，超出部分国内语音拨打按 0.15 元/分钟收取，超出部分国内可视电话拨打按 0.6 元/分钟收取，超出流量部分按 0.0003 元/KB 收取，其他执行标准资费。WLAN 上网时长 60 小时/月
WCDMA（3G）- 156 元基本套餐 B	套餐月费 156 元，包含国内语音拨打 920 分钟，国内流量 120MB，赠送多媒体内容 20M，赠送文本内容 40T，赠送国内可视电话拨打分钟数 20 分钟，全国范围内（含可视电话）接听免费，超出部分国内语音拨打按 0.15 元/分钟收取，超出部分国内可视电话拨打按 0.6 元/分钟收取，超出流量部分按 0.0003 元/KB 收取，其他执行标准资费。WLAN 上网时长 60 小时/月
WCDMA（3G）- 186 元基本套餐 A	套餐月费 186 元，包含国内语音拨打 510 分钟，国内流量 650MB，赠送多媒体内容 20M，赠送文本内容 40T，赠送国内可视电话拨打分钟数 20 分钟，全国范围内（含可视电话）接听免费，超出部分国内语音拨打按 0.15 元/分钟收取，超出部分国内可视电话拨打按 0.6 元/分钟收取，超出流量部分按 0.0003 元/KB 收取，其他执行标准资费。不限 WLAN 上网时长

套餐名称	套餐描述
WCDMA（3G）－186元基本套餐B	套餐月费186元，包含国内语音拨打1180分钟，国内流量150MB，赠送多媒体内容20M，赠送文本内容40T，赠送国内可视电话拨打分钟数20分钟，全国范围内（含可视电话）接听免费，超出部分国内语音拨打按0.15元/分钟收取，超出部分国内可视电话拨打按0.6元/分钟收取，超出流量部分按0.0003元/KB收取，其他执行标准资费。不限WLAN上网时长
WCDMA（3G）－226元基本套餐A	套餐月费226元，包含国内语音拨打700分钟，国内流量750MB，赠送多媒体内容30M，赠送文本内容40T，赠送国内可视电话拨打分钟数25分钟，全国范围内（含可视电话）接听免费，超出部分国内语音拨打按0.15元/分钟收取，超出部分国内可视电话拨打按0.6元/分钟收取，超出流量部分按0.0003元/KB收取，其他执行标准资费。不限WLAN上网时长
WCDMA（3G）－286元基本套餐A	套餐月费286元，包含国内语音拨打900分钟，国内流量950MB，赠送多媒体内容40M，赠送文本内容50T，赠送国内可视电话拨打分钟数30分钟，全国范围内（含可视电话）接听免费，超出部分国内语音拨打按0.15元/分钟收取，超出部分国内可视电话拨打按0.6元/分钟收取，超出流量部分按0.0003元/KB收取，其他执行标准资费。不限WLAN上网时长
WCDMA（3G）－386元基本套餐A	套餐月费386元，包含国内语音拨打1250分钟，国内流量1.3GB，赠送多媒体内容50M，赠送文本内容50T，赠送国内可视电话拨打分钟数50分钟，全国范围内（含可视电话）接听免费，超出部分国内语音拨打按0.15元/分钟收取，超出部分国内可视电话拨打按0.6元/分钟收取，超出流量部分按0.0003元/KB收取，其他执行标准资费。不限WLAN上网时长
WCDMA（3G）－586元基本套餐A	套餐月费586元，包含国内语音拨打1950分钟，国内流量2GB，赠送多媒体内容60M，赠送文本内容100T，赠送国内可视电话拨打分钟数100分钟，全国范围内（含可视电话）接听免费，超出部分国内语音拨打按0.15元/分钟收取，超出部分国内可视电话拨打按0.6元/分钟收取，超出流量部分按0.0003元/KB收取，其他执行标准资费。不限WLAN上网时长

注：M/T是公司3G业务专用计价单位，不是一般的存储容量单位。其中M是多媒体内容计价单位，1M=1元；T是文本内容计价单位，1T=0.2元。

资料来源：中国联合网络通信有限公司福建省分公司，经过本书整理。

附录三　带样本选择的多元逻辑回归极大似然估计方法

本书的第四章采用了带样本选择的多元逻辑回归模型，对顾客服务续订与会员服务变更之间的关系进行了合并估计。这一做法遵循了 Greene（2018）的建议，即通过构建观测的联合概率密度函数，来反映两个决策过程之间的相关性。

这里考察顾客是否选择续订会员服务的决策。如果第 i 个观测的顾客选择续订会员服务（$\theta_i = 1$），则其概率密度函数可以表示为：

$$f(y_i,\ \theta_i = 1 \mid x_i,\ z_i) = \int_{-\infty}^{\infty} f(y_i,\ \theta_i = 1 \mid x_i,\ z_i,\ v_i) f(v_i) dv_i \tag{A-1}$$

这里引入了一个潜变量 v_i，用于捕捉顾客流失决策中的不可观测因素。在 v_i、y_i 与解释变量 x_i 相互独立的假定下，式（A-1）可以进一步转化为式（A-2）：

$$f(y_i,\ \theta_i = 1 \mid x_i,\ z_i,\ v_i) = f(y_i \mid x_i,\ v_i) P(\theta_i = 1 \mid z_i,\ v_i) \tag{A-2}$$

在多元正态分布的假定下，同时我们假设续订决策的潜变量 η_i 与 v_i 之间存在线性关系，如式（A-3）所示。

$$f(\eta_i / v_i) = N(\rho v_i,\ (1-\rho^2)) \tag{A-3}$$

$\eta_i = \rho v_i + \sqrt{1-\rho^2}\ \gamma_i$，这里 $\gamma_i \sim N(0,\ 1)$，服从标准正态分布。因此：

$$P((\theta_i = 1 \mid z_i,\ v_i) = \Phi\left(\frac{\beta' z_i + \rho v_i}{\sqrt{1-\rho^2}}\right) \tag{A-4}$$

这里的 ρ 是两个决策过程之间的相关系数，其绝对值越大，表明两者的相关性越强。服务续订决策的概率可以表示为式（A-4），其中 $\Phi(\cdot)$ 是标准正态分布的累积分布函数，z_i 是影响续订决策的解释变量向量。

当 $v_i \sim N(0,\ 1)$，$f(v_i)$ 即为 $\phi(v_i)$（标准正态分布的概率密度函数）时，服务续订与会员服务变更的联合密度函数可以写成：

$$f(y_i,\ \theta_i = 1 \mid x_i,\ z_i) = \int_{-\infty}^{\infty} \frac{e^{(\delta_j' x_i + \kappa_j v_i)}}{\sum_{j=0}^{2} e^{(\delta_j' x_i + \kappa_j v_i)}} \Phi\left(\frac{\beta' z_i + \rho v_i}{\sqrt{1-\rho^2}}\right) \phi(v_i) dv_i \tag{A-5}$$

如果第 i 个观测的顾客流失，没有选择续订会员服务（$\theta_i = 0$），则无法观测其服务变更情况。但在前述假定下，这里仍然可以写出其概率密度函数。利用标准正态分布的对称性，续订决策的概率可以表示为式（A-6）：

$$P((\theta_i = 0 \mid z_i, \ v_i) = \Phi\left(-\frac{\beta' z_i + \rho v_i}{\sqrt{1-\rho^2}}\right) \tag{A-6}$$

进而可以得到概率 $P(\theta_i = 0 \mid z_i)$，如式（A-7）所示：

$$P(\theta_i = 0 \mid z_i) = \int_{-\infty}^{\infty} \Phi\left(-\frac{\beta' z_i + \rho v_i}{\sqrt{1-\rho^2}}\right) \phi(v_i) dv_i \tag{A-7}$$

将续订会员服务和未续订会员服务的顾客的概率密度函数合并，即合并式（A-5）和式（A-7），基于正态分布函数的对称性，得到：

$$f(y_i, \ \theta_i \mid x_i, \ z_i) = \int_{-\infty}^{\infty} \left[(1 - \theta_i) + \theta_i \frac{e^{(\delta_j' x_i + \kappa_j v_i)}}{\sum_{j=0}^{2} e^{(\delta_j' x_i + \kappa_j v_i)}} \right] \Phi\left((2\theta_i - 1)\frac{\beta' z_i + \rho v_i}{\sqrt{1-\rho^2}}\right)$$
$$\phi(v_i) dv_i \tag{A-8}$$

式（A-8）即第 i 个观测的联合概率密度函数。这里利用了 θ_i 的二值特性。当 $\theta_i = 1$ 时，前半部分 $(1-\theta_i)$ 为 0，后半部分 $\theta_i \dfrac{e^{(\delta_j' x_i + \kappa_j v_i)}}{\sum_{j=0}^{2} e^{(\delta_j' x_i + \kappa_j v_i)}}$ 起作用；反之，当 $\theta_i = 0$ 时，密度函数退化为仅包含前半部分的形式。同时，标准正态分布函数 $\Phi(\cdot)$ 的自变量也随 θ_i 的取值而改变。如果 $\theta_i = 1$，自变量为 $\dfrac{\beta' z_i + \rho v_i}{\sqrt{1-\rho^2}}$；如果 $\theta_i = 0$，则自变量为 $-\dfrac{\beta' z_i + \rho v_i}{\sqrt{1-\rho^2}}$。这体现了续订决策对服务变更决策的影响。

假设所有 N 个观测相互独立，即顾客选择服务续订、变更决策时，没有相互影响的情形，则它们的联合概率密度函数就是各自概率密度函数的乘积，取对数后，就得到了式（A-9）的对数似然函数 LL：

$$LL = \sum_{i=1}^{N} log \int_{-\infty}^{\infty} \left[(1 - \theta_i) + \theta_i \frac{e^{(\delta_j' x_i + \kappa_j v_i)}}{\sum_{j=0}^{2} e^{(\delta_j' x_i + \kappa_j v_i)}} \right] \Phi\left((2\theta_i - 1)\frac{\beta' z_i + \rho v_i}{\sqrt{1-\rho^2}}\right) \phi(v_i) dv_i$$
$$\tag{A-9}$$

这个似然函数包含了两个决策过程的结构参数，包括续订决策的参数向量 β、服务变更决策的参数向量 δ_j（$j = 0$，1，2）、潜变量 v_i 对两个决策的影响系数 ρ 和 η_i 等。同时，似然函数本身也是一个多重积分，需要通过数值积分的方法求解。但借助统计软件（例如 Stata 的极大似然估计），上述模型通过极大化上式的对数似然函数可求得具体的参数估计结果。

参考文献

［1］Aan L, Buttle F. Managing for successful customer acquisition: An exploration ［J］. Journal of Marketing Management, 2006, 22 （3-4）: 295-317.

［2］Abbring J H, Van Den Berg G J. The nonparametric identification of treatment effects in duration models ［J］. Econometrica, 2003, 71 （5）: 1491-1517.

［3］Adams J S. Towards an understanding of inequity ［J］. Journal of Abnormal and Social Psychology, 1963, 67 （5）: 422-436.

［4］Ahmad S. Service failures and customer defection: A closer look at online shopping experiences ［J］. Managing Service Quality: An International Journal, 2002, 12 （1）: 19-29.

［5］Ai C, Norton E C. Interaction terms in logit and probit models ［J］. Economics Letters, 2003, 80 （1）: 123-129.

［6］Aiken L S, West S G, Reno R R. Multiple regression: Testing and interpreting interactions ［M］. California: Sage, 1991.

［7］Ailawadi K L, Zhang J, Krishna A, et al. When Wal-Mart enters: How incumbent retailers react and how this affects their sales outcomes ［J］. Journal of Marketing Research, 2010, 47 （4）: 577-593.

［8］Alderson W. The analytical framework for marketing ［A］// A twenty-first century guide to aldersonian marketing thought ［M］. New York: Springer, 2006.

［9］Allenby G M, Leone R P, Jen L. A dynamic model of purchase timing with application to direct marketing ［J］. Journal of the American Statistical Association, 1999, 94 （446）: 365-374.

［10］Allison P D. Comparing logit and probit coefficients across groups ［J］. Sociological Methods and Research, 1999, 28 （2）: 186-208.

［11］Allison P D. Survival analysis using SAS: A practical guide ［M］. North Carolina: Sas Institute, 2010.

［12］Alshurideh M, Turki. Customer service retention-A behavioural perspective of the UK mobile market ［D］. Durham University, 2010.

［13］ Amin A, Al-Obeidat F, Shah B, et al. Customer churn prediction in tele-communication industry using data certainty ［J］. Journal of Business Research, 2019 （94）: 290-301.

［14］ Andersen P. A foot in the door: Relationship marketing efforts towards transaction-oriented customers ［J］. Journal of Market-Focused Management, 2002, 5 （2）: 91-108.

［15］ Anderson E, Weitz B. Determinants of continuity in conventional industrial channel dyads ［J］. Marketing Science, 1989, 8 （4）: 310-323.

［16］ Anderson E W, Sullivan M W. The antecedents and consequences of customer satisfaction for firms ［J］. Marketing Science, 1993, 12 （2）: 125-143.

［17］ Anderson J C, Narus J A. Partnering as a focused market strategy ［J］. California Management Review, 1991, 33 （3）: 95-113.

［18］ Anderson R E. Consumer dissatisfaction: The effect of disconfirmed expectancy on perceived product performance ［J］. Journal of Marketing Research, 1973, 10 （1）: 38-44.

［19］ Antonia E-R. Explaining customers' financial service choice with loyalty and cross-buying behaviour ［J］. Journal of Services Marketing, 2017, 31 （6）: 539-555.

［20］ Antwi S. "I just like this e-Retailer": Understanding online consumers repurchase intention from relationship quality perspective ［J］. Journal of Retailing and Consumer Services, 2021 （61）: 102568.

［21］ Arkes H R, Hirshleifer D, Jiang D, et al. Reference point adaptation: Tests in the domain of security trading ［J］. Organizational Behavior and Human Decision Processes, 2008, 105 （1）: 67-81.

［22］ Ascarza E, Hardie B G. A joint model of usage and churn in contractual settings ［J］. Marketing Science, 2013, 32 （4）: 570-590.

［23］ Ascarza E, Iyengar R, Schleicher M. The perils of proactive churn prevention using plan recommendations: Evidence from a field experiment ［J］. Journal of Marketing Research, 2016, 53 （1）: 46-60.

［24］ Ascarza E, Lambrecht A, Vilcassim N. When talk is "free": The effect of tariff structure on usage under two-and three-part tariffs ［J］. Journal of Marketing Research, 2012, 49 （6）: 882-899.

［25］ Ascarza E, Neslin S A, Netzer O, et al. In pursuit of enhanced customer retention management: Review, key issues, and future directions ［J］. Customer Needs and Solutions, 2018, 5 (1): 65-81.

[26] Ascarza E. Retention futility: Targeting high-risk customers might be ineffective [J]. Journal of Marketing Research, 2018, 55 (1): 80-98.

[27] Aurier P, N'Goala G. The differing and mediating roles of trust and relationship commitment in service relationship maintenance and development [J]. Journal of the Academy of Marketing Science, 2010, 38 (3): 303-325.

[28] Bagozzi R P. Marketing as exchange [J]. Journal of Marketing, 1975, 39 (4): 32-39.

[29] Banik S, Rabbanee F K. Value co-creation and customer retention in services: Identifying a relevant moderator and mediator [J]. Journal of Marketing, 2023, 22 (3): 646-663.

[30] Bansal H S, Taylor S F, James Y S. "Migrating" to new service providers: Toward a unifying framework of consumers' switching behaviors [J]. Journal of the Academy of Marketing Science, 2005, 33 (1): 96-115.

[31] Barberis N C. Thirty years of prospect theory in economics: A review and assessment [J]. Journal of Economic Perspectives, 2013, 27 (1): 173-195.

[32] Bartus T. Estimation of marginal effects using margeff [J]. The Stata Journal, 2005, 5 (3): 309-329.

[33] Baucells M, Weber M, Welfens F. Reference-point formation and updating [J]. Management Science, 2011, 57 (3): 506-519.

[34] Baum J A C, Dahlin K B. Aspiration performance and railroads' patterns of learning from train wrecks and crashes [J]. Organization Science, 2007, 18 (3): 368-385.

[35] Baum J A C, Rowley T J, Shipilov A V, et al. Dancing with strangers: Aspiration performance and the search for underwriting syndicate partners [J]. Administrative Science Quarterly, 2005, 50 (4): 536-575.

[36] Becker J U, Greve G, Albers S. The impact of technological and organizational implementation of CRM on customer acquisition, maintenance, and retention [J]. International Journal of Research in Marketing, 2009, 26 (3): 207-215.

[37] Becker J U, Spann M, Schulze T. Implications of minimum contract durations on customer retention [J]. Marketing Letters, 2014 (1): 1-14.

[38] Bellezza S, Ackerman J M, Gino F. "Be careless with that!" Availability of product upgrades increases cavalier behavior toward possessions [J]. Journal of Marketing Research, 2017, 54 (5): 768-784.

［39］ Berger P D, Nasr N I. Customer lifetime value: Marketing models and applications ［J］. Journal of Interactive Marketing, 1998, 12 (1): 17-30.

［40］ Berry L L. Relationship marketing of services perspectives from 1983 and 2000 ［J］. Journal of Relationship Marketing, 2002, 1 (1): 59-77.

［41］ Berry L L. Relationship marketing of services—growing interest, emerging perspectives ［J］. Journal of the Academy of Marketing Science, 1995, 23 (4): 236-245.

［42］ Berry L L. Relationship marketing ［J］. Emerging Perspectives on Services Marketing, 1983: 25-28.

［43］ Bettman J R, Luce M F, Payne J W. Constructive consumer choice processes ［J］. Journal of Consumer Research, 1998, 25 (3): 187-217.

［44］ Bhattacharya C. When customers are members: Customer retention in paid membership contexts ［J］. Journal of the Academy of Marketing Science, 1998, 26 (1): 31-44.

［45］ Blattberg R C, Deighton J. Manage marketing by the customer equity test ［J］. Harvard Business Review, 1996, 74 (4): 136-144.

［46］ Blery E, Batistatos N, Papastratou E, et al. Service quality and customer retention in mobile telephony ［J］. Journal of Targeting, Measurement and Analysis for Marketing, 2009, 17 (1): 27-37.

［47］ Boatwricht P, Borle S, Kadane J B. A model of the joint distribution of purchase quantity and timing ［J］. Journal of the American Statistical Association, 2003, 98 (463): 564-572.

［48］ Boehmke F J, Morey D S, Shannon M. Selection bias and continuous-time duration models: Consequences and a proposed solution ［J］. American Journal of Political Science, 2006, 50 (1): 192-207.

［49］ Bolton R N, Kannan P K, Bramlett M D. Implications of loyalty program membership and service experiences for customer retention and value ［J］. Journal of the Academy of Marketing Science, 2000, 28 (1): 95-108.

［50］ Bolton R N, Lemon K N, Bramlett M D. The effect of service experiences over time on a supplier's retention of business customers ［J］. Management Science, 2006, 52 (12): 1811-1823.

［51］ Bolton R N, Lemon K N, Verhoef P C. Expanding business-to-business customer relationships: Modeling the customer's upgrade decision ［J］. Journal of Marketing, 2008, 72 (1): 46-64.

[52] Bolton R N, Lemon K N. A dynamic model of customers' usage of services: Usage as an antecedent and consequence of satisfaction [J]. Journal of Marketing Research, 1999 (1): 171-186.

[53] Bolton R N. A dynamic model of the duration of the customer's relationship with a continuous service provider: The role of satisfaction [J]. Marketing Science, 1998, 17 (1): 45-65.

[54] Bongaarts J, Feeney G. How long do we live? [J]. Population and Development Review, 2002, 28 (1): 13-29.

[55] Borle S, Singh S S, Jain D C. Customer lifetime value measurement [J]. Management Science, 2008, 54 (1): 100-112.

[56] Bourguignon F, Fournier M, Gurgand M. Selection bias corrections based on the multinomial logit model: Monte carlo comparisons [J]. Journal of Economic Surveys, 2007, 21 (1): 174-205.

[57] Braun M, Schweidel D A. Modeling customer lifetimes with multiple causes of churn [J]. Marketing Science, 2011, 30 (5): 881-902.

[58] Bucklin L P, Sengupta S. Organizing successful co-marketing alliances [J]. Journal of Marketing, 1993, 57 (2): 32-46.

[59] Burnham T A, Frels J K, Mahajan V. Consumer switching costs: A typology, antecedents, and consequences [J]. Journal of the Academy of Marketing Science, 2003, 31 (2): 109-126.

[60] Byun J, Jang S S. Effective promotions for membership subscriptions and renewals to tourist attractions: Discount vs. bonus [J]. Tourism Management, 2015 (50): 194-203.

[61] Caliendo M, Kopeinig S. Some practical guidance for the implementation of propensity score matching [J]. Journal of Economic Surveys, 2008, 22 (1): 31-72.

[62] Cameron A C, Trivedi P K. Microeconometrics: Methods and applications [M]. Cambridge: Cambridge University Press, 2005.

[63] Campbell D, Frei F. The persistence of customer profitability: Empirical evidence and implications from a financial services firm [J]. Journal of Service Research, 2004, 7 (2): 107-123.

[64] Capraro A J, Broniarczyk S, Srivastava R K. Factors influencing the likelihood of customer defection: The role of consumer knowledge [J]. Journal of the Academy of Marketing Science, 2003, 31 (2): 164-175.

[65] Carlin C S, Solid C A. An approach to addressing selection bias in survival

analysis [J]. Statistics in Medicine, 2014, 33 (23): 4073-4086.

[66] Chaudhuri M, Voorhees C M, Beck J M. The effects of loyalty program introduction and design on short-and long-term sales and gross profits [J]. Journal of the Academy of Marketing Science, 2019, 47 (4): 640-658.

[67] Chen C-A, Bozeman B. Understanding public and nonprofit managers' motivation through the lens of self-determination theory [J]. Public Management Review, 2013, 15 (4): 584-607.

[68] Chen H, Qian W, Wen Q. The impact of the COVID-19 pandemic on consumption: Learning from high-frequency transaction data; proceedings of the AEA Papers and Proceedings [C]. American Economic Association, 2021.

[69] Chen J, Gao Z, Chen X, et al. Factors affecting the dynamics of community Supported Agriculture (CSA) membership [J]. Sustainability, 2019, 11 (15): 4170.

[70] Chintagunta P K. Investigating purchase incidence, brand choice and purchase quantity decisions of households [J]. Marketing Science, 1993, 12 (2): 184-208.

[71] Choi J, Lodish L M. Traditional and IS-Enabled customer acquisition on the internet [J]. Management Science, 2012, 58 (58): 754-769.

[72] Choi J, Rhee M, Kim Y C. Performance feedback and problemistic search: The moderating effects of managerial and board outsiderness [J]. Journal of Business Research, 2019 (102): 21-33.

[73] Chuang Y F, Tai Y F. Membership-based consumer switching intentions and benefit exchange theory [J]. International Journal of Contemporary Hospitality Management, 2016, 28 (7): 1361-1390.

[74] Clougherty J A, Duso T, Muck J. Correcting for self-selection based endogeneity in management research: Review, recommendations and simulations [J]. Organizational Research Methods, 2016, 19 (2): 286-347.

[75] Coupey E, Irwin J R, Payne J W. Product Category Familiarity and Preference Construction [J]. Journal of Consumer Research, 1998, 24 (4): 459-468.

[76] Coviello N, Brodle R J. From transaction to relationship marketing: An investigation of managerial perceptions and practices [J]. Journal of Strategic Marketing, 1998 (6): 171-186.

[77] Cox D R. Regression models and life-tables [J]. Journal of the Royal Statistical Society. Series B (Methodological), 1972, 34 (2): 187-220.

[78] Cronin J J, Brady M K, Hult G T M. Assessing the effects of quality, va-

lue, and customer satisfaction on consumer behavioral intentions in service environments [J]. Journal of Retailing, 2000, 76 (2): 193-218.

[79] Cropanzano R, Mitchell M S. Social exchange theory: An interdisciplinary review [J]. Journal of Management, 2005, 31 (6): 874-900.

[80] Crosby L A, Evans K A, Cowles D. Relationship quality in services selling: An interpersonal influence perspective [J]. Journal of Marketing, 1990, 54 (3): 68-81.

[81] Cutright K M, Samper A. Doing it the hard way: How low control drives preferences for high-effort products and services [J]. Journal of Consumer Research, 2014, 41 (3): 730-745.

[82] Cyert R M, March J G. A behavioral theory of the firm [M]. New Jersey: Prentice-Hall, 1963.

[83] Davison A C, Hinkley D V. Bootstrap methods and their application [M]. Cambridge: Cambridge University Press, 1997.

[84] Dawson J F. Moderation in management research: What, why, when, and how [J]. Journal of Business and Psychology, 2014, 29 (1): 1-19.

[85] De Caigny A, Coussement K, De Bock K W. A new hybrid classification algorithm for customer churn prediction based on logistic regression and decision trees [J]. European Journal of Operational Research, 2018, 269 (2): 760-772.

[86] De Charms R. Personal causation: The internal affective determinants of behavior [M]. New York: Routledge, 2013.

[87] De Vries L, Gensler S, Leeflang P S. Effects of traditional advertising and social messages on brand-building metrics and customer acquisition [J]. Journal of Marketing, 2017, 81 (5): 1-15.

[88] De Wulf K, Odekerkenschröder G, Iacobucci D. Investments in consumer relationships: A cross-country and cross-industry exploration [J]. Journal of Marketing, 2001, 65 (4): 33-50.

[89] Dechant A, Spann M, Becker J U. Positive customer churn: An application to online dating [J]. Journal of Service Research, 2019, 22 (1): 90-100.

[90] Deci E L, Koestner R, Ryan R M. A meta-analytic review of experiments examining the effects of extrinsic rewards on intrinsic motivation [J]. Psychological Bulletin, 1999, 125 (6): 627-668.

[91] Deci E L, Ryan R M. Intrinsic motivation and self-determination in human behavior [M]. New York: Plenum, 1985.

[92] Deci E L, Ryan R M. Motivation, personality, and development within em-

bedded social contexts: An overview of self-determination theory [A]// The Oxford handbook of human motivation [M]. New York: Oxford University Press, 2012.

[93] Deci E L, Ryan R M. The empirical exploration of intrinsic motivational processes [A]// Advances in experimental social psychology [M]. Amsterdam: Elsevier, 1980.

[94] Deci E L. Effects of externally mediated rewards on intrinsic motivation [J]. Journal of Personality and Social Psychology, 1971, 18 (1): 105-115.

[95] Dehejia R H, Wahba S. Propensity score-matching methods for nonexperimental causal studies [J]. The Review of Economics and Statistics, 2002, 84 (1): 151-161.

[96] Della Vigna S, Malmendier U. Paying not to go to the gym [J]. American Economic Review, 2006, 96 (3): 694-719.

[97] Denrell J. Adaptive learning and risk taking [J]. Psychological Review, 2007, 114 (1): 177-187.

[98] Dhar R. Consumer preference for a no-choice option [J]. Journal of Consumer Research, 1997, 24 (2): 215-231.

[99] Dixon M, Verma R. Sequence effects in service bundles: Implications for service design and scheduling [J]. Journal of Operations Management, 2013, 31 (3): 138-152.

[100] Doney P M, Cannon J P. An examination of the nature of trust in buyer-seller relationships [J]. Journal of Marketing, 1997, 61 (2): 35-51.

[101] Donkers B, Verhoef P C, De Jong M G. Modeling CLV: A test of competing models in the insurance industry [J]. Quantitative Marketing and Economics, 2007 (5): 163-190.

[102] Dowling G R, Uncles M. Do customer loyalty programs really work? [J]. Sloan Management Review, 1997, 38 (4): 71-82.

[103] Drèze X, Bonfrer A. Moving from customer lifetime value to customer equity [J]. Quantitative Marketing and Economics, 2009, 7 (3): 289-320.

[104] Dwyer F R, Schurr P H, Oh S. Developing buyer-seller relationships [J]. Journal of Marketing, 1987, 51 (2): 11-27.

[105] Dwyer F R. Customer lifetime valuation to support marketing decision making [J]. Journal of Interactive Marketing, 1997, 11 (4): 6-13.

[106] Efron B. The Jackknife, the bootstrap and other resampling plans [M]. Philadelphia: Society for Industrial and Applied Mathematic, 1982.

[107] El-Manstrly D, Ali F, Steedman C. Virtual travel community members'

stickiness behaviour: How and when it develops [J]. International Journal of Hospitality Management, 2020 (88): 102535.

[108] Emerson R M. Power-dependence relations [J]. American Sociological Review, 1962 (1): 31-41.

[109] Emerson R M. Social exchange theory [J]. Annual Review of Sociology, 1976 (2): 335-362.

[110] Fader P S, Hardie B G S. How to project customer retention [J]. Journal of Interactive Marketing, 2007, 21 (1): 76-90.

[111] Fam K S, Cheng B L, Cham T-H, et al. The role of cultural differences in customer retention: Evidence from the high-contact service industry [J]. Journal of Hospitality and Tourism Research, 2023, 47 (1): 257-288.

[112] Feng H, Morgan N A, Rego L L. The impact of unprofitable customer management strategies on shareholder value [J]. Journal of the Academy of Marketing Science, 2020, 48 (2): 246-269.

[113] Fiebig D G, Keane M P, Louviere J, et al. The generalized multinomial logit model: Accounting for scale and coefficient heterogeneity [J]. Marketing Science, 2010, 29 (3): 393-421.

[114] Fournier S, Dobscha S, Mick D G. Preventing the premature death of relationship marketing [J]. Harvard Business Review, 1998, 76 (1): 42-54.

[115] Furman E, Diamant A, Kristal M. Customer acquisition and retention: A fluid approach for staffing [J]. Production and Operations Management, 2021, 30 (11): 4236-4257.

[116] Gabaix X, Laibson D, Moloche G, et al. Costly information acquisition: Experimental analysis of a boundedly rational model [J]. American Economic Review, 2006, 96 (4): 1043-1068.

[117] Gao L, de Haan E, Melero-Polo I, et al. Winning your customers' minds and hearts: Disentangling the effects of lock-in and affective customer experience on retention [J]. Journal of the Academy of Marketing Science, 2023, 51 (2): 334-371.

[118] Garbarino E, Johnson M S. The different roles of satisfaction, trust, and commitment in customer relationships [J]. Journal of Marketing, 1999, 63 (2): 70-87.

[119] Garnefeld I, Eggert A, Helm S V, et al. Growing existing customers' revenue streams through customer referral programs [J]. Journal of Marketing, 2013, 77 (4): 17-32.

[120] George M, Wakefield K L. Modeling the consumer journey for membership services [J]. Journal of Services Marketing, 2018, 32 (2): 113-125.

[121] Gourville J T, Soman D. Overchoice and assortment type: When and why variety backfires [J]. Marketing Science, 2005, 24 (3): 382-395.

[122] Greene W H. Econometric analysis (8th editon) [M]. New York: Pearson, 2018.

[123] Greve H R. Organizational learning from performance feedback: A behavioral perspective on innovation and change [M]. Cambridge: Cambridge University Press, 2003.

[124] Greve H R. Performance, aspirations and risky organizational change [J]. Administrative Science Quarterly, 1998, 43 (1): 58-86.

[125] Griffin J G, Broniarczyk S M. The Slippery slope: The impact of feature alignability on search and satisfaction [J]. Journal of Marketing Research, 2010, 47 (2): 323-334.

[126] Grönroos C. Value-driven relational marketing: From products to resources and competencies [J]. Journal of Marketing Management, 1997, 13 (5): 407-419.

[127] Grönroos C, Voima P. Critical service logic: Making sense of value creation and co-creation [J]. Journal of the Academy of Marketing Science, 2012, 41 (2): 133-150.

[128] Gruen T W, Summers J O, Acito F. Relationship marketing activities, commitment, and membership behaviors in professional associations [J]. Journal of Marketing, 2000, 64 (3): 34-49.

[129] Gummesson E, Mele C. Marketing as value co-creation through network interaction and resource integration [J]. Journal of Business Market Management, 2010, 4 (4): 181-198.

[130] Gupta S, Hanssens D, Hardie B, et al. Modeling customer lifetime value [J]. Journal of Service Research, 2006, 9 (2): 139-155.

[131] Gupta S, Lehmann D R, Stuart J A. Valuing customers [J]. Journal of Marketing Research, 2004, 41 (1): 7-18.

[132] Gustafsson A, Johnson M D, Roos I. The effects of customer satisfaction, relationship commitment dimensions, and triggers on customer retention [J]. Journal of Marketing, 2005, 69 (4): 210-218.

[133] Gwinner K P, Gremler D D, Bitner M J. Relational benefits in services industries: The customer's perspective [J]. Journal of the Academy of Marketing Scien-

ce, 1998, 26 (2): 101-114.

[134] Haenlein M. Social interactions in customer churn decisions: The impact of relationship directionality [J]. International Journal of Research in Marketing, 2013, 30 (3): 236-248.

[135] Haj-salem N, Chebat J-C. The double-edged sword: The positive and negative effects of switching costs on customer exit and revenge [J]. Journal of Business Research, 2014, 67 (6): 1106-1113.

[136] Hardisty D J, Weber E U. Discounting future green: Money versus the environment [J]. Journal of Experimental Psychology: General, 2009, 138 (3): 329.

[137] Harmeling C M, Palmatier R W, Houston M B, et al. Transformational relationship events [J]. Journal of Marketing, 2015, 79 (5): 39-62.

[138] Heckman J J, Smith J A. Assessing the case for social experiments [J]. Journal of Economic Perspectives, 1995, 9 (2): 85-110.

[139] Heckman J J. Sample selection bias as a specification error [J]. Econometrica, 1979, 47 (1): 153-161.

[140] Heide J B, John G. Alliances in industrial purchasing: The determinants of joint action in buyer-supplier relationships [J]. Journal of Marketing Research (JMR), 1990, 27 (1): 24-36.

[141] Helsen K, Schmittlein D C. Analyzing duration times in marketing: Evidence for the effectiveness of hazard rate models [J]. Marketing Science, 1993, 12 (4): 395-414.

[142] Henderson C M, Beck J T, Palmatier R W. Review of the theoretical underpinnings of loyalty programs [J]. Journal of Economic Perspectives, 2011, 21 (3): 256-276.

[143] Hennig-Thurau T, Gwinner K P, Gremler D D. Understanding relationship marketing outcomes: An integration of relational benefits and relationship quality [J]. Journal of Service Research, 2002, 4 (3): 230-247.

[144] Hennig-Thurau T, Klee A. The impact of customer satisfaction and relationship quality on customer retention: A critical reassessment and model development [J]. Psychology and Marketing, 1997, 14 (8): 737-764.

[145] Hillebrand B, Driessen P H, Koll O. Stakeholder marketing: Theoretical foundations and required capabilities [J]. Journal of the Academy of Marketing Science, 2015, 43 (4): 411-428.

[146] Holland P W. Statistics and causal inference [J]. Journal of the Ameri-

can Statistical Association, 1986, 81 (396): 945-960.

[147] Homburg C, Jozic D, Kuehnl C. Customer experience management: Toward implementing an evolving marketing concept [J]. Journal of the Academy of Marketing Science, 2017, 45 (3): 377-401.

[148] Hosmer D W, Lemeshow S, May S. Applied survival analysis: Regression modeling of time to event data (2nd edition) [M]. New Jersey: Wiley-Interscience Hoboken, 2008.

[149] Huang Y. Learning by doing and the demand for advanced products [J]. Marketing Science, 2019, 38 (1): 107-128.

[150] Imbens G W, Wooldridge J M. Recent developments in the econometrics of program evaluation [J]. Journal of Economic Literature, 2009, 47 (1): 5-86.

[151] Iyengar R, Ansari A, Gupta S. A model of consumer learning for service quality and usage [J]. Journal of Marketing Research, 2007, 44 (4): 529-544.

[152] Iyergar R, Jedidi K, Essegaier S, et al. The impact of tariff structure on customer retention, usage, and profitability of access services [J]. Marketing Science, 2011, 30 (5): 820-836.

[153] Iyengar S S, Lepper M R. When choice is demotivating: Can one desire too much of a good thing? [J]. Journal of Personality and Social Psychology, 2000, 79 (6): 995-1006.

[154] Iyer D N, Baù M, Chirico F, et al. The triggers of local and distant search: Relative magnitude and persistence in explaining acquisition relatedness [J]. Long Range Planning, 2019, 52 (5): 101825.

[155] Jackson B B. Winning and keeping industrial customers: The dynamics of customer relationships [M]. IDAHO Lexington Books, 1985

[156] Jain D, Singh S S. Customer lifetime value research in marketing: A review and future directions [J]. Journal of Interactive Marketing, 2002, 16 (2): 34-46.

[157] Jain D C, Vilcassim N J. Investigating household purchase timing decisions: A conditional hazard function approach [J]. Marketing Science, 1991, 10 (1): 1-23.

[158] Jaiswal A K, Niraj R, Park C H, et al. The effect of relationship and transactional characteristics on customer retention in emerging online markets [J]. Journal of Business Research, 2018 (92): 25-35.

[159] Jamal Z, Bucklin R E. Improving the diagnosis and prediction of customer churn: A heterogeneous hazard modeling approach [J]. Journal of Interactive Marketing, 2006, 20 (3-4): 16-29.

［160］Jap S D, Ganesan S. Control mechanisms and the relationship life cycle: Implications for safeguarding specific investments and developing commitment [J]. Journal of Marketing Research, 2000, 37 (2): 227-245.

［161］Jin L, He Y, Song H. Service customization: To upgrade or to downgrade? An investigation of how option framing affects tourists' choice of package-tour services [J]. Tourism Management, 2012, 33 (2): 266-275.

［162］John G. An empirical investigation of some antecedents of opportunism in a marketing channel [J]. Journal of Marketing Research, 1984, 21 (3): 278-289.

［163］Johnson E J, Russo J E. Product familiarity and learning new information [J]. Journal of Consumer Research, 1984, 11 (1): 542-550.

［164］Johnson M D. Consumer choice strategies for comparing noncomparable alternatives [J]. Journal of Consumer Research, 1984, 11 (3): 741-753.

［165］Jones M A, Mothersbaugh D L, Beatty S E. Switching barriers and repurchase intentions in services [J]. Journal of Retailing, 2000, 76 (2): 259-274.

［166］Kacperczyk A, Beckman C M, Moliterno T P. Disentangling risk and change: Internal and external social comparison in the mutual fund industry [J]. Administrative Science Quarterly, 2015, 60 (2): 228-262.

［167］Kahneman D, Tversky A. Prospect theory: An analysis of decision under risk [J]. Econometrica, 1979, 47 (2): 263-291.

［168］Kamakura W A, Kim B-D, Lee J. Modeling preference and structural heterogeneity in consumer choice [J]. Marketing Science, 1996, 15 (2): 152-172.

［169］Kamolsook A, Badir Y F, Frank B. Consumers' switching to disruptive technology products: The roles of comparative economic value and technology type [J]. Technological Forecasting and Social Change, 2019 (140): 328-340.

［170］Kaplan E L, Meier P. Nonparametric estimation from incomplete observations [J]. Journal of the American Statistical Association, 1958, 53 (282): 457-481.

［171］Karaca-Mandic P, Norton E C, Dowd B. Interaction terms in nonlinear models [J]. Health Services Research, 2012, 47 (1): 255-274.

［172］Karunaratna A, Kumara P. Determinants of customer loyalty: A literature review [J]. Journal of Customer Behaviour, 2018, 17 (1-2): 49-73.

［173］Kasser T, Ryan R M. Further examining the American dream: Differential correlates of intrinsic and extrinsic goals [J]. Personality and Social Psychology Bulletin, 1996, 22 (3): 280-287.

［174］ Katona G. Consumer behaviour: Theory and findings on expectations and aspirations ［J］. American Economic Review, 1968, 68 (2): 19-30.

［175］ Keaveney S M. Customer switching behavior in service industries: An exploratory study ［J］. Journal of Marketing, 1995 (1): 71-82.

［176］ Kim J, Allenby G M, Rossi P E. Modeling consumer demand for variety ［J］. Marketing Science, 2002, 21 (3): 229-250.

［177］ Kim K, Sun J G A. Rewards that undermine customer loyalty? A motivational approach to loyalty programs ［J］. Psychology and Marketing, 2017, 34 (9): 842-852.

［178］ Kim M K, Park M C, Jeong D H. The effects of customer satisfaction and switching barrier on customer loyalty in Korean mobile telecommunication services ［J］. Telecommunications Policy, 2004, 28 (2): 145-159.

［179］ Kim S, Gupta S, Lee C. Managing members, donors, and member-donors for effective nonprofit fundraising ［J］. Journal of Marketing, 2021, 85 (3): 220-239.

［180］ Kim S, Vinhas A S, Umesh U. Prepayment and future cross-buying: An exploratory analysis ［J］. Marketing Letters, 2022 (1): 1-25.

［181］ King G J, Chao X, Duenyas I. Dynamic customer acquisition and retention management ［J］. Production and Operations Management, 2016, 25 (8): 1332-1343.

［182］ Kleinbaum D G, Klein M. Survival analysis: A self-learning text (3rd edition) ［M］. New York: Springer, 2012.

［183］ Kocher M G, Pahlke J, Trautmann S T. Tempus fugit: Time pressure in risky decisions ［J］. Management Science, 2013, 59 (10): 2380-2391.

［184］ Krishnaswami S, Subramaniam V. Information asymmetry, valuation, and the corporate spin-off decision ［J］. Journal of Financial Economics, 1999, 53 (1): 73-112.

［185］ Kumar N, Hibbard J D, Stern L W. The nature and consequences of marketing channel intermediary commitment ［R］. Cambridge Massachusetts: Marketing Science Institute, 1994.

［186］ Kumar N, Scheer L K, Steenkamp J-BEM. The effects of supplier fairness on vulnerable resellers ［J］. Journal of Marketing Research, 1995, 32 (1): 54-65.

［187］ Kumar N, Scheer L K, Steenkamp J-BEM. The effects of perceived interdependence on dealer attitudes ［J］. Journal of Marketing Research, 1995, 32 (3): 348-356.

［188］ Kumar V, Bhagwat Y, Zhang X. Regaining "lost" customers: The predictive power of first-lifetime behavior, the reason for defection, and the nature of the win-back offer [J]. Journal of Marketing, 2015, 79 (4): 34-55.

[189] Kumar V, George M, Pancras J. Cross-buying in retailing: Drivers and consequences [J]. Journal of Retailing, 2008, 84 (1): 15-27.

[190] Kumar V, Rajan B, Gupta S, et al. Customer engagement in service [J]. Journal of the Academy of Marketing Science, 2019, 47 (1): 138-160.

[191] Kumar V, Reinartz W. Creating enduring customer value [J]. Journal of Marketing, 2016, 80 (6): 36-68.

[192] Kumar V. A theory of customer valuation: Concepts, metrics, strategy, and implementation [J]. Journal of Marketing, 2018, 82 (1): 1-19.

[193] Kurt M, Andreas S, Norbert T, et al. Switching experience, customer satisfaction, and switching costs in the ICT industry [J]. Journal of Service Management, 2015, 26 (1): 117-136.

[194] La Guardia J G, Ryan R M, Couchman C E, et al. Within-person variation in security of attachment: A self-determination theory perspective on attachment, need fulfillment, and well-being [J]. Journal of Personality and Social Psychology, 2000, 79 (3): 367-384.

[195] Labianca G, Fairbank J F, Andervski G, et al. Striving toward the future: Aspiration—performance discrepancies and planned organizational change [J]. Strategic Organization, 2009, 7 (4): 433-466.

[196] Lambrecht A, Skiera B. Paying too much and being happy about it: Existence, causes, and consequences of tariff-choice biases [J]. Journal of Marketing Research (JMR), 2006, 43 (2): 212-223.

[197] Lawless J F. Statistical models and methods for lifetime data [M]. New Jersey: John Wiley & Sons, 2011.

[198] Lee E T, Wang J. Statistical methods for survival data analysis [M]. New Jersey: John Wiley & Sons, 2003.

[199] Lemmens A, Gupta S. Managing churn to maximize profits [J]. Marketing Science, 2020, 39 (5): 956-973.

[200] Lemon K N, Verhoef P C. Understanding customer experience throughout the customer journey [J]. Journal of Marketing, 2016, 80 (6): 69-96.

[201] Lemon K N, White T B, Winer R S. Dynamic customer relationship management: Incorporating future considerations into the service retention decision [J]. Journal of Marketing, 2002, 66 (1): 1-14.

[202] Levav J, Heitmann M, Herrmann A, et al. Order in product customization

decisions: Evidence from field experiments [J]. Journal of Political Economy, 2010, 118 (2): 274-299.

[203] Levinthal D A. Adaptation on rugged landscapes [J]. Management Science, 1997, 43 (7): 934-950.

[204] Levy M, Levy H. Prospect theory: Much ado about nothing? [J]. Management Science, 2002, 48 (10): 1334-1349.

[205] Lewis M. The influence of loyalty programs and short-term promotions on customer retention [J]. Journal of Marketing Research, 2004, 41 (3): 281-292.

[206] Li C-Y. Switching barriers and customer retention: Why customers dissatisfied with online service recovery remain loyal [J]. Journal of Service Theory and Practice, 2015, 25 (4): 370-393.

[207] Lichtenstein D R, Netemeyer R G, Burton S. Distinguishing coupon proneness from value consciousness: An acquisition-transaction utility theory perspective [J]. Journal of Marketing, 1990, 54 (3): 54-67.

[208] Lin L, Guo Z, Zhou C. Failure to maintain customers: Antecedents and consequences of service downgrades [J]. Journal of Service Theory and Practice, 2023, 33 (3): 387-411.

[209] Liu Y. The Long-term impact of loyalty programs on consumer purchase behavior and loyalty [J]. Journal of Marketing, 2007, 71 (4): 19-35.

[210] Lix T S, Berger P D, Magliozzi T L. New customer acquisition: Prospecting models and the use of commercially available external data [J]. Journal of Interactive Marketing, 1995, 9 (4): 8-18.

[211] Long J S, Freese J. Regression models for categorical dependent variables using stata (2nd edition) [M]. Texas: Stata Press, 2006.

[212] Macaulay S. Non-contractual relations in business: A preliminary study [J]. American Sociological Review, 1963, 28 (1): 55-67.

[213] Macneil I R. Contracts: Adjustment of long-term economic relations under classical, neoclassical, and relational contract law [J]. Northwestern University Law Review, 1978 (72): 854-905.

[214] Mahajan V, Misra R, Mahajan R. Review on factors affecting customer churn in telecom sector [J]. International Journal of Data Analysis Techniques and Strategies, 2017, 9 (2): 122-144.

[215] Mahajan V, Muller E, Bass F M. New product diffusion models in marketing: A review and directions for research [J]. Journal of Marketing, 1990,

54（1）：1-26.

[216] Majid K A. Effect of interactive marketing channels on service customer acquisition [J]. Journal of Services Marketing, 2020, 35 (3)：299-311.

[217] Malhotra A, Malhotra C K. Exploring switching behavior of US mobile service customers [J]. Journal of Services Marketing, 2013, 27 (1)：13-24.

[218] Mamadehussene S. Price-matching guarantees as a direct signal of low prices [J]. Journal of Marketing Research (JMR), 2019, 56 (2)：245-258.

[219] Manchanda P, Ansari A, Gupta S. The "Shopping Basket"：A model for multicategory purchase incidence decisions [J]. Marketing Science, 1999, 18 (2)：95-114.

[220] March J G. Footnotes to organizational change [J]. Administrative Science Quarterly, 1981, 26 (4)：563-577.

[221] March J G, Simon H A. Organizations [M]. Oxford, England：Wiley, 1958.

[222] Marinova D, Singh J. Consumer decision to upgrade or downgrade a service membership [J]. Journal of the Academy of Marketing Science, 2014, 42 (6)：596-618.

[223] Mende M, Bolton R N, Bitner M J. Decoding customer-firm relationships：How attachment styles help explain customers' preferences for closeness, repurchase intentions, and changes in relationship breadth [J]. Journal of Marketing Research, 2013, 50 (1)：125-142.

[224] Meyer-Waarden L, Bruwer J, Galan J-P. Loyalty programs, loyalty engagement and customer engagement with the company brand：Consumer-centric behavioral psychology insights from three industries [J]. Journal of Retailing and Consumer Services, 2023 (71)：103212.

[225] Miao M, Jalees T, Zaman S I, et al. The influence of e-customer satisfaction, e-trust and perceived value on consumer's repurchase intention in B2C e-commerce segment [J]. Asia Pacific Journal of Marketing and Logistics, 2022, 34 (10)：2184-2206.

[226] Miles J A. Management and organization theory：A Jossey-Bass reader [M]. San Francisco：John Wiley & Sons, 2012.

[227] Miller C J, Wiles M A, Park S. Trading on up：An examination of factors influencing the degree of upgrade：Evidence from cash for clunkers [J]. Journal of Marketing, 2019, 83 (1)：151-172.

[228] Min S, Zhang X, Kim N, et al. Customer acquisition and retention spending：An analytical model and empirical investigation in wireless telecommunications

markets [J]. Journal of Marketing Research, 2016, 53 (5): 728-744.

[229] Mitra D, Golder P N. Whose culture matters? Near-market knowledge and its impact on foreign market entry timing [J]. Journal of Marketing Research, 2002, 39 (3): 350-365.

[230] Mittal B, Lassar W M. Why do customers switch? The dynamics of satisfaction versus loyalty [J]. Journal of Services Marketing, 1998, 3 (3): 569-575.

[231] Mittal V, Kamakura W A. Satisfaction, repurchase intent, and repurchase behavior: Investigating the moderating effect of customer characteristics [J]. Journal of Marketing Research, 2001, 38 (1): 131-142.

[232] Mohr J, Spekman R. Characteristics of partnership success: Partnership attributes, communication behavior, and conflict resolution techniques [J]. Strategic Management Journal, 1994, 15 (2): 135-152.

[233] Moorman C, Lehmann D R. Survival models for marketing strategy [A]// Assessing Marketing Strategy Performance [M]. Cambridge, Massachusetts: Marketing Science Institute, 2004.

[234] Moorman, Christine, Zaltman, et al. Relationships between providers and users of market research: The dynamics of trust within and between organizations [J]. Journal of Marketing Research, 1992, 29 (29): 314-328.

[235] Morgan R M, Hunt S D. The commitment-trust theory of relationship marketing [J]. Journal of Marketing, 1994, 58 (3): 20-38.

[236] Morvan C, O'Connor A. An analysis of leon festinger's a theory of cognitive dissonance [M]. England: Macat Library, 2017.

[237] Nam S, Manchanda P. The effect of signal quality and contiguous word of mouth on customer acquisition for a video-on-demand service [J]. Marketing Science, 2010, 29 (4): 690-700.

[238] Neslin S A, Gupta S, Kamakura W, et al. Defection detection: Measuring and understanding the predictive accuracy of customer churn models [J]. Journal of Marketing Research, 2006, 43 (2): 204-211.

[239] Ngobo P V. Drivers of customers' cross-buying intentions [J]. European Journal of Marketing, 2004, 38 (9/10): 1129-1157.

[240] Ngobo P V. Drivers of upward and downward migration: An empirical investigation among theatregoers [J]. International Journal of Research in Marketing, 2005, 22 (2): 183-201.

[241] Niraj R, Gupta M, Narasimhan C. Customer profitability in a supply chain

[J]. Journal of Marketing, 2001, 65 (3): 1-16.

[242] Nitzan I, Libai B. Social effects on customer retention [J]. Journal of Marketing, 2011, 75 (6): 24-38.

[243] Norton E C, Dowd B E. Log odds and the interpretation of logit models [J]. Health Services Research, 2018, 53 (2): 859-878.

[244] Okada E M. Upgrades and new purchases [J]. Journal of Marketing, 2006, 70 (4): 92-102.

[245] Oliver R L. A cognitive model of the antecedents and consequences of satisfaction decisions [J]. Journal of Marketing Research (JMR), 1980, 17 (4): 460-469.

[246] Oliver R L. Whence consumer loyalty? [J]. Journal of Marketing, 1999, 34 (63): 33-44.

[247] Ordóñez L D, Connolly T, Coughlan R. Multiple reference points in satisfaction and fairness assessment [J]. Journal of Behavioral Decision Making, 2000, 13 (3): 329-344.

[248] Palmatier R W, Dant R P, Grewal D, et al. Factors influencing the effectiveness of relationship marketing: A meta-analysis [J]. Journal of Marketing, 2006, 70 (4): 136-153.

[249] Palmatier R W, Dant R P, Grewal D. A Comparative longitudinal analysis of theoretical perspectives of interorganizational relationship performance [J]. Journal of Marketing, 2007, 71 (4): 172-194.

[250] Palmatier R W, Gopalakrishna S, Houston M B. Returns on business-to-business relationship marketing investments: Strategies for leveraging profits [J]. Marketing Science, 2006, 25 (5): 477-493.

[251] Palmatier R W. Relationship marketing [M]. Cambridge, Massachusetts: Marketing Science Institute, 2008.

[252] Paswan A K, Troy L C. Non-profit organization and membership motivation: An exploration in the museum industry [J]. Journal of Marketing Theory and Practice, 2004, 12 (2): 1-15.

[253] Pate L E. Cognitive versus reinforcement views of intrinsic motivation [J]. Academy of Management Review, 1978, 3 (3): 505-514.

[254] Payne A, Frow P. A strategic framework for customer relationship management [J]. Journal of Marketing, 2005, 69 (4): 167-176.

[255] Payne J W, Bettman J R, Johnson E J. The adaptive decision maker

[M]. New York: Cambridge University Press, 1993.

[256] Peres R, Muller E, Mahajan V. Innovation diffusion and new product growth models: A critical review and research directions [J]. International Journal of Research in Marketing, 2010, 43 (4): 55-68.

[257] Petty R E, Cacioppo J T. The elaboration likelihood model of persuasion [A]//Advances in Experimental Social Psychology [M]. New York: Academic Press, 1986.

[258] Pick D, Thomas J S, Tillmanns S, et al. Customer win-back: The role of attributions and perceptions in customers' willingness to return [J]. Journal of the Academy of Marketing Science, 2016, 44 (2): 218-240.

[259] Piha L P, Avlonitis G J. Customer defection in retail banking: Attitudinal and behavioural consequences of failed service quality [J]. Journal of Service Theory and Practice, 2015, 25 (3): 304-326.

[260] Ping R A. The effects of satisfaction and structural constraints on retailer exiting, voice, loyalty, opportunism, and neglect [J]. Journal of Retailing, 1993, 69 (3): 320-352.

[261] Polo Y, Sese F J. Strengthening customer relationships what factors influence customers to migrate to contracts? [J]. Journal of Service Research, 2013, 16 (2): 138-154.

[262] Posen H E, Keil T, Kim S, et al. Renewing research on problemistic search—A review and research agenda [J]. Academy of Management Annals, 2018, 12 (1): 208-251.

[263] Prince J, Greenstein S. Mobile internet usage and usage-based pricing [J]. Journal of Economics and Management Strategy, 2021, 30 (4): 760-783.

[264] Puccinelli N M, Goodstein R C, Grewal D, et al. Customer experience management in retailing: Understanding the buying process [J]. Journal of Retailing, 2009, 85 (1): 15-30.

[265] Quach S. Customer retention: Exploring the effects of relationship layers and perceived indifference [J]. Journal of Consumer Behaviour, 2022, 21 (3): 543-553.

[266] Ranaweera C, Prabhu J. The influence of satisfaction, trust and switching barriers on customer retention in a continuous purchasing setting [J]. International Journal of Service Industry Management, 2003, 14 (4): 374-395.

[267] Ranganathan C, Seo D, Babad Y. Switching behavior of mobile users: Do

users' relational investments and demographics matter? [J]. European Journal of Information Systems, 2006, 15 (3): 269-276.

[268] Reinartz W J, Kumar V. On the profitability of long-life customers in a noncontractual setting: An empirical investigation and implications for marketing [J]. Journal of Marketing, 2000, 64 (4): 17-35.

[269] Reinartz W J, Kumar V. The impact of customer relationship characteristics on profitable lifetime duration [J]. Journal of Marketing, 2003, 67 (1): 77-99.

[270] Reynolds K E, Beatty S E. Customer benefits and company consequences of customer-salesperson relationships in retailing [J]. Journal of Retailing, 1999, 75 (1): 11-32.

[271] Rhouma B T, Zaccour G. Optimal marketing strategies for the acquisition and retention of service subscribers [J]. Management Science, 2018, 64 (6): 2609-2627.

[272] Rieger M O, Wang M. Cumulative prospect theory and the St. Petersburg paradox [J]. Economic Theory, 2006, 28 (3): 665-679.

[273] Rindfleisch A, Heide J B. Transaction cost analysis: Past, present, and future applications [J]. Journal of Marketing, 1997, 61 (4): 30-54.

[274] Rogers E M. Diffusion of Innovations (fifth edition) [M]. New York: Free Press, 2003.

[275] Roodman D, Nielsen MØ, MacKinnon J G, et al. Fast and wild: Bootstrap inference in stata using boottest [J]. The Stata Journal, 2019, 19 (1): 4-60.

[276] Roos I, Edvardsson B, Gustafsson A. Customer switching patterns in competitive and noncompetitive service industries [J]. Journal of Service Research, 2004, 6 (3): 256-271.

[277] Roos I. Switching processes in customer relationships [J]. Journal of Service Research, 1999, 2 (1): 68-85.

[278] Rosenbaum P R, Rubin D B. Constructing a control group using multivariate matched sampling methods that incorporate the propensity score [J]. The American Statistician, 1985, 39 (1): 33-38.

[279] Rosenbaum P R, Rubin D B. The central role of the propensity score in observational studies for causal effects [J]. Biometrika, 1983, 70 (1): 41-55.

[280] Ross W T, Simonson I. Evaluations of pairs of experiences: A preference for happy endings [J]. Journal of Behavioral Decision Making, 1991, 4 (4): 273-282.

[281] Rubin D B, Thomas N. Matching using estimated propensity scores: Relating theory to practice [J]. Biometrics, 1996, 52 (1): 249-264.

[282] Rubin D B. Estimating causal effects of treatments in randomized and non-randomized studies [J]. Journal of Educational Psychology, 1974, 66 (5): 688-701.

[283] Rust R T, Chung T S. Marketing models of service and relationships [J]. Marketing Science, 2006, 25 (6): 560-580.

[284] Rust R T, Kumar V, Venkatesan R. Will the frog change into a prince? Predicting future customer profitability [J]. International Journal of Research in Marketing, 2011, 28 (4): 281-294.

[285] Rust R T, Lemon K N, Zeithaml V A. Return on marketing: Using customer equity to focus marketing strategy [J]. Journal of Marketing, 2004, 68 (1): 109-127.

[286] Rust R T, Zahorik A J, Keiningham T L. Return on Quality (ROQ): Making service quality financially accountable [J]. Journal of Marketing, 1995 (1): 58-70.

[287] Rust R T, Zahorik A J. Customer satisfaction, customer retention, and market share [J]. Journal of Retailing, 1993, 69 (2): 193-215.

[288] Ryan R M, Bernstein J H, Brown K W. Weekends, work, and well-being: Psychological need satisfactions and day of the week effects on mood, vitality, and physical symptoms [J]. Journal of Social and Clinical Psychology, 2010, 29 (1): 95-122.

[289] Ryan R M, Chirkov V I, Little T D, et al. The American dream in Russia: Extrinsic aspirations and well-being in two cultures [J]. Personality and Social Psychology Bulletin, 1999, 25 (12): 1509-1524.

[290] Ryan R M, Deci E L. Brick by brick: The origins, development, and future of self-determination theory [J]. Advances in Motivation Science, 2019 (6): 111-156.

[291] Ryan R M, Deci E L. Intrinsic and extrinsic motivations: Classic definitions and new directions [J]. Contemporary Educational Psychology, 2000, 25 (1): 54-67.

[292] Ryan R M, Deci E L. Self-determination theory: Basic psychological needs in motivation, development, and wellness [M]. New York: Guilford Publications, 2017.

[293] Ryan R M. Psychological needs and the facilitation of integrative processes

[J]. Journal of Personality, 1995, 63 (3): 397-427.

[294] Samaha S A, Palmatier R W, Dant R P. Poisoning relationships: Perceived unfairness in channels of distribution [J]. Journal of Marketing, 2011, 75 (3): 99-117.

[295] Schwartz E M, Bradlow E T, Fader P S. Customer acquisition via display advertising using multi - armed bandit experiments [J]. Marketing Science, 2017, 36 (4): 500-522.

[296] Sela A, Leboeuf R A. Comparison neglect in upgrade decisions [J]. Journal of Marketing Research, 2017, 54 (4): 556-571.

[297] Seo D B, Ranganathan C, Babad Y. Two-level model of customer retention in the US mobile telecommunications service market [J]. Telecommunications Policy, 2008, 32 (3): 182-196.

[298] Shahab M H, Ghazali E, Mohtar M. The role of elaboration likelihood model in consumer behaviour research and its extension to new technologies: A review and future research agenda [J]. International Journal of Consumer Studies, 2021, 45 (4): 664-689.

[299] Shaver J M. Accounting for endogeneity when assessing strategy performance: Does entry mode choice affect FDI survival? [J]. Management Science, 1998, 44 (4): 571-585.

[300] Silverman B W. Density estimation for statistics and data analysis [M]. New York: Routledge, 2018.

[301] Simon H A. Theories of decision-making in economics and behavioral science [J]. American Economic Review, 1959, 49 (3): 253-283.

[302] Simonson I. Determinants of customers' responses to customized offers: Conceptual framework and research propositions [J]. Journal of Marketing, 2005, 69 (1): 32-45.

[303] Sivakumar K, Li M, Dong B. Service quality: The impact of frequency, timing, proximity, and sequence of failures and delights [J]. Journal of Marketing, 2014, 78 (1): 41-58.

[304] Smith H L. Matching with multiple controls to estimate treatment effects in observational studies [J]. Sociological Methodology, 1997, 27 (1): 325-353.

[305] Somosi A, Stiassny A, Kolos K, et al. Customer defection due to service elimination and post-elimination customer behavior: An empirical investigation in telecommunications [J]. International Journal of Research in Marketing, 2021, 38 (4): 915-

934.

[306] Stahl F, Heitmann M, Lehmann D R, et al. The impact of brand equity on customer acquisition, retention, and profit margin [J]. Journal of Marketing, 2012, 76 (4): 44-63.

[307] Steinhoff L, Fang E E, Palmatier R W, et al. Dynamic effects of loyalty rewards for contractual customers [Z] . Working Paper, Marketing Science Institute, 2016.

[308] Sultan A-M, Khan Z A. Impact of advantageous campaigns on customer-brand relationship building through social media marketing [J]. Journal of Business and Management Studies, 2022, 4 (1): 34-41.

[309] Sun Y, Liu H, Gao Y. Research on customer lifetime value based on machine learning algorithms and customer relationship management analysis model [J]. Heliyon, 2023, 9 (2): 4-14.

[310] Sunder S, Kumar V, Zhao Y. Measuring the lifetime value of a customer in the consumer packaged goods industry [J]. Journal of Marketing Research, 2016, 53 (6): 901-921.

[311] Swait J, Adamowicz W. The influence of task complexity on consumer choice: A latent class model of decision strategy switching [J]. Journal of Consumer Research, 2001, 28 (1): 135-148.

[312] Szymanski D M, Henard D H. Customer satisfaction: A meta-analysis of the empirical evidence [J]. Journal of the Academy of Marketing Science, 2001, 29 (1): 16-35.

[313] Tanford S, Montgomery R. The effects of social influence and cognitive dissonance on travel purchase decisions [J]. Journal of Travel Research, 2015, 54 (5): 596-610.

[314] Terza J V, Basu A, Rathouz P J. Two-stage residual inclusion estimation: Addressing endogeneity in health econometric modeling [J]. Journal of Health Economics, 2008, 27 (3): 531-543.

[315] Thomas J S, Blattberg R C, Fox E J. Recapturing lost customers [J]. Journal of Marketing Research, 2004, 41 (1): 31-45.

[316] Thomas J S. A methodology for linking customer acquisition to customer retention [J]. Journal of Marketing Research, 2001, 38 (2): 262-268.

[317] Tom S M, Fox C R, Trepel C, et al. The neural basis of loss aversion in decision-making under risk [J]. Science, 2007, 315 (5811): 515-518.

[318] Tversky A, Kahneman D. Advances in prospect theory: Cumulative representation of uncertainty [J]. Journal of Risk and Uncertainty, 1992, 5 (4): 297-323.

[319] Tversky A, Kahneman D. Judgment under uncertainty: Heuristics and biases [J]. Science, 1974, 185 (4157): 1124-1131.

[320] Tversky A, Kahneman D. Loss aversion in riskless choice: A reference-dependent model [J]. Quarterly Journal of Economics, 1991, 106 (4): 1039-1061.

[321] Tversky A, Kahneman D. The framing of decisions and the psychology of choice [J]. Science, 1981, 211 (4481): 453-458.

[322] Tversky A. Features of similarity [J]. Psychological Review, 1977, 84 (4): 327-352.

[323] Van Berlo G, Bloemer J, Blazevic V. Customer demotion in hierarchical loyalty programmes [J]. The Service Industries Journal, 2014, 34 (11): 922-937.

[324] Vansteenkiste M, Ryan R M. On psychological growth and vulnerability: Basic psychological need satisfaction and need frustration as a unifying principle [J]. Journal of Psychotherapy Integration, 2013, 23 (3): 263-280.

[325] Vargo S L, Lusch R F. Evolving to a new dominant logic for marketing [J]. Science, 2004, 68 (1): 1-17.

[326] Venkatesan R, Kumar V, Bohling T. Optimal customer relationship management using bayesian decision theory: An application for customer selection [J]. Journal of Marketing Research, 2007, 44 (4): 579-594.

[327] Venkatesan R, Kumar V. A customer lifetime value framework for customer selection and resource allocation strategy [J]. Journal of Marketing, 2004, 68 (4): 106-125.

[328] Verhoef P C. Understanding the effect of customer relationship management efforts on customer retention and customer share development [J]. Journal of Marketing, 2003, 67 (4): 30-45.

[329] Verhoef P C, Franses P H, Hoekstra J C. The effect of relational constructs on customer referrals and number of services purchased from a multiservice provider: Does age of relationship matter? [J]. Journal of the Academy of Marketing Science, 2002, 30 (3): 202-216.

[330] Verma V, Sharma D, Sheth J. Does relationship marketing matter in online retailing? A meta-analytic approach [J]. Journal of the Academy of Marketing Science, 2016, 44 (2): 206-217.

［331］Villanueva J, Hanssens D M. Customer equity: Measurement, management and research opportunities ［J］. Foundations and Trends in Marketing, 2007, 1 (1): 1–95.

［332］Villanueva J, Yoo S, Hanssens D M. The impact of marketing–induced versus word–of–mouth customer acquisition on customer equity growth ［J］. Journal of Marketing Research, 2008, 45 (1): 48–59.

［333］Visentin M, Scarpi D. Determinants and mediators of the intention to upgrade the contract in buyer–seller relationships ［J］. Industrial Marketing Management, 2012, 41 (7): 1133–1141.

［334］Voss G B, Voss Z G. Competitive density and the customer acquisition–retention trade–off ［J］. Journal of Marketing, 2008, 72 (6): 3–18.

［335］Wagner T, Hennig–Thurau T, Rudolph T. Does customer demotion jeopardize loyalty? ［J］. Journal of Marketing, 2009, 73 (3): 69–85.

［336］Wakker P P. Prospect theory: For risk and ambiguity ［M］. Cambridge: Cambridge University Press, 2010.

［337］Walsh G, Dinnie K, Wiedmann K–P. How do corporate reputation and customer satisfaction impact customer defection? A study of private energy customers in Germany ［J］. Journal of Services Marketing, 2006, 20 (6): 412–420.

［338］Wang Y, John D R. Up, up, and away: Upgrading as a response to dissimilar brand users ［J］. Journal of Marketing Research, 2019, 56 (1): 142–157.

［339］Wangenheim F V, Bayón T. Behavioral consequences of overbooking service capacity ［J］. Journal of Marketing, 2007, 71 (4): 36–47.

［340］Wangenheim F V, Bayón T. The chain from customer satisfaction via word–of–mouth referrals to new customer acquisition ［J］. Journal of the Academy of Marketing Science, 2007 (35): 233–249.

［341］Wangenheim F V, Wünderlich N V, Schumann J H. Renew or cancel? Drivers of customer renewal decisions for IT–based service contracts ［J］. Journal of Business Research, 2017 (79): 181–188.

［342］Wathne K H, Biong H, Heide J B. Choice of supplier in embedded markets: Relationship and marketing program effects ［J］. Journal of Marketing, 2001, 65 (2): 54–66.

［343］Wathne K H, Heide J B. Opportunism in interfirm relationships: Forms, outcomes, and solutions ［J］. Journal of Marketing, 2000, 64 (4): 36–51.

［344］Weiner B. An attributional theory of achievement motivation and emotion

[J]. Psychological Review, 1985, 92 (4): 548-573.

[345] Weiner B. History of motivational research in education [J]. Journal of Educational Psychology, 1990, 82 (4): 616-622.

[346] Wetzel H A, Hammerschmidt M, Zablah A R. Gratitude versus entitlement: A dual process model of the profitability implications of customer prioritization [J]. Journal of Marketing, 2014, 78 (2): 1-19.

[347] Williamson O E. Markets and hierarchies: Analysis and antitrust implications: A study in the economics of internal organization [M]. New York: Free Press, 1975.

[348] Wirtz J, Xiao P, Chiang J, et al. Contrasting the drivers of switching intent and switching behavior in contractual service settings [J]. Journal of Retailing, 2014, 90 (4): 463-480.

[349] Wu C F J. Jackknife, bootstrap and other resampling methods in regression analysis [J]. The Annals of Statistics, 1986, 14 (4): 1261-1295.

[350] Xu D, Zhou K Z, Du F. Deviant versus aspirational risk taking: The effects of performance feedback on bribery expenditure and R&D intensity [J]. Academy of Management Journal, 2019, 62 (4): 1226-1251.

[351] Xu Z, Dukes A. Product line design under preference uncertainty using aggregate consumer data [J]. Marketing Science, 2019, 38 (4): 669-689.

[352] Yi Zhao, Ying Zhao, Helsen K. Consumer learning in a turbulent market environment: Modeling consumer choice dynamics after a product-harm crisis [J]. Journal of Marketing Research, 2011, 48 (2): 255-267.

[353] You Y, Joshi A M. The impact of user-generated content and traditional media on customer acquisition and retention [J]. Journal of Advertising, 2020, 49 (3): 213-233.

[354] Zdziebko T, Sulikowski P, Sałabun W, et al. Optimizing customer retention in the telecom industry: A fuzzy-based churn modeling with usage data [J]. Electronics, 2024, 13 (3): 469.

[355] Zeithaml V A, Bitner M J, Gremler D, et al. Services marketing: Integrating customer focus across the firm (8th edition) [M]. New York: McGraw-Hill Education, 2023.

[356] Zeithaml V A, Verleye K, Hatak I, et al. Three decades of customer value Research: Paradigmatic roots and future research avenues [J]. Journal of Service Research, 2020, 23 (4): 409-432.

［357］Zhang J Z, Watson I V G F, Palmatier R W, et al. Dynamic relationship marketing ［J］. Journal of Marketing, 2016, 80 （5）: 53-75.

［358］Zhang S, Markman A B. Processing product unique features: Alignability and Involvement in preference construction ［J］. Journal of Consumer Psychology, 2001, 11 （1）: 13-27.

［359］Zhe L, Jie W, Yuan H. The effect of place attachment of geographical indication agricultural products on repurchase intention ［J］. Journal of Retailing and Consumer Services, 2023 （72）: 103266.

［360］Zheng R, Li Z, Na S. How customer engagement in the live-streaming affects purchase intention and customer acquisition, E-tailer's perspective ［J］. Journal of Retailing and Consumer Services, 2022 （68）: 103015.

［361］Zhou C, Lin L, Guo Z, et al. Reductions in customer commitment: An empirical study on pure downgrade versus hybrid downgrade ［J］. Journal of Service Research, 2024, 27 （3）: 432-449.

［362］常明哲, 李爱华. 多渠道整合对跨渠道保留行为的影响 ［J］. 中国流通经济, 2020, 34 （6）: 41-50.

［363］陈强. 高级计量经济学及stata应用（第二版）［M］. 北京: 高等教育出版社, 2014.

［364］陈卫平, 谭思, 王笑丛. 会员制农场的员工管理如何影响会员续约? ——惠州四季分享有机农场的个案研究 ［J］. 江淮论坛, 2018 （2）: 11-17+42.

［365］成栋, 孙莹璐, 薛薇. 非合约型客户终身价值的稳健性度量: 经典方法与机器学习算法的综合测算研究 ［J］. 管理评论, 2019, 31 （4）: 85-100.

［366］丁际刚, 兰肇华. 前景理论述评 ［J］. 经济学动态, 2002 （9）: 64-66.

［367］胡珍苗, 程岩, 崔华玉. 在线内容用户服务升级意愿研究: 基于增值体验的心理惯性视角 ［J］. 管理评论, 2016, 28 （11）: 116-128.

［368］金立印. 服务交易关系与使用程度对转换成本和顾客保留的影响 ［J］. 管理科学, 2009 （1）: 71-79.

［369］金立印. 服务转换成本对顾客忠诚的影响——满意度与替代者吸引力的调节效应 ［J］. 管理学报, 2008, 5 （6）: 912-920.

［370］李辉, 吴晓云. 顾客获取、顾客保留与服务创新绩效 ［J］. 广东财经大学学报, 2015, 30 （5）: 34-45.

［371］刘苇, 王宗水, 赵红. 顾客流失前与企业的关系质量对赢回意向的影

响研究［J］. 管理学报，2020，17（6）：891-898.

［372］倪红福，冀承. 中国居民消费结构变迁及其趋势——基于中美投入产出表的分析［J］. 消费经济，2020，36（1）：3-12.

［373］石明明，江舟，周小焱. 消费升级还是消费降级［J］. 中国工业经济，2019（7）：42-60.

［374］王秀村，王月辉. 市场营销管理（第4版）［M］. 北京：北京理工大学出版社，2009.

［375］翁波，程岩. 影响会员服务升级行为的价值体验要素研究——基于在线视频的内容订阅模式［J］. 工业工程与管理，2014，19（1）：108-112+121.

［376］吴邦刚，余琦，陈煜波. 基于全生命周期行为的会员等级体系对顾客购买行为的影响［J］. 管理学报，2018，15（4）：569-576.

［377］郑浩，赵翔，陶虎. 高技术服务业顾客获取途径与关系粘性的实证［J］. 情报杂志，2010，29（8）：182-187.

后 记

本书是在我博士学位论文的基础上扩展修改完成的。在人工智能即将深刻改变人类生产生活方式的时代背景下，服务企业面临的市场环境更加复杂多变，希望本书能够为服务企业更好地开展顾客关系管理带来一些启示。

回顾本书的研究及写作过程，有太多的人和事需要表达谢意！

首先感谢博士导师郭朝阳教授和方二教授。特别是要感谢郭朝阳教授，指导我从入学到毕业，对我的培养倾入了大量心血。郭朝阳教授是我学术路上的引路人，让我从对学术一无所知到现在大约能够初步入门。感谢方二教授，其深邃的学术思维与点石成金的研究能力让我受益良多。

感谢厦门大学周晨希副教授、叶军教授和市场学系其他老师给予的帮助。特别是周晨希老师多年来给予我的帮助与指导，让我的学术水平得到实质性提升。

感谢刘威、王世伟、王奎、蔡创能、赵明、张少卿、胡蝶、陈金龙、张媛等众位同门，特别是王奎师兄，这几年对我的帮助很大。曾经在厦大成枫楼 608 室一起走过的日子，至今难以忘怀。

感谢工作单位——福建理工大学互联网经贸学院的领导和同事，他们对我工作提供了宝贵的指导与支持。感谢庄伟卿书记、江明副院长多次对我的教学、科研工作的指导与勉励，感谢市场营销教研室各位同仁的支持与帮助。

还要感谢我的家人。无论是多年的博士求学生涯还是本书近半年的写作历程，妻子林菲菲女士承担了绝大部分家庭重任，我却无法兼顾周全，对此我深感亏欠。感谢我的两个宝贝——林雨萱小朋友与林展皓小朋友，他们明白爸爸工作的艰辛，逐渐养成独立完成作业的习惯，尽量不去书房打扰我的写作进程。感谢父母和岳父母四位老人，他们身体安康、精神矍铄，让我可以心无旁骛地完成本书的撰写。

在学术研究的海洋中，我曾是一名孜孜不倦的探索者，博士求学之路是一段充满挑战与艰辛的旅程。每一个研究想法的深挖，每一次数据的收集、每一段代码的编写、每一篇论文的撰写，都凝聚了我无数的心血与汗水。如今，当我作为教师身份站在讲台上时，面对着一双双求知若渴的眼睛，我感到了前所未有的责任与压力。入职福建理工大学初期的彷徨，如同初春的细雨，既滋润又迷茫。我必须在教学与研究之间找到平衡，不断更新知识体系，以适应这个快速变化的时代。

　　回首过往，我深怀感恩之心。展望未来，我将继续带着这份坚韧不拔，走在探索与求知的路上！

林黎明

2024 年 5 月于福州